丝路风云

两汉西域开拓与经营

金建军 著

中国出版集团 现代出版社

图书在版编目（CIP）数据

丝路风云：两汉西域开拓与经营 / 金建军著.

北京：现代出版社，2025.2. -- ISBN 978-7-5231-1133-8

Ⅰ.K234.09；K928.6-49

中国国家版本馆CIP数据核字第2024P6E205号

丝路风云：两汉西域开拓与经营
SILU FENGYUN: LIANGHAN XIYU KAITUO YU JINGYING

著　　者	金建军

责任编辑	姚冬霞
责任印制	贾子珍
出版发行	现代出版社
地　　址	北京市安定门外安华里504号
邮政编码	100011
电　　话	(010) 64267325
传　　真	(010) 64245264
网　　址	www.1980xd.com
印　　刷	三河市宏盛印务有限公司
开　　本	710mm×1000mm　1/16
印　　张	21
字　　数	320千字
版　　次	2025年2月第1版　2025年2月第1次印刷
书　　号	ISBN 978-7-5231-1133-8
定　　价	58.00元

版权所有，翻印必究；未经许可，不得转载

目 录

第一章　张骞"凿空"丝绸之路 001

　　○ 匈奴崛起 002
　　○ 汉匈第一战 005
　　○ 张骞出使西域 013

第二章　飞将卫青出奇兵 023

　　○ 马邑之谋 024
　　○ 龙城大捷 029
　　○ 收复河套 035
　　○ 漠南之战 036

第三章　霍去病封狼居胥 045

　　○ 首击河西 046
　　○ 再击河西 049
　　○ 漠北封狼居胥 052
　　○ 河西设四郡 059

第四章　西域与西汉互通 063

　　○ 乌孙请求和亲 064
　　○ 赵破奴平楼兰、车师 065
　　○ 东西方外交往来 070

目　录　001

第五章　汗血宝马战争 073
　　○ 李广利的家世 074
　　○ 一征大宛 075
　　○ 二征大宛 079
　　○ 李广利兵败身死 082

第六章　李广及其后人 087
　　○ "飞将军"李广难封 088
　　○ 李广之子李敢 093
　　○ 李广之孙李陵 095
　　○ 李氏后裔 102

第七章　傅介子传奇 107
　　○ 霍光独揽大权 108
　　○ 傅介子刺杀楼兰王 113

第八章　和亲公主刘解忧 119
　　○ 公主和亲乌孙 120
　　○ "断匈奴右臂" 123
　　○ 两分乌孙 126

第九章　郑吉任西域都护 131
　　○ 屯田西域 132
　　○ 车师拉锯战 134
　　○ 西域都护府成立 137

第十章　常惠镇抚西域 141

- 救援解忧公主 142
- 收服龟兹 146
- 平定乌孙乱局 149

第十一章　冯奉世纵横西域 153

- 出使途中灭莎车 154
- 平定西羌叛乱 156

第十二章　赵充国屯田安边 159

- 护羌校尉设立 160
- 戡定氐人叛乱 161
- 平西羌 166
- 罢兵屯田 172

第十三章　王昭君和亲 177

- 五单于争位 178
- 汉帝国的转折点 181
- 陈汤诛杀郅支单于 183
- 昭君出塞 194

第十四章　汉匈的拉扯 199

- 西域都护段会宗 200
- 文忠攻罽宾 204
- 西汉江河日下 207

- 匈奴击乌桓 216
- 王莽谋攻匈奴 219

第十五章　东汉北征 225

- 刘秀建立东汉 226
- 匈奴插手中原事务 231
- 莎车称霸西域 234
- 南北匈奴 237
- 汉匈重开战 242

第十六章　耿恭与疏勒城之战 247

- 金蒲城之战 248
- 坚守孤城 250
- 疏勒城的热血 253

第十七章　班超的经营 257

- 平鄯善、于阗、疏勒 258
- 孤旅战西域 266
- 终平西域 269
- 大战贵霜帝国 273
- 甘英出使大秦 276

第十八章　窦宪燕然勒石 281

- 窦氏家门 282
- 汉匈最后的战争 286

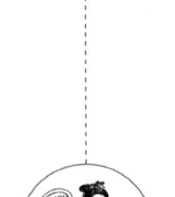

○ 皇权与臣权 293

第十九章　班勇三通西域 299

○ 最后的南匈奴 300

○ 班勇初现 304

○ 三绝西域 306

○ 舌战群儒 310

○ 三通西域 314

○《西域记》...... 318

尾　　声 321

第一章 张骞『凿空』丝绸之路

匈奴崛起

春秋战国时期,中原地区被许多族群包围,南方有"南蛮",东北方有"东胡",北方有北狄,西方有西戎,东、西、北三个方向的族群威胁较大,因为这些族群都是以部落或部落联盟为社会组织结构的游牧群体。

游牧族群逐水草而居,物产并不丰盈,而中原农耕文明圈气候宜人,土地丰茂。周王室强大时,放逐戎夷,迫使其按时朝贡。自周幽王烽火戏诸侯,王室衰微,戎夷的心再次燃烧,屡屡袭扰中原。时周王室已无力对外作战,春秋五霸应运而生,帮助周王室抵抗戎夷。管仲提出"尊王攘夷",是霸主兴起的战略口号。

齐桓公助燕国北伐山戎,晋文公灭赤翟、白翟,秦穆公吞并西戎。此时北方的游牧族群,一方面由于春秋霸主军事实力强大,另一方面由于自身分散而无法团结成强大的力量,无法对中原造成实质性威胁。

战国时期,形势为之一变。诸侯战争连年不断,春秋式霸主没再出现。诸侯国之间形势恶化,客观上给北方游牧族群带来便利,甚至被纵横家加以利用。

熟悉秦国形势而后东归的魏国丞相公孙衍,在主导五国合纵攻秦时,主动派使者联络秦国西侧的义渠,约定同时攻打秦地。

义渠王问:"我们中间隔着偌大一个秦国,如何能互相通气,同时作战?"

公孙衍的使者答道:"这很简单,秦国东方边境无事时,对义渠会一直进行打击;一旦东方有变,一定派使者贿赂义渠,与你们修好。秦国派使者来求和之时,便是我们共同攻秦之时。"

事情果如公孙衍所料,义渠利用五国攻秦的机会起兵击秦,取得胜利。

此时,北方游牧族群已杂合成一个族群——匈奴。赵国与匈奴的关系又是另一种微妙的情况。战国七雄中,赵国与游牧族群的边境最长,交流最频繁,赵国宗室也有游牧族群血统。在长期对抗中，赵国官兵自发学习游牧族群骑射方式，开始了史上最早的骑兵作战试验。赵武灵王赵雍，在稳定政权后，全面开启史称"胡服骑射"的制度改革。

为了专注于内部纷争，战国七雄中的秦、燕、赵三家，各自修起长城，抵抗北方游牧族群。是时，中原对北方游牧族群最为重要的军事胜利，就是战国晚期赵国代地将领李牧的"破胡之战"。赵雍"胡服骑射"的遗产是，政治制度几乎被顽固势力荡清，而在代地留下一群极具战斗力的骑兵部队。凭借这支部队，加上步兵、战车结合的先进战法，李牧大破匈奴十余万骑，匈奴此后再也不敢靠近赵国边城。同样是凭借这支军队，李牧在战国晚期成了东方六国绝境之中最后的希望，"后秦击赵者再，李牧连却之"（苏洵《六国论》）。然而，在赵都邯郸，赵王听信郭开谗言，将这根支撑大厦的独木亲手撤下。

秦统一六国，中原首次凝合成一个中央集权制的国家。秦国自商鞅变法以来，被改造成一台巨大的战争机器，成功地兼并东方六国，在对戎夷的作战中也屡屡获胜。此前义渠王趁五国攻秦占了便宜，东方压力一旦减轻，秦国立将义渠灭国，由此可知整合中原之力的秦王朝会给匈奴带来多大的压力。

秦王朝派蒙恬将兵三十万，北击匈奴，将其驱逐出黄河以北，收复河套地区。为更好地应对匈奴的进犯，秦朝在秦、燕、赵战国长城的基础上，筑起从陇西到辽东延绵不绝的万里长城。蒙恬本人率军驰骋于北方十余年之久，以至于"胡人不敢南下而牧马"（贾谊《过秦论》）。

尽管如此，秦人也只是西到陇西（今甘肃临洮），北到河套，始终没能越过黄河。秦国东北方有"东胡"，北方有匈奴，西方今河西走廊西端敦煌附近有乌孙（在以后的历史发展过程中同汉朝有着密切的联盟关系），中部和东部有强大的月氏，西南方向今青海有大量羌人部落。

以后雄霸北方草原的匈奴，此时已实现各部落联合建国，但实力还比较弱。其首领是头曼单于，在位时经历了蒙恬北伐的大败局，在其他强大势力的夹逼中，更为艰难。头曼单于本身并非雄主，无力亦无心改变这个局面，但太子冒顿远非其父辈可比。

头曼单于立冒顿为太子后，与新宠阏氏（王妃）生下小儿子。匈奴人的单于不一定由嫡长子继承,然太子已立,头曼欲废冒顿。头曼先派冒顿去月氏为质子,以求联盟。冒顿刚到月氏,头曼便立即派兵攻打月氏。冒顿不甘心引颈就戮,偷得宝马逃回匈奴。逃亡路上,或许他还曾手刃阻拦的月氏士兵。

游牧族群是马上民族,因为生存环境恶劣,崇尚强大武力,头曼单于见到冒顿活着归来,吃惊之余亦起了欣赏之心,遂将一万骑兵拨给冒顿指挥。冒顿劫后余生,对自身命运有了清醒的认识。盗马逃亡只是他辉煌人生篇章的序曲,真正的奋斗才刚刚开始。

冒顿拥有一万骑兵,第一件事就是着手将其训练成一支绝对服从自己命令并有强大战斗力的部队。冒顿制造了一种响箭,在训练部队时下令说:"凡是我的响箭所射的目标,谁不跟着我全力去射击它,就斩首。"冒顿以响箭射猎鸟兽,有人不射响箭所射目标,冒顿就杀了他们。不久,冒顿以响箭射击自己的爱马,左右之人有不敢射击的,冒顿立即杀了他们。过了些日子,冒顿又用响箭射击自己心爱的妻子,左右之人有感到恐惧的,不敢射击,冒顿又杀了他们。再过了些日子,冒顿和单于一同出去打猎,休息时用响箭射击单于的马,左右之人都跟着射。于是冒顿知道他左右的人已经训练成功,都是可用之人。

又一次,冒顿跟随父亲头曼单于打猎,用响箭射击头曼单于的头,左右的人跟着把箭射向头曼单于,头曼单于当场身亡。之后,冒顿将后母、弟弟,以及不服从他的大臣全部杀死,自立为单于。

"东胡王"听说冒顿杀父自立,欲趁新单于立足未稳,攫取利益。

"东胡王"派去使者:"我想要头曼单于的千里马。"

冒顿问群臣如何处理,群臣都说:"这是我们匈奴的宝马,不能给他。"

冒顿却大手一挥,将宝马给了"东胡":"怎么能因为爱惜一匹马,就伤了与邻国的情谊呢?"在"东胡王"看来,这是冒顿惧怕"东胡"的信号。

不久,"东胡王"又派来使者:"我想要得到单于的一个阏氏。"

冒顿再问左右。群臣激愤:"'东胡'无道,竟然索要阏氏,请单于攻打他们!"

冒顿再次选择隐忍:"不能因为爱惜一个女子,就伤了邻国的情谊啊!"

冒顿将美丽的阏氏赠给"东胡"。

看到冒顿连妻子都可以相送,"东胡王"更加骄纵。这一次,他打起了土地的主意,想要向西扩张。原来匈奴和"东胡"之间有属于匈奴但无人居住的土地千余里,"东胡王"派使者索要。

这一次,冒顿的臣子同意了:"这就是一片弃地,不如给他。"

冒顿大怒,说道:"土地是国家的根本,怎么能交给他人!"

冒顿果断处决劝其将"弃地"送给"东胡"的大臣,亲征"东胡",下令国中部队后到者立斩。千军万马立即飞奔而出,目标就是轻视匈奴、麻痹大意的"东胡"。毫无防备的"东胡"被匈奴一举消灭。

"东胡"残部远遁大兴安岭,栖息在鲜卑、乌桓两座山中。后来,"东胡"这两支残部分别以山名命名部族,正是鲜卑人和乌桓人。其中鲜卑人对中华民族的历史演变产生了非常重要的影响。

汉匈第一战

壮大的匈奴连年征战,向西击退月氏,向北宾服浑庾、屈射、丁零、鬲昆、薪犁诸部,向南吞并黄河以南的楼烦、白羊二王,顺势将蒙恬曾经夺取的匈奴旧地——河套地区全部收复,并向燕、代之地持续侵凌。这时的刘邦和项羽正在进行楚汉战争,中原政权无暇顾及这个崛起的"草原帝国"——匈奴帝国。所有草原部落都将为匈奴提供兵源与赋税。根据游牧族群全民皆兵的法则,匈奴人已有足够兵力同中原王朝进行大兵团抗衡。

北方游牧族群自有记载以来已过去一千余年,一直处于分散游牧的状态,直到冒顿单于才第一次统一为一个真正的国家。有意思的是,中原国君称为"天子",匈奴单于称为"撑犁孤涂",也是上天之子的意思。

在单于之下,匈奴依次设置左右贤王、左右谷蠡王、左右骨都侯(匈奴官名,由异姓贵族充任,为单于辅政近臣)等。左贤王位于东方,恰似匈奴左臂,往往是匈奴太子担任,其统治区域在匈奴王庭的东方,大致上谷(今河北怀来东南）以东的右北平（治平刚县，今内蒙古宁城西南，辖今内蒙古宁城、河北承德、天津蓟州以东、辽宁大凌河上游地区）、辽西及辽东一带。右贤王位于王庭之西，为匈奴右臂，大致在河西走廊至河套一带活动。匈奴王庭则与代郡（今河北蔚县西南）、云中郡（今内蒙古托克托）接壤。此时匈奴极盛，疆域辽阔，东至辽河，西至帕米尔高原，南至长城，北至贝加尔湖，绵延万里，而"控弦之士三十余万"。这等战力所指向的下一个目标，就是同样刚刚实现一统的汉帝国。

此时，从地缘角度看，匈奴已给汉朝布下了一个"C形包围圈"。这个包围圈共有两层。

内层是河西（今甘肃境内黄河以西）与漠南：河西地驻有匈奴右部的修屠王、浑邪王，可以直接威胁汉朝陇西；漠南地则以河套平原为核心，驻有白羊王、楼烦王，威胁汉朝的代郡、雁门郡（今山西代县）、定襄郡（今内蒙古和林格尔）、上郡（今陕西榆林）等。尤其是河南地，距离长安不到五百公里，匈奴骑兵两天就可到达。

外层是河湟与漠北。河湟在青海东部，驻牧的羌人部落，通过河西走廊与塞外的匈奴联合行动；漠北则是匈奴王庭所在地，单于在此遥制诸部。

公元前202年，刘邦称帝，大封诸侯，异姓被封诸侯王者有七位，其中韩王信获封国于颍川一带，定都阳翟（今河南禹州）。阳翟地处中原腹地，刘邦认为韩王信封地乃兵家必争的战略重地，担心韩王信日后会对汉王朝构成威胁，便以防御匈奴为名，将韩王信封地迁至太原郡，以晋阳（今山西太原）为都。不久，韩王信上奏，说晋阳离边疆太远，不利于守御，请求迁到更北的马邑（今山西朔州），刘邦批准。

匈奴南下至汉朝边境袭扰抢掠，韩王信率兵抵抗，败多胜少。汉高帝六年（前201）秋，冒顿单于亲率十万铁骑围攻马邑，韩王信多次派使者向匈奴求和。刘邦疑韩王信暗通匈奴，致书责备。韩王信担心被诛杀，与匈奴约定共同攻汉，以马邑之地请降。随后，韩王信与匈奴挥师南下，攻下太原郡。

汉高帝七年（前200）冬，刘邦亲率大军征匈奴，同时镇压韩王信的叛乱。随行谋士是陈平、娄敬，将领有樊哙、夏侯婴、周勃等。刘邦与韩王信在铜鞮

▲ 汉高帝像

相遇，两军展开激烈交锋。无论是兵力还是统军能力，韩王信都远非刘邦对手，汉军大获全胜，斩杀韩王信部将王喜，韩王信逃奔匈奴。

韩王信收拾散兵准备再战，冒顿也派左右贤王率万余骑兵助阵，与进击的汉军在晋阳遭遇。汉军再度大胜，一路将韩王信和匈奴联军追击至离石。

匈奴在楼烦西北再次聚集军队，而刘邦也命骑兵和战车部队向匈奴进击，汉军再一次击溃匈奴，乘胜一路向北，高歌猛进。

汉军节节胜利，滋生了麻痹轻敌的思想。刘邦到达晋阳，听说匈奴驻兵代谷（今山西繁峙至原平一带），先派人侦察虚实。冒顿将精锐士兵、肥壮牛马等隐藏起来，只显露出年老弱小的士兵和瘦弱的牲畜。刘邦派了十余批使臣，回来都说匈奴可击。

刘邦再派娄敬出使匈奴。

娄敬回来报告说："两国交兵，这时该炫耀自己的长处才是。现在我去那里，只看到瘦弱的牲畜和老弱的士兵，这一定是他们故意显露短处，埋伏奇兵来争取胜利。我以为匈奴不能攻打。"

这时汉朝军队已越过句注山，二十万大军已出征。刘邦听了娄敬的话，怒骂道："齐国孬种，凭着两片嘴捞了官做，现在竟敢胡言乱语，阻碍我的大军。"

刘邦让人用镣铐将娄敬拘禁起来押在广武县，待大军凯旋再行处罚。

汉军从上到下都坚定了要战胜匈奴的决心和信心，相较于后面的战斗，之前三次战役恐怕只能算是开胃小菜。看看双方的兵力部署就明白，无论是刘邦还是冒顿单于，似乎都有着毕其功于一役的想法。

汉军方面，刘邦在三战三捷后召集全军三十二万陆续北进，这些军队早就在秦末连年的征战中积累了大量实战经验，可谓宿将宿兵。而最高统帅刘邦本人，在项羽自杀、韩信被贬之后，也大有放眼天下再无敌手的自信，何况随军而来的还有陈平这等智士与樊哙、周勃、灌婴这般勇士。

汉朝开国之后，第一次亮出它最强大的武装。匈奴方面毫不怠慢。冒顿统一北方后，有控弦之士三十余万，号称四十万，而冒顿部署到南部准备与汉军交战的骑兵达三十余万。匈奴最高统帅自然是冒顿单于本人。

汉匈第一战，双方倾全国精锐，这场战役的胜负，将直接决定汉匈双方此后的国家地位。表面上看，此战双方势均力敌，但刘邦不知道的是，从他决定尽起三十二万大军向北决战的那一刻起，胜利的天平已经逐渐倒向匈奴。原因有两点。

其一，汉军士兵大多是南方人，不适应北方冬天严寒的气候，又赶上天降大雪，士兵仅冻掉手指的就有十之二三。在这样的环境下作战，其艰难程度可想而知。

其二，这场决战是冒顿单于给汉军设下的局。这个局不仅仅是隐藏精兵良马、展示老弱残兵那么简单。从汉匈第一次遭遇开始，汉军就一步步走入冒顿设下的圈套。当初韩王信败走匈奴，就与冒顿谋划了这出诈计——佯败诱敌深入。晋阳一败，离石再败，楼烦三败，环环相扣，最终引得刘邦率领部分军队轻敌冒进，孤军深入，直至平城决战。

刘邦所部抵达平城（今山西大同东北）后，随即发现中了匈奴圈套，被冒顿三十万骑兵团团围困。刘邦当即决定且战且走，退往白登山。从军事技巧的角度来看，退守白登而非平城，是刘邦在危难时期走得巧妙的一步棋。匈奴军队全是骑兵，汉军退守白登，一来凭借山险利于防守，二来居高临下，可以最大限度限制骑兵的机动能力和攻击时的冲击力。

坚守白登山，等后续救援大军来临，汉军未必没有和匈奴一决雌雄的资本，但事情远没有那么简单。即使援兵来到，在刘邦本部被团团围住的情况下，协同作战定然是个难题，更糟糕的是，这次刘邦先锋追击，为求速度，携带粮草有限，没有后方支援，白登山上很快断粮。

在冒顿看来，情况也没有自己想象的那么乐观。汉军步兵在困境之中爆发出的战斗力超乎想象，匈奴以众击寡，却难以对汉军造成实质性杀伤。匈奴骑兵的机动能力在白登这个山地战场毫无施展空间。冒顿放弃武力强攻的策略，实行重兵围困。

缺粮少兵的汉军是更为心急的一方。被困七日，士卒苦中作歌："平城之下祸甚苦，七日不食，不能弯弓弩！"刘邦对匈奴的态度，从轻视转化为恐惧。

谋士陈平派间谍贿赂匈奴阏氏。阏氏对冒顿说："不应该互相逼迫，纵然我们得到汉人的土地，单于您又能在那里定居吗？汉主有神明保佑，请单于明察。"仅凭阏氏一番话就解围退兵，显然不可能。只是另一件事在困扰冒顿——冒顿与韩王信部将王黄、赵利约定围攻刘邦，但他们迟迟未到。一方面是强攻不下的尴尬，另一方面是对战局的疑虑，冒顿便为阏氏做了顺水人情，将层层包围的白登放开一角。后来战局的发展证明冒顿的疑虑并非没有道理。

《史记》中描写，在困境中看到希望的刘邦，此时失去作为统帅的方寸，就要发布命令赶快逃命，多亏陈平和太仆夏侯婴稳住阵势。陈平建议刘邦命令士兵弓弩上搭双箭，箭口朝外御敌；夏侯婴则是这个命令的执行者，他劝住想要夺路而逃的刘邦，命士卒徐徐前行，满弓外向。匈奴将士见到汉军如此严整，也就没有为难。

汉军抵达平城，决定性的好消息终于传来，周勃已率救援大军抵达平城。冒顿遂引兵回撤。

汉匈第一次正面交战，到此宣告结束。此战对汉匈双方而言，都有着重要的意义。

对汉朝而言，这是一次毋庸讳言的军事失利。虽然实际军力损失不多，但怀着必胜之心北伐，却换来仓皇逃脱的结果，这是一个耻辱，在刘邦的军事生涯中，或许只有被项羽打败的彭城之战可与之相比。与彭城、荥阳失败不同的是，刘邦这次看不到复仇的机会，在匈奴地界打败冲击力和机动性都很强的匈奴骑兵，实在是一个不可能完成的任务。

匈奴同样没有达到战略目的，本想一举围歼汉军的冒顿，看到汉军防御作战的能力，从此打消南侵汉朝的心思。攻城作战非匈奴骑兵所长，但匈奴凭借这场军事胜利而具备压制汉朝的资本，此后七八十年间，匈奴在外交关系中牢牢占据了主导地位。

稍后，刘邦休养生息，采纳娄敬的建议，将汉朝公主嫁与匈奴单于，并且年年赠送匈奴金银财宝、粮食和其他物资。这种单向的赠予，实际上就是"朝贡"关系，有了"和亲"和"朝贡"，匈奴答应各自以长城为界。两国关系暂时缓和。

刘邦死后，其子汉惠帝刘盈即位，吕后垂帘听政。不久，冒顿单于派使者给吕后送来一封极具羞辱意味的书信："我是孤独无伴的君王，生在蛮荒的野沼，长在牛马放牧的原野，此前多次到过边境，一直希望能来中原畅游。我现在已是孤家寡人，而您也独守空房，我们两位君王都如此寂寞，没有什么能够让我们开怀放纵了。不如用各自所拥有的东西来迎合彼此的需求吧！"从这封国书的言辞，可以看出冒顿念念不忘入侵中原的野心。冒顿不可能贪图吕后，这封流氓国书的目的，无非激怒吕后和大汉朝，最后引发汉匈再次交兵——"愿游中国"，怎么游？当然是大军来游。

吕后勃然大怒，紧急召集丞相陈平、大将樊哙和中郎将季布等大臣商议。吕后开场就表明态度：斩杀匈奴使者，发兵攻打匈奴。

樊哙应声附和，立下豪言壮语："臣愿意带兵十万进攻匈奴。"

季布发出一声冷笑。吕后起了疑虑，问季布建议。季布回答："樊哙可以斩了！此前代地叛乱，高皇帝起兵三十二万攻打匈奴，当时樊哙就是上将军。可是后来的结果我们都知道了，高皇帝被匈奴围困于平城，樊哙当时又在干什么？那时天下传唱士兵的悲歌：'平城之下祸甚苦！七日不食，不能弯弓弩！'直到现在，歌声犹在耳边，创伤还未平复，樊哙却要动摇天下，夸口说什么'带兵十万进攻匈奴'，这就是欺君之罪！"

季布一番义正词严的庭辩，说得樊哙哑口无言。他知道吕后受到冒顿羞辱，心中愤懑，便劝说吕后："蛮夷人就好比禽兽，听到他们的好话并不值得高兴，听到他们的恶语也不值得愤怒。"

吕后此时明了其中利害。以汉高帝雄才伟略，尚且有白登之围的惨败，放眼国中，又有谁能是匈奴的对手？她抛开个人屈辱，命使者回书一封，信中如此写道："单于没有忘记我们这个小国，赐予书信问候，鄙国诚惶诚恐。寡人反省自身，只觉年老色衰，鬓发苍白，牙齿掉落，行走不稳。单于此前应该是误听了什么人的话，有失您的身份。鄙国并没有罪过，还请单于宽恕。献上御用车驾两乘、好马八匹，供单于日常坐驾。"

收到此信，冒顿也被吕后非凡的见识和气度折服，写信回复："此前并没有听闻中国的礼义，如今终于见识到了，还请陛下原谅我之前的狂妄。"一场眼看就要爆发的汉匈之战，在吕后的忍耐下消弭于无形。

不久，汉惠帝驾崩，吕后执掌大权。吕后死后，汉高帝刘邦第四子、代王刘恒即位，史称汉文帝。"文景之治"由此开启，汉帝国进入惊人的高速发展阶段。汉匈之间的争斗和外交，也随之进入下一阶段。

汉文帝前元三年（前177）五月，战争的危机再次来临。匈奴右贤王一反常态，将大部队迁徙至河套一带，数次进犯边境，掠夺资源。刘恒不堪其扰，派遣丞相灌婴率边军车骑八万，征讨右贤王。刘恒亲自移驾太原督战。右贤王闻讯，迁出塞外。汉军战车无法追逐匈奴骑兵，刘恒罢兵而归。

不久，冒顿单于去世，其子稽粥即位，称号为老上单于。

老上单于即位之后，汉文帝再次以宗室诸侯王的女儿为公主，嫁给匈奴单于做阏氏，并命太监中行说随行。这本是惯例，但中行说极为不悦，可帝命无法违背。中行说愤愤地说："如果必须要我随嫁去匈奴，我一定危害汉朝！"

汉文帝前元十四年（前166），中行说投靠匈奴七年之后，老上单于派十四万骑兵大军侵入汉朝萧关，杀北地郡（郡治马岭县，今甘肃庆阳马岭）都尉，掳掠百姓牲畜，直抵彭阳，并烧了汉帝行宫回中宫。匈奴斥候甚至活动到甘泉一带，距离都城长安仅有二百里。中行说多年以来"日夜教单于候利害处"（《史记·匈奴列传》），终于有了成果。

汉文帝刘恒得到消息，寝食难安。和平似乎被打破了。他派中尉周舍、郎中令张武为将，率战车千乘、骑兵十万，驻扎在长安附近。另征调上郡、北地、陇西等地大将率大军向北迎击匈奴。

汉军苦战月余，将关内匈奴军队逐出边塞。匈奴大军很快失去踪影——匈奴的战略目的已经达到，不打算和汉军对垒，只要出关撤退，汉军以现在的配置，绝对无法追击。汉朝就这样吃了一次损失惨重的哑巴亏。

此后匈奴年年如此侵犯边关，汉军毫无办法。汉廷只好和亲纳贡。

美国人类学家巴菲尔德算过一笔账，汉朝每年贡奉给匈奴最多不超过五千斛谷米、一万石酒以及一万匹丝缎。丝绸和酒这些游牧社会无法生产的奢侈品，由单于分配给匈奴贵族以获取效忠。而五千斛谷米只够七百个匈奴牧民一年之需。对于曾出动十四万骑兵袭扰汉朝的匈奴而言，这些东西杯水车薪。那就只有一个字——抢。

汉文帝后元四年（前160），老上单于病逝。他一生都极力以较小代价持续对汉朝进行军事和外交打击。老上单于死后，其子军臣单于继承其策略，汉景帝刘启同样延续汉文帝刘恒的忍辱。稍稍不同的是，在汉景帝时代，一些此后名扬天下的传奇将星，开始出现在人们的视野之中。

刘邦、吕后、刘恒、刘启四位统治者六十年忍辱负重，辛苦撒播和培育的种子，终于到了收获的时候，而这种收获，必须由一个具有非凡眼界和非凡力量的帝王，才能摘下丰硕的果实。

张骞出使西域

汉景帝后元三年（前141）正月，汉景帝刘启逝世，太子刘彻即位，是为汉武帝。

年轻的刘彻自登基那一天起，就踌躇满志地开始谋划如何经营大汉朝。

此时的大汉，向东是大海，西南方向是天然屏障青藏高原；向北和向西都是强大的匈奴势力。匈奴，始终是东亚大陆诸国的噩梦。

汉武帝登基不久，一群来降的匈奴人带来一条情报。祁连山下的河西走廊形势混乱，被大大小小的游牧部落控制，其中比较大的是月氏和乌孙部落。月氏人赶走了乌孙人，匈奴人进入河西走廊后杀死月氏首领，把他的头颅做成酒器。新的月氏王欲报杀父之仇，奈何力量弱小。为了避开匈奴人的攻杀，月氏人向西迁徙。

假如能联合西域的月氏，形成东西方向的联合夹击，必定可以打败匈奴。刘彻觉得这是个绝好的机会，派人出使西域，寻找月氏人，建立联盟关系。

可是，在年轻的汉武帝麾下，所有谋臣武士对遥远的西方世界一无所知。但他们知道，西渡黄河之后，有一条河西走廊，可以通向遥远的西方——西域。一个解除来自北方匈奴威胁的战略构想，被提上汉帝国的日程表。汉武帝公开招募愿意冒险出使西域的人，穿过河西走廊，前往西域寻找月氏，说服他们和汉帝国联合东西夹击，赶走匈奴。

但是，作为此时中原通往西域的唯一交通要道，河西走廊控制在匈奴帝国右贤王部的浑邪王与休屠王手中，月氏西迁后的下落也无人知晓。也许出使的人还没走到西域，就会被匈奴人杀掉，而且在恶劣的自然条件下就是自寻死路。

穿越河西走廊到更遥远的西域寻找月氏，这是一个风险很大的任务。就在皇帝诏令无人敢应的时候，二十七岁的汉中城固人张骞站了出来。

刘彻喜出望外，亲自为张骞挑选了一百多名随行勇士，还让归顺的匈奴人堂邑父给张骞做向导和翻译。堂邑父与张骞同行，忠诚护主十余年。

张骞是汉武帝首创察举制之后推举出来的孝廉，刚刚成为帝国宫廷中的侍从官，也就是汉武帝的宫廷侍卫、朝廷行政事务见习官。他觉得出使西域是个建功立业的好机会，也是一件对中原具有重要意义的事。但他除了不屈不挠的精神和满腔的热血，对蛮荒的西域，同其他汉人一样一无所知。西出玉门关、阳关，便是西域。西域对于那个时代的人们意味着什么？是荒凉，是愚昧，更是一片未知的神秘。

建元三年（前138），张骞辞别汉武帝，带领使团出长安，从临洮过黄河，向西前行。

今天，扁都口仍然是由青海进入河西走廊的重要通道。两侧山势陡峭，奇峰耸立，发源于祁连山脉黑河水系的大大小小二十多条河流，沿峡谷蜿蜒而下。牧民在此放牧，过着波澜不惊的生活。两千年前，张骞和他的使团渡过黄河，由这里进入河西走廊。

张骞使团走出了扁都口的葱郁山林，来到河西走廊的茫茫戈壁之中，此时，他们距离帝都长安已经一千公里了。

对于长期生活在富庶汉中平原上的张骞和他的使团来说，尽管对于穿越这条通道的艰苦有着充足的心理准备，但随着日渐深入河西走廊，他们还是感到了自然环境的压力——戈壁坚硬，朔风呼啸，黄沙漫漫，阳光如火一般燃烧，走上很远才能看见一片绿洲和稀疏的人烟，然后又是荒漠、戈壁，劲吹的风沙铺天盖地……

要找到月氏，就只能冒险穿过匈奴人严密控制的这条通道。强大的匈奴王朝与中原王朝的对立已经持续了几百年，若是不幸撞到匈奴士兵，后果不堪

▲ 张骞像

设想。

一个平静的午后，在炎热的戈壁滩上，伴随着呼啸声，剽悍的匈奴骑兵冲到了眼前。没有任何悬念，张骞和他的使团被俘虏了。

在被押解的漫漫路途中，他们惊恐交加，饥渴难耐，体力严重透支，不断有人倒下。他们被押送到匈奴王庭，即今天的呼和浩特附近，去见当时的匈奴王军臣单于。

军臣单于得知张骞欲出使月氏，调侃道："月氏在吾北，汉何以得往使？吾欲使越，汉肯听我乎？"（《汉书·张骞传》）月氏在我们北面，你们汉人怎么可以擅自从我们领土上过去呢？要是我们穿过你们国家去南越，你们会同意吗？

军臣单于对张骞一行的目的似乎很清楚，但并不在意。或许对这位草原之王来说，汉人不足为虑。匈奴作为草原的主人，东挡西杀，所向披靡，已经没有对手。汉廷不也是在和亲进贡吗？一两个汉人能起什么作用？在茫茫的草原上也许都无法生存。月氏已不知跑到何处，即使张骞找到他们，又能怎样？

张骞一行被扣留。军臣单于为了打消张骞出使月氏的念头，给他娶了匈奴女子为妻，试图用家庭的温暖消磨他的意志。那几年，单于似乎忘记了张骞。弟弟左谷蠡王伊稚斜桀骜不驯，势力越来越大。太子於单就相形见绌。元光二年（前133），单于被汉武帝设伏于马邑。和亲结束了，虽然还可以通过关市互通有无，但是双方都知道，和平已经过去，开战是唯一的未来。

一晃滞留匈奴数年，张骞说着匈奴的语言，穿着匈奴的衣服，吃着匈奴的食物，如果不是手中还时常拿着汉使的旌节，谁还能认出他是汉使张骞？草原民族是敬重英雄的，孔武有力、生性豁达、仗义重信的张骞，受到匈奴人的尊重。随着时间推移，匈奴人的看管不再严密，也许匈奴人早把张骞当成了自己人。

跟随逐水草而居的部落，张骞几乎走遍了大草原。随他而来的一百多名汉家儿郎大多不知下落，只有堂邑父还能时常见面。家庭确实是温暖的，寒冷孤寂的草原之夜有妻儿做伴，抵消了缕缕乡愁。看着孩子一天天长大，张骞心中的火种也一天天燃烧，那是旌节代表的皇命，也是张骞心中的梦。张骞一定听说了马邑之围,隔着虚空,他仿佛看到了皇帝陛下期待的目光,听到了皇帝陛下的喃喃自语:张骞,你在哪里?

走——这个信念无时无刻不在张骞的心头萦绕。

当再次游牧到匈奴西部时,机会来了。这里据说离大宛很近。一个漆黑的夜晚,张骞带着老婆孩子,与堂邑父毅然逃离匈奴营寨,继续西行。在匈奴留居十年,张骞已经详细了解了通往西域的道路,学会了匈奴人的语言。他们穿上匈奴人的衣服,顺利地穿过了匈奴人的控制区。

十年间,西域的形势发生了变化。落脚在伊犁河畔的月氏,被宿敌乌孙在匈奴的支持下打败,被迫从伊犁河继续西迁。直到进入咸海附近的妫水地区,征服希腊后裔建立的大夏才停歇下来。

逃跑中越过姑师(今新疆吐鲁番西北)的张骞,了解到这一情况,没有向西北伊犁河流域进发,而是折向西南,进入焉耆(今新疆焉耆),再溯塔里木河西行,过龟兹(今新疆库车)、疏勒(今新疆喀什)等地,翻越葱岭(今帕米尔高原),继续向西行进。由于是仓促出逃,他们没来得及准备干粮和水,一路上常常忍饥挨饿。好在堂邑父箭术了得,射猎一些飞禽走兽,他们才得以饮血解渴、食肉充饥,躲过死亡。

张骞一行,一直向西,行了几十天,终于来到大宛国(今乌兹别克斯坦费尔干纳盆地)。大宛和匈奴是近邻,当地人懂得匈奴语。张骞和堂邑父都能说匈奴语,交谈起来很方便。他们很快见到了大宛王。

大宛王早就听说汉朝是个富饶强盛的大国,有心结交,但苦于路途遥远,交通不便,一直未能如愿。现在听说汉朝使者来到,大宛王立即表示最热烈的欢迎。了解到张骞此行的意图后,大宛国王热情款待了张骞一行,然后派向导和译员,将他们送到了康居(今乌兹别克斯坦和塔吉克斯坦境内)。

康居东接乌孙,西接奄蔡(在咸海与里海间),南接大月氏,东南接大宛。康居王又遣人将他们送至大月氏。

此时月氏留在祁连山的部众,号称小月氏,西迁的月氏称为大月氏。已在阿姆河定居的大月氏人,逐渐恢复元气,国王正是当年头颅被匈奴人砍下的老国王的孙子,见到这个来自遥远中原的汉使时,格外惊奇和钦佩。大月氏王隆重地接待了张骞。

张骞被带进一个大毡帐里，月氏王向他询问了汉朝的情况，兴致很高："汉朝离我们这里很远，你为什么要来我们这儿呢？"

张骞立即解释了自己的目的，请求大月氏与汉朝一同抗击匈奴。

大月氏王叹了一口气，说："匈奴太强大了，没有人可以打败他们。先王确实被匈奴人残忍地杀害，但那毕竟是过去很多年的事了。现在，我们已经迁徙到了这里。这里离匈奴很远，中间隔着几个国家。这里水草丰茂，比原来的地方更适宜养育牛羊。你也看见了，我们在这里是大国，没有人敢侵袭我们，无论是大宛、大夏，还是安息（古波斯，今伊朗）、康居、身毒（印度），他们都不敢像匈奴那样侵袭我们。我们很喜欢这个地方，我们在这里生活得很好，很富裕，有无数的羊只马匹。我们不想冒着可能失去现在的幸福的危险去攻打匈奴。更何况，有些事，我即使想帮你，也无能为力，我要听其他王公大臣的意见。而问题就在于，我们所有人都很满足于现在的生活，没有人希望这样的生活被打破。"

第一次会谈无果而终。张骞还不死心，想等待时机再一次劝说大月氏王。张骞在大月氏逗留了半个多月，大月氏王又召见了他。张骞再次向大月氏王陈说结盟之事，大月氏王并不关心张骞所说之事，只是询问汉朝的事物，以及汉朝皇帝的传承、执政等问题。张骞依自己所知如实回答。

大月氏人在这里的生活，确实比在河西走廊时好了很多，国家实力也在提升，后来在印度显赫一时的贵霜帝国即为月氏国五部之一贵霜部所建。

汉武帝的算盘落空了。但是，广袤西域的山川地理、部族邦国、物产风俗，已经深深刻印在张骞的脑海中。

张骞在大月氏滞留了一年多，始终未能说服大月氏王与汉朝联盟。元朔元年（前128），张骞动身返回汉朝。

归途中，张骞为避开匈奴控制区，改变路线，计划通过青海羌人地区。翻越葱岭后，他们没有走来时走的塔里木盆地北部北道，而是改行塔里木盆地南部，循昆仑山北麓南道，从莎车经于阗（今新疆和田）、楼兰（今新疆若羌），进入羌人地区。

但是，羌人也沦为了匈奴附庸，张骞再次为匈奴骑兵所俘，这一次，张骞觉得自己在劫难逃。

军臣单于再一次将张骞软禁起来。张骞人格魅力确实强大，司马迁在《史记》中描述他"为人强力，宽大信人，蛮夷爱之"。张骞又被扣留了一年多。

元朔三年（前126）初，军臣单于死去，其弟左谷蠡王自立为单于，进攻军臣单于的太子於单。於单失败，逃往汉朝。张骞趁匈奴内乱，带上匈奴妻子和堂邑父，逃回长安。

历经十三年的艰苦历程，张骞终于得以归国。出行时百余人，归来时只有两人。这就是历史上称为"凿空"之旅的张骞出塞。张骞西行，为封闭的汉帝国在西部闯出了一片新天地，为东西方进行经济、文化交流走出了一条可行的大道。从此，西域迎来了汉家儿郎。

再次望见巍峨的长安城，即便十三年的时间已经把他磨砺成一个悲喜不惊的中年人，张骞肯定还是热泪沾襟。

看见神奇归来的张骞，已经对使团不抱希望的汉武帝和他的帝国沸腾了。

张骞十三年跌宕起伏的出使经历和域外见闻，让地处亚洲东部黄河流域的汉帝国视野大开。从河西走廊到西域，从葱岭以西到安息帝国，从中亚草原到遥远的罗马帝国（时称大秦），一个令人神往的地理大发现扑面而来，被司马迁记载在《史记·大宛列传》中。这是中国乃至世界对这些地区首次翔实、可靠的记载，至今仍是研究上述地区和国家古地理和历史的珍贵资料。

汉武帝封张骞为太中大夫，授堂邑父为奉使君。一年后，张骞的妻子病故。史书中没有留下这个匈奴女子的名字。她在张骞孤独煎熬的日子里给了他温柔的慰藉，并随他一起东归。或许是不适应汉地的生活，这位善良的女子格外思念草原上惬意、自由的生活，郁郁而终。

张骞这次出使，并没有达到同大月氏建立联盟夹攻匈奴的目的，但对已经出兵匈奴并取得"龙城大捷"的刘彻来说，汉帝国拥有了一名熟知西域事务的一流情报人员——张骞，足够了。

三年后，张骞以校尉军衔随大将军卫青出击漠北，"知水草处，军得以不乏"（《史记·大宛列传》）。战后，张骞被封为"博望侯"，意为"广博瞻望"。其领地在今河南方城，《三国演义》"孔明火烧博望坡"的故事就发生在这里。

元狩四年（前119），张骞第二次奉命出使西域。此时，天才战神霍去病已连续策动三次河西战役，匈奴人远遁，河西走廊并入中原版图，汉帝国通往西方世界的大门打开了。

与大月氏结盟没成功，张骞一直心有不甘。几年来，张骞向汉武帝介绍了乌孙到伊犁河畔后与匈奴发生矛盾的具体情况，建议与乌孙结盟，共击匈奴。这就是"断匈奴右臂"战略。

张骞率领三百人组成的使团，每人备两匹马，携带牛羊万头、金帛货物"数千巨万"，到达乌孙，向乌孙王表达了结盟的意愿。还分遣副使持节到达大宛、康居、月氏、大夏等国。此后，汉朝派出的使者还到过安息、身毒、奄蔡、条支（安息属国，今伊拉克）、犁轩（附属罗马帝国的埃及亚历山大城）。

踏上熟悉的西域大地，升腾在张骞内心深处的是一句话：我回来了！

强势崛起的安息帝国听说有汉使到来，专门派出两万骑兵到边境迎接，以示尊崇。汉使回国时，安息国也派出使者回访。安息国王送给汉武帝的是两件有趣的礼物：一件是大鸟卵，即鸵鸟蛋；另一件是犁轩善眩人，就是埃及国的魔术师。

穿越安息帝国，渡过地中海，强大的罗马帝国与东方的汉帝国遥相屹立。当出自遥远东方的薄如蝉翼、华丽炫目的丝绸出现在贵族宴会上，举座惊艳，一片欢呼："赛里斯！"罗马人口中的"赛里斯"，就是东方的汉帝国。

元鼎二年（前115），张骞回到汉朝，拜为大行令。

第二年，一代伟大的探险家张骞故去。

三年之后，汉帝国在河西走廊设立武威、张掖、酒泉、敦煌四郡。

四年之后，乌孙主动提出与汉朝和亲，细君公主远嫁乌孙，张骞提出的汉乌联盟终于实现。

一段波澜壮阔的岁月落下帷幕，一段流传千年的传奇才刚刚开始。

两千年后，1877年，一名叫李希霍芬的德国地理学家，在考察中国西北地理后，在所著的《中国》一书中第一次将这条由张骞开启的横贯亚欧大陆的古代通道命名"丝绸之路"。

遥望西域，历史的大河奔流不息，伟大的人物也终将逝去。张骞用自己的经历，演绎了一个关于忠诚与勇气、苦难与辉煌、坚持与荣耀的故事。

▲ 张骞两次出使西域往返路线图

第二章 飞将卫青出奇兵

马邑之谋

张骞第一次出使西域四年后，元光元年（前134），匈奴派使者向汉武帝请求和亲，汉武帝命群臣商议对策。

官居大行令的王恢建议汉武帝拒绝和亲："过去朝廷也同匈奴和亲，但匈奴不守盟约，屡次侵犯边界，我们应该发兵打击他们。"

御史大夫韩安国以匈奴兵强马壮为由，劝汉武帝接受和亲。群臣大多赞同韩安国的观点。汉武帝最终采纳韩安国的建议，与匈奴和亲。

汉王朝已建立六十余年，汉初几位统治者奉行轻徭薄赋和与民休息政策，"文景之治"让社会经济得到恢复和发展，并进入繁荣时期。"京师之钱累巨万，贯朽而不可校。太仓之粟陈陈相因，充溢露积于外，至腐败不可食。"（《史记·平准书》）此时的汉王朝国力强盛，人口快速增长，兵源充足。

建元元年（前140），汉武帝刘彻即位，打算废除屈辱的和亲政策，转而对匈奴实施军事打击。汉武帝进行了积极的部署和安排，委派李广等名将带兵镇守边郡要塞，征调士卒巩固边防，同时采取措施鼓励养马。建元三年（前138），汉武帝派张骞第一次出使西域，希望联合月氏夹击匈奴。经过经济、军事、外交一系列努力，西汉抗击匈奴侵扰的条件已经成熟。

元光二年（前133），王恢再一次向汉武帝建言攻打匈奴，这次他给汉武帝带来了一个"机会"。

雁门马邑有一名大商人聂壹，和匈奴人多有生意往来，甚至私自出塞与匈奴交易，可以说是"匈奴通"。他通过王恢向皇帝提了一个建议："匈奴刚刚和我们和亲，放松了警惕，我们可以以利诱敌，伏兵袭击，一定能大破匈奴。"

汉武帝召集群臣商议。这一次，主和派韩安国又站出来表达反对意见，理由和上次差不多。王恢在朝堂之上成竹在胸：我们诱敌深入，免去千里远征的劳苦；而四面埋伏，必能将单于手到擒来。韩安国最大的反对理由失去支撑，这一次，年轻的天子得偿所愿，可以展开对匈奴的反击之战。

商议已定，接下来调兵遣将。令人意外的是，全军统帅之位交到反对出战的韩安国手上。

汉武帝征召各地骑兵、战车、步兵共计三十余万，以韩安国为护军将军，统领全军。自韩安国以下，公孙贺为轻车将军，王恢为将屯将军，李息为材官将军。从这几个将军的名称和后来战势的发展来看，汉军诸将的分工是这样的：公孙贺率领战车、骑兵部队，李息率领材官即步兵部队，王恢率三万士兵埋伏于代地，与李息一起主攻匈奴辎重。

雁门马邑，处在恒山山脉、管涔山和洪涛山的交会处，这三座山自北向南越收越窄，到马邑交会，形成今天所说的朔州盆地。这个盆地从形状上看，正像一个口袋的底部，如果匈奴大军闯入马邑包围圈，汉军将北面的袋口一扎，就可以聚而歼之。在这个部署中，实施重兵围困的是韩安国率领的三十万主力部队，而王恢率领的三万偏师是机动的预备部队。如果计划得以顺利实施，韩安国大军对匈奴重重包围，王恢切断匈奴的粮草，匈奴只能坐以待毙，全军覆没。

汉军埋伏马邑。聂壹以商人身份进入匈奴，利诱军臣单于："我能派人斩杀马邑太守，然后让马邑城投降，您将得到城中全部财物。"军臣单于大喜，与聂壹作下约定。

聂壹回到马邑，斩下一名死囚的头颅悬于城墙之上，催促单于使者说马邑太守已死，让单于来受降。军臣单于贪图不费刀兵即可获得的巨大利益，率十万骑前来。汉军只等收网时刻。

匈奴单于率领大部队沿管涔山—洪涛山谷地一路向南，冲破武州塞的象征性防守，继续狂奔。武州塞防御空虚，汉兵不堪一击，军臣单于没有想到，是汉武帝故意撤走武州塞的防御部队。

离马邑百余里之处，军臣单于看到牛羊遍地，却无人放牧，终于心生疑虑。

史料没有提及，汉军为了完成这个包围圈，需要百姓做什么配合。这时候百姓撤离，可能是提前听到匈奴大军的风声而逃走，也可能是汉军为了让匈奴

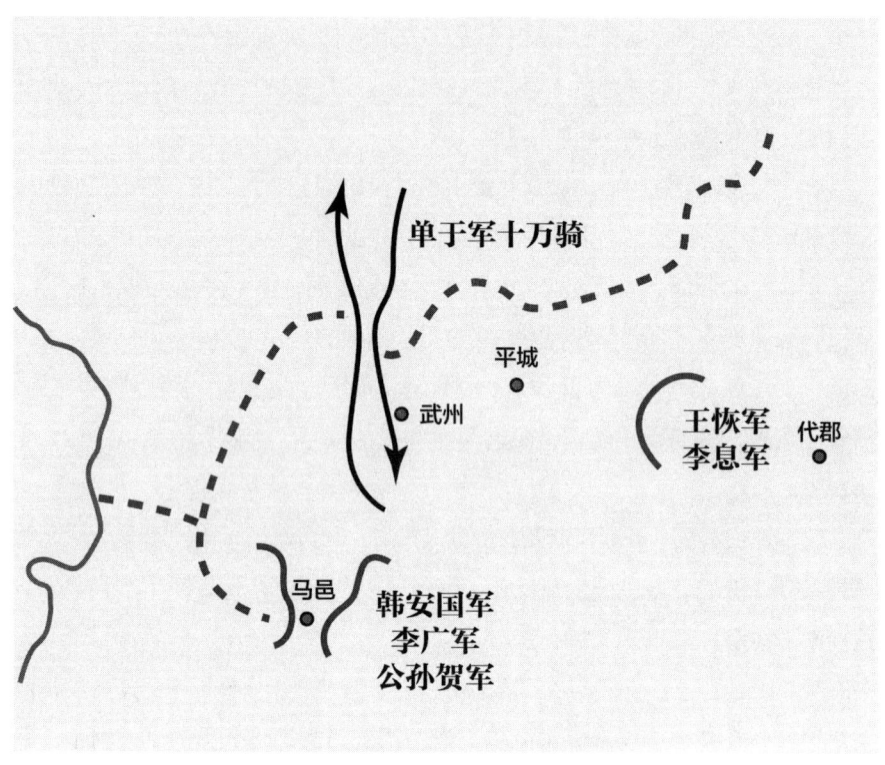

▲ 汉军马邑伏击示意图

彻底陷入无可依托的绝境而坚壁清野。但若是后者，只需将朔州盆地的百姓撤离即可，何必同时撤空山谷地带的百姓？或许是在朔州盆地坚壁清野时走漏风声，让周边百姓预感到大战将至，因而逃亡？

军臣单于虽不及其父祖辈有雄才大略，但也绝非泛泛之辈，当即攻下马邑周边的一个亭，生擒正在这里巡守的雁门尉史。匈奴人准备将这个小将校直接斩杀，尉史为了求生，说出了那个能解开军臣单于心中疑惑的秘密——汉朝三十万大军，正在马邑周边山谷中埋伏。

听到这个消息，匈奴单于及其众将领吓出一身冷汗。军臣单于说："我得到尉史，不上汉天子的当，真是上天所赐。"军臣单于封尉史为"天王"，下令匈奴骑兵立即掉转马头，返回塞外。

史书记载，汉军主力，也就是韩安国、公孙贺部，听到塞下传言匈奴部队已经出塞的消息才出兵追击，追之不及。汉军本来占据埋伏的主动，庙算在前，却在斥候侦察方面极其落后，除了经验不足，韩安国过于保守恐怕也是原因之一。

代地的王恢所部三万，本应从代地抄到匈奴部队后方袭击辎重，但单于回军后，王恢部面对的就不是匈奴军队的后方，而是匈奴的整个部队。王恢知道匈奴已经回程，不敢直面匈奴十万骑兵，只好罢兵。

汉军出兵三十万，布局几个月，刀未出鞘，战事就已结束。刘彻勃然大怒。

王恢辩解道："原先的计划是匈奴进入马邑后，大军和匈奴部队交接，而我部袭击匈奴辎重，可以得利。可现在匈奴人不战而还，我部只有三万人，贸然出击，必定寡不敌众，自取其辱。按照军法，臣理应斩首，但臣毕竟将陛下交付给我的三万士兵完好带回。"

只从战斗层面来讲，王恢的辩解确实有一定的道理，直接按照军法处斩王恢，恐怕刑罚过重。狱中的王恢设法贿赂当时炙手可热的丞相田蚡。田蚡通过姐姐王太后向刘彻求情：如果杀了这个坚定的主战派，是不是帮匈奴人复仇了呢？

但是，皇帝的理由不容辩驳："马邑之战本就是王恢一手谋划，我才征召天下兵马数十万来让他行事，他却如此表现！就算无法生擒匈奴单于，王恢率部出击，仍然会有所收获，哪怕失败，也能告慰人心。如果不诛杀王恢，实在无法向天下谢罪。"田蚡将这个消息告知王恢，王恢自知必死，自杀身亡。

其实，如果王恢没有贿赂田蚡，未必会死。汉朝军制严苛，但从后来历次处罚来看，判当死后可以花钱"赎为庶人"。王恢贿赂被刘彻视为政治掣肘的田蚡，让刘彻无法容忍。武帝一朝第一个坚定的主战派大臣，就因为自己关键时刻的保守和怯懦落得如此下场。

此后，匈奴拒绝与西汉朝和亲，在边境公开劫掠，四处出兵袭击汉朝边郡，进行报复。马邑之围，使汉朝从此结束自西汉初奉行的和亲政策，也拉开了汉匈大规模战争的序幕。

此战，双方没有交战，但可从中看出双方战力差距。匈奴十万骑兵，深入汉境数百里，虽然有汉军故意不阻拦的因素在，依然称得上来去如风。匈奴军队打了一个来回，汉军才发觉。汉军的部队编制以步兵为主，战车和骑兵混合作战，在机动力上远落后于匈奴骑兵，加之斥候信息落后，更是让汉军彻底丧失追击、合围匈奴军队的能力。

还有将领的问题。韩安国文人从军，在这一战中暴露了自身或许守成有余、进取则完全不足的特点。在吴楚七国之乱时的表现，是他军事生涯的大亮点，但仅此而已。刘彻想要将对匈奴的形势由战略防御转为战略进攻，韩安国肯定不是一个合格的统帅。另一个被刘彻寄予厚望的新晋将领王恢，空有豪言壮语，临敌却消极怯战。这就是汉武帝的愤怒所在。一言以蔽之，将帅无能。

面对这样从战力战术到将帅能力的多方面差距，刘彻想要反击匈奴，在不长的时间内还有许多事情要做。

匈奴人骑兵强盛，如果还是延续之前以战车和步兵为主力、骑兵为辅助的军团编制，用于防御或许绰绰有余，用于反击则失之笨重，马邑之战已经证明了这一点。汉朝自文景时期开始就大规模养马，到武帝一朝更是直接把马厩设到宫中。汉武帝还大力鼓励民间养马，规定向国家提供良马一匹可免除三人一年赋税与劳役。到后来，往来长安的交易马匹达十余万匹，官方马厩中就有超过四十万匹马。按一人三马的配置计算，这足以供养十万余骑兵部队。这在数量上还不能和匈奴骑兵相提并论，但考虑汉朝冶铁工艺先进，汉军骑兵装备水平在匈奴之上，这样双方部队战力应该是旗鼓相当。

当然，理论上的部队战力，必须通过完美的将领统率才能得以展现，刘彻需要通过一场战斗来检验到底谁才是那个真正合适的人选。在此之前，他不得不忍受和亲破裂之后，匈奴人在边关的不断骚扰。

刘彻又等了五年。汉王朝在积蓄军事力量，刘彻也在积蓄政治资本。元光四年（前131），前丞相、魏其侯窦婴因门客获罪被斩。同年，丞相、武安侯田蚡病死。元光五年（前130），陈皇后（陈阿娇）因嫉妒而施巫蛊之术，被酷吏张汤查出，因而打入冷宫。至此，汉武朝初年对刘彻四处掣肘的外戚势力——窦太后、王太后、馆陶公主等人在刘彻身边安插的棋子，已是一扫而空。

元光六年（前129），反击的时机成熟。

龙城大捷

元光六年（前129）的春天，匈奴派兵侵扰上谷，抢劫货物，杀掠百姓。冬季食物匮乏、草场光秃，挨过冬季之后的春天，正是匈奴人马疲乏之时，最需要补给。元光六年对上谷的侵扰，应该是匈奴部落对汉朝常规的军事骚扰，以掠夺财物为目的。而从骚扰的方向来看，应该是匈奴坐镇辽西的左贤王部所为。

对汉武帝来说，这是一个机会。他积蓄了足够的力量，拿出了和之前完全不同的配置：总兵力减少到四万，全部都是骑兵。因为是应对匈奴侵扰的一次反击进攻，而不是谋划已久的战略反扑，所以这一次投入的兵力并不多。全是骑兵配置，以机动攻击机动，汉军对匈奴的反击走出了正确的第一步。

将领配置也与此前完全不同，保守持重的"宿将"韩安国被弃用，取而代之的是四个没有做过全军统帅的新拜将领——轻车将军公孙贺、骁骑将军李广、骑将军公孙敖和车骑将军卫青。

这个名单很有趣，只有公孙贺参与过马邑之战。公孙贺因为在刘彻为太子时期做侍从而得到信任；李广在景帝朝长期在边郡对抗匈奴，但在武帝时期一直担任禁军统领一职；公孙敖骑郎出身，实际身份是刘彻组织建立的建章营中的年轻军官；卫青的身份更是让人惊讶，他少年时期虽曾在建章营当差，但其姐卫子夫得到汉武帝宠幸之后，他便转而任职侍中、太中大夫，是出入宫中参闻朝政的文职人员。可以想见，这样一份将领名单会给朝中带来多大的震惊。

尤其是卫青这个名字，第一次因抗击匈奴而出现在人们的视野中。

史料记载，卫青其人，身强体壮，擅长骑射，或许在其少年任职建章营时就有所展现，但这应该不是刘彻启用卫青的主要原因。刘彻如此擢拔卫青，除了因为他是小舅子，可能还有一个重要的原因。卫青任职的侍中，是皇帝的亲近官职，太中大夫执掌议论，可以直接在皇帝身边参知朝政的奏议和决策，卫青可能在与刘彻长期的亲近接触中，逐渐了解他对匈奴军事反击的想法。刘彻不可能亲自统兵远征匈奴，但他是一个喜欢掌控战争的君主，未来能够替他来做这个军事统帅、执行他战争决策的人，谁能比在宫中近侍十年的卫青更合适？

卫青的出身，在很多人眼里并不光彩。卫青父亲叫郑季，是平阳县的一个小官。平阳县归平阳侯曹寿所有，郑季时常去平阳侯家中做事。

平阳侯府一个女仆叫卫媪。从"媪"字，便知这个女仆不再年轻，但在郑季眼里，卫媪犹存几分风韵。一来二去，卫媪生下郑季的孩子，便是卫青，字仲卿。卫青跟着郑季生活，郑季及其正妻所生的儿子都将卫青看作奴仆。小卫青每日牧羊，与羊为友。

后来，卫青跟人来到甘泉宫的一间居室。一个身戴枷锁的犯人看到卫青，说道："您是个贵人，将来必做大官啊！"

卫青听罢，苦笑着摇了摇头，说道："我不过是个奴仆的孩子，平日里能不挨打挨骂便已心满意足，怎敢作加官封侯之想？"

卫青渐渐长大，成为平阳侯府中的骑兵，实际就是一名骑奴，跟随平阳公主。卫青的姐姐卫子夫，受到汉武帝宠幸，怀上了龙种，卫青有幸进入宫中担任职务。当时汉武帝正在派人建造建章宫，便让卫青去建章宫供职。

卫子夫受宠，让卫家上下喜不自胜，却让皇后陈氏落寞。卫子夫有了身孕之后，陈皇后更是醋劲大发。因为陈皇后和皇帝在一起这么久，一直没生下一

▲ 卫青像

男半女。陈皇后的母亲刘嫖，是汉武帝的姑母，听说卫子夫有个弟弟在建章宫做事，便派人去建章宫把卫青劫走并囚禁起来，准备杀掉。

卫青素来行事低调，又是刚入宫，没人将此事告诉卫子夫。卫青的弟兄骑郎公孙敖和几个壮士听说卫青被掳走，当即把卫青抢了回来。

卫青在建章宫里被抢了个来回，事情自然传开。刘彻对姑姑和妻子无可奈何，太皇太后仍在，他无法惩罚二人。汉武帝将卫青招来，任命他为建章监，加侍中官衔。刘彻认为，之前卫青被抓，是因为自己没有重视卫青，致使他官职太低。刘彻仍有些愧疚，几日之间又赏了卫青千金，并让卫子夫的大姐卫孺嫁给太仆公孙贺。

皇后母女一番折腾，非但没有出气，反而间接令卫家越来越尊贵，出乎所有人意料。

这一次，卫青必须要证明自己能够当得了统帅。和他一起出征的三个将领，每一个都比他有经验，有的人可能看不起他，即使皇帝愿意相信他，军队愿意吗？对卫青来说，元光六年就是他人生第一次试炼，很关键。

刘彻这一次的反击未必有明确的军事打击目的，他将四万骑兵平均分配给四名将领。四名将领各自领兵一万，公孙贺出云中，公孙敖出代郡，李广出雁门，卫青出上谷，主动寻找匈奴军队战斗。从这种兵力节约、平均分配、四面开花的出击方式，可以看出刘彻在元光六年发动的这一次反击，目的不是对匈奴造成大规模的杀伤，而是在反击中试验汉军骑兵对阵匈奴骑兵的战斗力，以及考察少壮派（李广是宿将，但从未独立担纲军事统帅）将领。

此次出击匈奴，卫青不负信任，将兵出上谷，一路追击匈奴军至龙城（匈奴祭天地祖宗之处称龙城，无定处。卫青所至龙城，在今内蒙古正镶白旗附近），斩敌七百余人，得胜而还。这是有汉以来对匈奴获得的第一场军事胜利。龙城是匈奴人祭天、祭祖、召开部落大会的地点。匈奴王庭是匈奴政治权力的中心，龙城是匈奴的神权中心，地位相当重要。

李广领军出雁门，恃勇急进，遇匈奴军主力。匈奴诈败设伏，大败李广军，汉军几乎全军覆没，李广负伤被擒。李广长期在边境任职，历任边郡陇西、北地、雁门、云中太守，与匈奴多次交锋，曾以百骑吓退匈奴数千骑，在匈奴颇有威名。李广带兵，与士卒同甘共苦，作战常身先士卒。匈奴单于也知其贤，曾下令得李广必生致之。匈奴兵捉住李广，将其置于两马间的网床之上，送往单于处，李广假装伤重不醒。行十余里，李广瞥见近旁有一匈奴兵骑着一匹良马，乘其不备，跃起夺其良马及弓箭，鞭马南驰。匈奴数百骑在后面紧紧追赶，李广取弓箭回射，匈奴兵不敢贴近，后遇李广残军，匈奴兵乃退，李广得脱。

公孙敖出代郡，被匈奴军击败，损失七千余人，狼狈退回。

公孙贺出云中，未见一敌，驻扎数日，听说李广、公孙敖两路已败，失去呼应，遂引军退回。

此战，汉军四路出击，两路惨败，一路无功而回，卫青获得小胜，显示了将才。汉武帝封卫青为关内侯。李广、公孙敖因损失过重，被下狱问罪，按律当斩，以财物赎罪免死，被削去官职，降为庶人。

卫青，一个在平阳公主家做骑奴出身、身居散职十年的青年，为什么会获得这样一场开辟性的胜利？后来淮南王刘安谋划叛乱时，曾以卫青为假想敌，向谋臣询问。

伍被回应道："我有个朋友黄义，跟随卫青出击匈奴，说卫青对士大夫彬彬有礼，对士卒温厚有恩，将士都愿意为他所用。他骑马上下山，疾驰如飞，体格勇力为常人不及。另外，从长安来的使者曹梁说过，卫青号令严明，对敌奋勇，身先士卒。休整时，他要等到士卒全部休息才扎营休息；凿井取水时，他要等到士卒全都饮过，自己才饮水；部队回师时，他要等到士卒全渡河完毕，才过河；皇太后赏赐的钱财宝物，他全都赏赐给部下。因此卫青这个人，拿古代名将来比照，也不会比他更强。"

由此可知，卫青具备成为一名优秀将领的先决条件：勇力过人、号令严明、身先士卒、不吝赏赐、掌握军心。对比上一辈的将领李广，李广固然武力绝人，也对士卒有恩，"士卒愿为之死"，却对同僚傲慢尖刻，同时军纪散漫，容易失败。

外戚卫青，以一次实打实的军事胜利让质疑他的人闭上了嘴。卫青飞扬的征战之路开启。

经过这次战争，匈奴对汉边的袭扰更加猖狂，尤其对渔阳（今北京密云西南）的劫掠最为严重。为加强渔阳守备，武帝派韩安国为将军，领兵屯驻于此。

元朔元年（前128）秋，匈奴骑兵两万余再度大举南下，入侵汉东北边境的辽西和渔阳两郡，杀辽西太守，掠杀两千余人，大败渔阳太守军一千余人。韩安国出战，几乎全军覆没，幸赖燕兵及时赶到，救下韩安国，匈奴退去。匈奴军又乘胜西攻，入雁门，杀掠千人。

匈奴这一次军事行动，可以看作对龙城之战的报复性打击。不到两个月时间，匈奴部队就在雁门、渔阳造成汉军一个太守和部队四五千人的损失。匈奴骑兵的机动优势，也又一次得到展现，韩安国和燕王的部队仅能勉强壁垒，毫无反击之力。

但是，经过上一年四处出击的试炼性作战，汉武帝已经找到最合适带兵反击匈奴的将领。匈奴人在雁门一带耀武扬威之时，汉军真正的大规模反击终于长刀出鞘，执刀之人正是卫青。

汉武帝起用李广出任右北平太守，稳住东北边郡阵脚，同时命卫青将三万骑兵出雁门，迎击匈奴，另派李息出代郡，袭扰匈奴后路，策应卫青军。

卫青与匈奴接战，身先士卒，跃马冲杀，所部吏卒见主将亲冒矢石，勇气倍增，人人争先，奋勇杀敌。此战汉军斩获匈奴数千，大败匈奴军。汉军没施诡计，没有偷袭，胜利来得堂堂正正。这一战的胜利，极大地鼓舞了汉军士气，增强了汉武帝继续主动进击匈奴的战略决心。此战也是卫青出击匈奴以来的第二次胜利，汉武帝对卫青更加信任。从此，卫青担负起反击匈奴主将的重任。

经过前一阶段的交战，汉武帝进一步认识到，匈奴虽强大，但不是不可以打败，要制服匈奴，必须集中兵力，寻歼其主力。汉武帝制订了下一步的作战计划：收复河南地，夺回匈奴进袭汉边的前哨阵地，同时作为反击匈奴的基地。

为了迎接更大规模的战争，汉武帝从元光五年（前130）起开始一系列准备工作。在政治上，进一步加强中央集权制，接受主父偃建议，施行"推恩令"，令诸侯王推私恩分封子弟为列侯，剖分各国，削弱诸侯王的势力，加强中央对地方的控制；在经济上，对商人征收车船税，开河渠、修水利，发展农业生产，积蓄雄厚的财力。同时整修通往边境的道路，以便输送大量兵力。

收复河套

匈奴和汉朝军事冲突的焦点持续聚于汉帝国东北一线之时，汉军做出了一个大胆的军事举动。韩安国等部的牺牲并非没有意义，它让匈奴以为汉军这一年依旧会在雁门—渔阳一线展开抵抗，但雄才大略的汉武帝刘彻，已经跳出局部战场的胜负，将目光投向匈奴自秦亡以来一直占据的河套地区。当卫青的骑兵大军出现在黄河转弯处的河套平原时，匈奴人震惊了。

这一战，就是历史上著名的"河南之战"。

这是一次具有切实战略意义的主动出击，刘彻的目的是将匈奴人彻底赶出河套平原。他再一次祭出雁门之战大获全胜的阵容——卫青加李息。李息依旧率领在代郡的部队，自西向东，跨过黄河进攻河套平原。卫青带领的主力骑兵部队（兵力未知，推测三万左右），从云中出击，沿着黄河北岸，在秦长城的掩护之下，一直向西急行，火速攻占位于河套平原乌加河和黄河之间的高阙（今内蒙古狼山中部计兰山口），并在此布下军营。然后卫青主力部队继续沿黄河南下，从匈奴黄河以西的右贤王部和黄河以南的白羊王、楼烦王部势力中间穿插而过，迂回上千里，在匈奴人反应过来之前，就完成了对河套地带的大包围圈。

可以想见，当汉军主力自西侧对匈奴发起冲击时，匈奴人会多么震惊——这里明明是匈奴的势力范围，汉军怎么会从这里冲了出来？与此同时，李息部和此前占领高阙的部队在东北、西北两个方向发起攻击。匈奴一战即溃，汉军以"全甲兵而还"的极小代价，获得了巨大的军事胜利：斩首两千三百级，俘虏三千零一十七人，捕获马牛羊超百万匹，驱逐楼烦王、白羊王，完全夺取河套。

这是一场空前大胜。在战术上，卫青率领数万骑兵，在匈奴的势力范围内长途奔袭、千里迂回，出其不意、攻敌不备，一举击溃敌军，这是中国军事史上前所未有的打法，是唯有骑兵才能实现的战术。

河南之战中，卫青对封锁消息、秘密行动、捕捉匈奴暗哨巡骑、寻找可靠向导、了解水草位置以及解决大军供给等，计划周到，而后协调相隔千里的三部军队同时进攻，迅速击溃敌军，避免陷入右贤王部夹击之中，显示出了卓越的军事指挥才能。这一战为中国冷兵器时代骑兵军团作战提供了一个模范样板，卫青不仅影响了他之后的霍去病，也影响了曹操、李靖、苏定方等后代军事名将。

河南之战，在战略上的意义更加卓著。"黄河百害，唯有一套"，河套平原一直是黄河流域最丰腴的一片水土，水草丰美，灌溉发达。秦亡之后，河套平原长期被匈奴占据。河南一战，捕获马牛羊超过百万匹，可见河套地区对匈奴人的经济意义。汉军夺得这片土地，刘彻终于拥有了一片超级马场，可以放手培育自己梦寐以求的骑兵军团。

此外，河套平原及河南地带位于匈奴右贤王部、单于王庭和汉朝首都长安之间，谁得到这个地区，都会对对方形成明显的军事压力。河南之战卫青大获全胜，汉匈战争的天平，终于向汉朝一方倾斜。

此后，右贤王屡次欲夺回河套地区未果。汉武帝刘彻为巩固胜利果实，在此设立朔方（治所在朔方县，今内蒙古杭锦旗北什拉召一带，辖境今内蒙古伊克昭盟西北部及巴彦淖尔盟后套地区）、五原两郡，并修复秦蒙恬所筑秦长城遗址。次年二月，汉武帝大手一挥，招募百姓十余万迁徙朔方，移民实边。汉朝从此彻底在河套地区站住脚跟。

漠南之战

元朔三年（前126）冬，匈奴军臣单于病死。军臣单于上承冒顿、老上两代雄主之余烈，得到一个草原霸主的基业，本来或许可以有更大作为，但是面对汉武帝刘彻这样的对手，可以说时运不济。匈奴先败龙城，又失河套，这是匈奴盛极而衰的转折点。

军臣单于一死，其弟左谷蠡王伊稚斜立刻起兵，打败太子於单，自立为单于。太子於单兵败，南下投降汉朝，被封为涉安侯，几个月后死去。

伊稚斜单于继位后，为树立威望，对汉朝展开疯狂报复。伊稚斜单于继位后的夏天，匈奴数万骑兵入侵代郡，杀死太守恭友，抢掠一千余人。秋天，匈奴又派兵入侵雁门，杀死和抢走一千余人。第二年，匈奴又派三万骑兵入侵代郡、定襄、上郡，杀死和抢走数千人。与此同时，丢失河朔之地的匈奴右贤王，也屡屡向汉朝新开辟的疆土展开军事攻击，侵扰朔方城，杀死军吏百姓甚多。

这两年，汉朝在东北、西北两个方向面临巨大的防守压力。汉武帝刘彻这两年最大的努力，就是用移民充边、修筑长城等，让汉人在河朔地站稳脚跟。刘彻发现阴山防线又被匈奴骑兵突破并一路杀到上郡，马上采取措施，将原上郡北部独立出来，设立西河郡（今山西、陕西交界处）并派兵驻守。这样，如果阴山防线被突破，汉朝腹地上郡不至于立刻暴露在匈奴铁蹄之下，也就是加强了河西地区的纵深防守能力。边境军民用顽强的防御和牺牲，为汉军再次远征赢得时间。

元朔五年（前124），卫青再一次远征。汉朝蓄力两年，这次出征拿出了雷霆之力。卫青率三万汉军主力骑兵，麾下苏建任游击将军、李沮任强弩将军、公孙贺任骑将军、李蔡任轻车将军，均从朔方出击。从这些将军职位来看，除了卫青本部三万骑兵，汉军主力应该还有步兵（强弩将军率领）和战车军队（轻车将军率领）参战，数量未知。为牵制匈奴主力，汉武帝照例在东北方向派李息、张次公从右北平出征。这一次出征，汉军投入总兵力达到十余万人，史称"漠南之战"。

"漠南之战"的战略意图非常明确，争取一劳永逸地缓解河套地区受到的侵扰压力，将匈奴右贤王部赶出阴山。为实现这个战略目标，从汉军角度来说，最正常的选择应该是以席卷的态势向西北推进，或者是完成对右贤王庭的包围圈，最后与右贤王主力决战，就像卫青在河南之战所做的那样。但是，卫青这次没有选择这种作战方式。

汉军与匈奴战斗最大的问题，是如何找到匈奴，进而与之决战。茫茫草原对大多数汉军将领而言，相当陌生，进入草原，路也找不到，水也找不到，遑论找到匈奴主力。即使找到，也很难形成决战态势，匈奴是有利则战，不利则散，呼啸而来，呼啸而去，经常是数万匈奴大军围攻数千汉军，这种游击战法常常让试图进行决战的汉军无可奈何。

卫青要解决的问题，就是如何找到匈奴主力并且不让匈奴逃走。

匈奴逐水草而居，但春季在哪里放牧，夏季去哪里，冬季去哪里，都有一定规律，根据地域不同，有的实行三季营，有的实行四季营。所谓四季营，就是春夏秋冬四季要进行四次大的迁移。这个游牧路线一旦确定，不会轻易改变。因为匈奴取暖全靠牧养动物的粪便，走全新的路就没有办法解决取暖问题。所以正常情况下，路线进行小的调整可以，大的调整不可能。

了解匈奴生活习性，再找匈奴就比较容易。卫青出兵的时候，对面的右贤王部正处在冬季营，到向阳背风、牧草保存较好的草场肯定能找到。可见卫青在出兵之前就得到了准确的情报。

从战事记载来看，右贤王为回避汉军出征，把王庭搬迁到更远的戈壁之中。而卫青精于斥候使用，且军队中有不少匈奴将校（包括投降的匈奴人小王赵信），在出征的时候，他很可能已经掌握右贤王庭的位置。于是，卫青自高阙出塞后，拿出了自己成名之战的作战方式。

卫青率大军出塞，缓缓而行，数日后到达距离右贤王大营不足二百里处。按汉军以前的记录，该回军了。汉军自从实行攻势战略以来，与匈奴是骑兵对骑兵，没有步兵自然不能携带大量军资。再往前走，不仅要挑战汉军的心理，更要挑战汉军的后勤补给能力，弄不好回军之时就要饿肚子，这也是右贤王所了解的汉军。可是这次卫青没有回军，全军突然发力，直扑右贤王大营。

这是一个朔月之夜，草原上一片寂静。后半夜，大部队赶到目的地，借着依稀的星光，卫青注视着安静的右贤王大营，压抑着心头的喜悦。随着卫青鞭梢一指，两万精骑向大营左右包抄。

史书记载，右贤王安排部队防御，以为王庭偏远，汉军不可能到达，当夜喝得大醉，整个营地连一个警戒的哨兵都没有安排。是夜，汉军从天而降，寂静的草原之夜突然响起了喊杀之声。睡梦中的匈奴人接到的是汉军扔进来的炽热的火把，迷糊中跑出帐篷后等待他们的是冰冷的马刀。

右贤王有很强的战术素养，深夜遇袭，仓促之间，他在数百卫士保护下向草原深处逃去，汉军轻骑校尉郭成等追击数百里，未果。

这一战，卫青奔袭六七百里，直捣匈奴右贤王部腹心，在战术上取得了完全的成功。战果也配得上卫青出神入化的战术指挥：汉军捕获匈奴小王十余人、匈奴部众一万五千人，以及牲畜数十百万。这一战将匈奴右贤王彻底逐出了阴山——从此史书上多年不见其踪迹——切断了匈奴王庭和匈奴河西部落之间的直接联系。

元朔五年（前124）的漠南之战，使卫青又一次光耀千古。

远在长安的皇帝听到战报，大喜过望，等不及卫青回朝，就派使者带着印绶去往边塞，拜卫青为大将军，自此卫青可以统率大汉所有的将领和军队。卫青，一个弃子，一个少时从未指望封侯的骑奴，终于凭借天分和努力，一步一个脚印，在同僚和部下敬佩的目光注视下，登上了古代军人梦寐以求的顶峰。

回朝之后，刘彻给卫青增封八千七百户，连同此前河南之战的封邑三千八百户，卫青的封邑达到一万两千余户，成为名副其实的"万户侯"。刘彻还给了一个"疯狂"的奖励，将卫青三个儿子卫伉、卫不疑和卫登全部封侯。

卫青立刻辞谢："这次获胜，全赖陛下、神灵、诸将校力战，陛下已给臣增封，臣的儿子尚在襁褓之中，尚未取得尺寸之功，哪里敢受封？这又怎么激励将士继续奋战呢？"

刘彻表示不会收回成命。跟随卫青出征且获得战功的公孙敖、韩说、公孙贺、李蔡、李朔、赵不虞、公孙戎奴、李沮、李息等人也被封侯。

不过，在这场几乎人人得以封侯的大胜之中，"汉之飞将军"李广没有从军出征，自然没有机会封侯。

驱逐右贤王之后，河套地区的防御压力大大减轻，但阴山防线依然面临匈奴本部的侵犯压力。同年秋天，匈奴入代郡，杀都尉。刘彻设置西河郡的举措取得了效果，这一次匈奴没有像上年那样深入上郡腹地。

为彻底驱逐阴山一带的匈奴势力，漠南之战的第二年，元朔六年（前123）春，大将军卫青率中将军公孙敖、左将军公孙贺、前将军赵信、右将军苏建、后将军李广和强弩将军李沮六将，以及十万余士兵，自定襄发兵，出塞数百里，北击匈奴单于本部。在这个名单里，值得注意的不是飞将军李广，而是前将军赵信——这个匈奴投降过来的小王，在北击匈奴的战争中得到先锋将军的重任，展示了刘彻的宽广胸襟。同时，刘彻还把刚从匈奴逃回，同样熟悉草原风物的张骞任命为校尉，随大军出征。张骞"知水草处，军得以不乏"。

如此大规模出征，汉军却没有遇到匈奴主力部队，仅斩首数千级。刘彻对这个战果不满意，令军队在定襄就地休整，一个月之后又派遣原班人马悉数出征。

从刘彻的态度和这次出兵的规模来看，可以合理推测，两出定襄的战略意义，可能不仅仅是要把匈奴彻底驱逐出阴山一带，刘彻希望这是一场"毕其功于一役"的战事，能找到匈奴单于本部主力，抓获伊稚斜单于。但是，第一次出定襄，汉军没有遇到匈奴本部主力；第二次出定襄，汉军遇到了单于主力，却同样没有实现刘彻的战略目标。

这一次与伊稚斜单于交战的并不是卫青本部。前将军赵信和右将军苏建合军之后，遇到单于主力，两将所率仅三千余骑，从此前匈奴的军事侵扰来看，伊稚斜主力部队应该在三五万人左右。汉军不敌，苦战一日，本是匈奴人的赵信在匈奴的劝诱之下，率残余的八百骑兵投降了伊稚斜。苏建所部全军覆没，汉军主力在与匈奴其他部队激战，无从救援，苏建只身逃跑。

此战，十八岁的霍去病以"剽姚校尉"身份跟随卫青出征，卫青拨八百轻骑归其指挥。谁也没想到，霍去病率领八百轻骑，脱离大部队，长途奔袭匈奴腹地，杀敌两千多，其中就有单于的爷爷辈王侯，以及相国、当户等高级官员，还俘虏了单于的叔父罗姑比。

这一幕，与卫青初上战场就直捣匈奴龙城多么相似。翩翩少年，勇冠三军，脱颖而出的霍去病被汉武帝赐封"冠军侯"。更让汉武帝高度关注的，是这个少年将军以轻骑兵快速突袭的战术。大汉帝国的战神正在闪亮登场。

这一战，汉军杀敌一万有余，但也损失惨重，还失去两员大将（投降的赵信、逃走的苏建），只能算惨胜。更重要的是，这一战没有捕获伊稚斜，也没有击溃单于本部军队，对雄心勃勃的刘彻来说，没有完成战前的既定目标。获胜回国的卫青，没有得到更多的封赏。

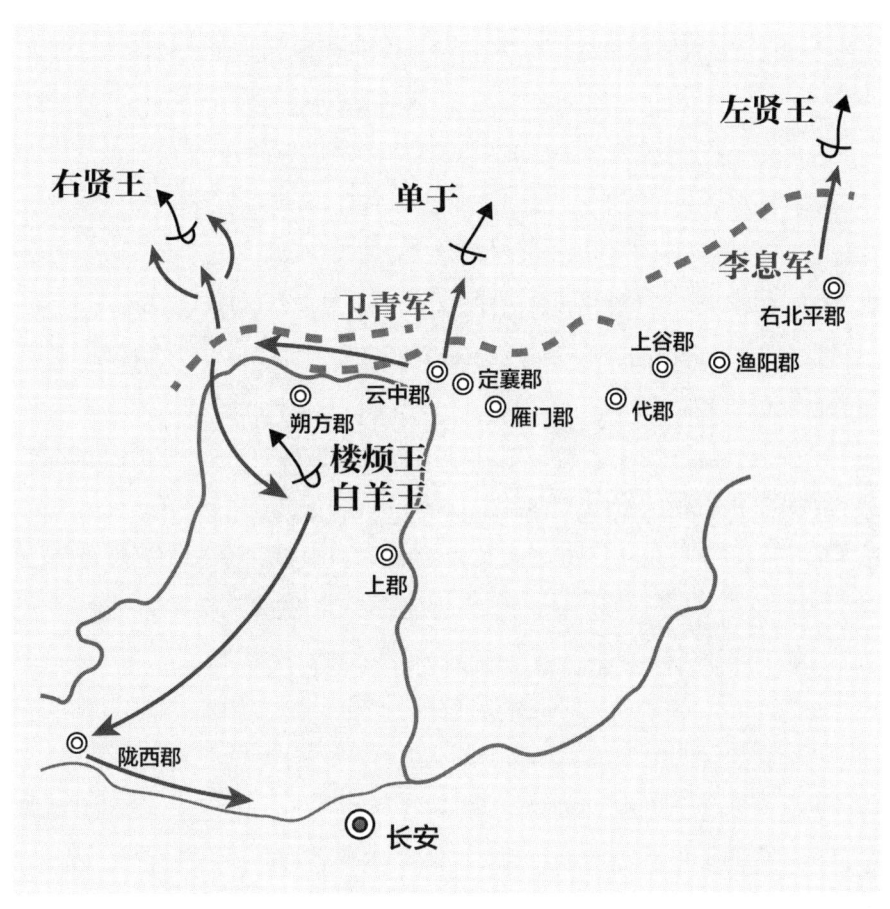

▲ 河南、漠南之战示意图

只身逃回的苏建，按照汉朝军法理应处斩，因大将军可以代天子节制诸将，于是军中议事周霸劝说卫青："自从大将军出塞以来，未尝斩裨将，现在苏建弃军而逃，可以处斩，展示将军之威。"长史对此表示反对，说苏建以数千当敌数万，奋战一日有余，士卒尚无二心，不应处斩。

卫青说道："我以皇帝亲戚的身份来领军，不愁没有威严，周霸你说我应该杀他来明威，这就失去了我作为臣子的本分。尽管我的职权可以斩杀将官，但我受陛下宠信，不敢在境外擅自诛杀，应该把这个权力交还天子，让天子裁决，用来告诉天下人，我们做臣子的不敢专权，这样不是更好吗？"

从这番言论也可以看出卫青对刘彻绝对忠诚，身居高位尚且谦卑低调。司马迁说卫青此前看到外戚窦婴、田蚡的结局，以此为鉴，因此即使已经位极人臣，也不会表现出半点骄横跋扈的样子。其实从卫青少年时，就能看出他是一个淡泊的人，成年之后，他从死亡中逃脱的经历，他在军中努力的征程，又强化了他谦逊的特质。

司马迁还记载过一件小事，从侧面证明卫青的谦逊。一向耿直的内史汲黯，对卫青一直平等施礼，有人劝他说，如今天子想让群臣都在大将军之下，你应该对他行跪拜礼。汲黯说，难道有人对大将军拱手作揖，他的地位就不崇高了吗？卫青听闻，并不恼怒，反而认为汲黯是个贤臣，主动与他结交，并多次向他请教朝中疑难问题。礼贤下士的姿态，很多人都做得出来，可一辈子保持这样的姿态，从不迁怒他人的外戚权贵，有几个？

两出定襄没有达成既定的作战目标，但赵信叛变，意外让匈奴势力退出漠南—阴山一带。赵信投靠汉朝为将后，对汉军战斗力有充分了解，劝说伊稚斜将王庭和本部向北跨过大漠进行迁移。如此一来，汉军再想攻击匈奴，就一定要在远离边塞的地方，劳师远征，匈奴以逸待劳，必能战而胜之。伊稚斜听取赵信的意见，暂时放弃对漠南草原的掌控，将王庭和本部迁往漠北。

由此，汉匈之间的战争，进入一个新的阶段。

这对汉朝来说是好消息。阴山防线的军事压力骤减，尽管匈奴没有放弃对汉朝边关的骚扰，可力度远不如从前，汉朝版图上只剩下东北防区面对匈奴左贤王部的攻击。但对刘彻来说未必如此，这个帝王满心想的都是杀死匈奴单于，永绝后患，伊稚斜将王庭迁居漠北之后，这个目标显然更难实现了。

卫青屡出奇兵，但从两出定襄之战来看，用兵风格依然偏于稳健，或许在新的阶段，他并不是帮自己实现这个目标的最佳人选？还有谁能够肩负起这个重任？

皇帝将目光放在了一个更加年轻的少年身上。他在定襄之战中第一次出征，就获得超出常人的大捷，他就是从卫家走出的未来战神——霍去病。

第三章 霍去病封狼居胥

首击河西

霍去病也是私生子,母亲叫卫少儿,是卫子夫和卫青的二姐,生父是平阳侯府中的一名小吏,叫霍仲孺。这名小吏与当时还是平阳公主女仆的卫少儿私通。霍仲孺不敢承认,霍去病只能以私生子身份降世。

不过,霍去病没有像舅舅卫青那样从小放羊,寄人篱下,遭人白眼,吃尽苦头。霍去病出生第二年,小姨卫子夫就被汉武帝"得幸"带回宫,卫氏家族因卫子夫上位瞬间发生逆转,成为贵戚。霍去病得以成长于绮罗之间。

霍去病自小就讨汉武帝刘彻喜欢。一次,卫少儿带儿子到宫中探望卫子夫,刘彻生病在床。卫少儿极小心,但霍去病还是大哭起来。刘彻昏昏沉沉间听见婴儿哭声,惊出一身冷汗,顿觉轻松舒畅。见是卫少儿,刘彻赐她坐下,并伸手接过孩子。说来也怪,这孩子到了刘彻怀里,眉开眼笑,竟不哭了。刘彻很开心,问孩子名字。卫少儿如实回答,说是私生子,还没取名。刘彻越发喜爱,说朕病了几天,小家伙一哭,惊出朕一身冷汗,病竟好了,他就叫"去病"吧。

史书记载,汉武帝将霍去病留在宫中亲自培养。

卫少儿后来嫁给陈掌。陈掌也是名门之后,是当年为汉高帝刘邦献奇谋解"白马之围"的陈平的孙子。

霍去病长大后才知道自己的身世,直到被授予骠骑将军才第一次见到亲爹。当时,霍去病率大军出征,顺道到平阳(今山西临汾),命部下将霍仲孺请到大营相见。

见到霍仲孺,霍去病跪拜道:"早先不知道我是大人(父亲)之子。"

霍仲孺愧不敢应,匍匐在地,叩头说:"老臣得托将军,此天力也。"

随后,霍去病为霍仲孺置办田宅奴婢,并在领军归来后将同父异母的弟弟霍光带回长安。这个霍光,就是日后权倾朝野,辅佐昭帝,废昌邑王刘贺(刘贺立为皇帝仅二十七天），另立宣帝的大将军霍光。

霍去病完全可以过锦衣玉食的生活，但偏偏喜欢到舅舅卫青的营帐，看将士操练，对金戈铁马的军旅生活心向往之，因此自幼就苦练功夫，操练弓马。

汉武帝对霍去病说："做一个将军应该学习古代兵法。"劝他学习孙子和吴起的用兵策略。

霍去病不以为然："作战关键只在于随机的谋略考虑，不应该受古代兵法约束。"

处于上升时期的汉帝国，朝气蓬勃，崇尚铁血军功，马上封侯。年轻的霍去病，正渴望一场与匈奴人的较量。

后来，汉武帝赐给已是骠骑将军的霍去病一所豪华府邸，被霍去病拒绝："匈奴未灭，何以家为？"

汉武帝将"断匈奴右臂"，打通河西走廊的重任交给霍去病。夹在青藏高原与蒙古高原之间的河西走廊，是汉帝国向西拓展国土纵深的唯一通道。张骞出使归来提供的情报，令汉武帝意识到，只有实现对河西走廊这个战略通道的疏通与控制，辽阔的西域才能纳入帝国的版图。

从地图上来看，河西走廊大抵就是如今甘肃所辖范围。作为一个地理概念，河西走廊是指黄河以西，祁连山北麓与合黎山、龙首山等北山夹着的狭长平原地带。这一带气候干旱，但依托祁连山冰雪融水以及北山对北方风沙的遮挡作用，这里还是形成了一片水土肥沃的天然农牧场，使这一带的部落得以生存和发展。

当时河西走廊是匈奴右贤王的管辖区，由浑邪王、休屠王占据。浑邪王据河西西部，今甘肃酒泉。休屠王据河西东部，今甘肃武威。为帝国开疆拓土的重任落在刚立战功的霍去病身上。

元狩二年（前121）春，霍去病兵出河西。史书没有记载具体时间，但最迟不过一月底。其一，霍去病想在黄河冰冻期结束之前，快进快出，以保证进攻的突然性。否则，天暖冰化，无论是用船还是架桥，都要多费时日。其二，秋天马肥膘壮，适合征战，春天马力最弱，不是征战的时候。匈奴的马在天然草场牧养，此时肯定是瘦的，大汉王朝的马人工饲养，保持马的体膘，这叫有备算无备。而且，大雪封山，正是围炉品酒的时候，此时出兵，正是择机而战。唐人李愬也曾雪夜入蔡州。

  第一次出征河西，刘彻给霍去病的人马是一万骑兵。这也符合刘彻一直以来的战术思想：战争之初，先用少数部队做试探性打击。何况，现在一万骑兵的战力，已非卫青龙城之战时的一万部队可比。坐拥天然马场，经过多年训练和实战磨砺，汉骑的作战素质已经超过匈奴骑兵。

  两出定襄之战中为卫青部队指点行程的张骞，没有出现在霍去病的军队之中。汉朝对河西走廊的风土地理最熟悉的人，莫过于张骞，他成功给卫青在漠南指引行程，没道理不来帮霍去病。个中缘由不为后人所知。从霍去病此后征战经历看，他似乎不喜位次相近的将军一同行军，做他的副手。

  霍去病自信能在未知的河西地带精准找到要打击的目标。他的办法很简单——用匈奴人。卫青部下除了匈奴小王赵信，基本全是汉人将领，而霍去病的部下，有赵破奴、高不识、仆多、复陆支、伊即轩等匈奴将校。霍去病连番长途奔袭、精准打击的强力支撑，当然是最熟悉匈奴人的匈奴人。

  霍去病第一次出击河西，打得迅速而畅快。史书没有详细记载这次作战过程，但从朝廷嘉奖的诏书中可以看出，这次战役对河西匈奴部落来说，是一场雷霆之击：出垄西，过黄河，跨过乌戾山，越过狐奴河，转战六日，连败五王——遫濮王、休屠王、折兰王、卢侯王和浑邪王。

  第一日，过黄河，跨过乌戾山；第二日，讨伐遫濮部，赵破奴速斩遫濮王；第三日，越过狐奴河，马踏五部，追单于子于焉支山下，擒浑邪王子而还；第四日，回师东进，扫荡休屠王，夺休屠王祭天金人；第五日，鏖战皋兰山下，率先冲阵，箭毙折兰王，阵斩卢侯王，俘获浑邪王王子及相国、都尉；第六日，班师回朝。

  六日之间，人不卸甲，马不下鞍，斩首近九千级。千里大漠，长途奔袭，打了一场漂亮的大迂回战。大汉帝国再无人怀疑霍去病天生的军事才华。

  这是汉朝对河西的第一次用兵，结果令人震撼。汉骑来去如风，如入无人之境，让匈奴人不寒而栗。汉军兵士自信心空前高涨。

  这一仗，霍去病首创"闪电战"法，六日之间转战一千多里，创下无镫时代骑兵行军纪录。有镫无镫,骑马截然不同。无镫时,战马高速前进,除了必要的武器和水,不过多携带军粮,取食于敌。

六日之内,霍去病部行动路线精准,分毫不差。都说霍去病胆大,但心细如发才能胆大如天。事实再一次证明汉武帝识人之明。

再击河西

元狩二年(前121)夏,汉武帝决定乘胜追击,展开收复河西之战。

此时在河西走廊,以休屠王为首的匈奴各部基本被打垮,大漠子民的优越感已失,不知何时何处汉军会呼啸而来。浑邪王所部没有遭受特别的损失,对于休屠王的失败,他是鄙视的,对于霍去病,他更多的是不服气。他决定复仇,等到秋高马肥之时,要给汉朝一个教训。

霍去病首次飓风式行动,提醒河西匈奴各部不再轻视汉军:探报(放出奔马一个来回的距离——二百里),远探,近探,流星探;各个部落之间保持密切联络,遇到情报及时通报;调整兵力部署,做好随时决战的准备。

河西匈奴各部的东方与大汉王朝的西部边境相接壤,河西匈奴需要防备的是正东、东北和东南方向,至于千里之外的西边,是安全的大后方,无须设防。霍去病提出构想,从匈奴西北方发出攻击,超出了匈奴各王的想象,也超出了大多数汉军将领的想象。这就是大纵深的大兵团战略迂回。霍去病提出这个构想的时候,胜负已无悬念。数万大军冲入毫无防备的敌营,其结果可想而知。

战事的策划很完美:老将公孙敖从东面进攻,佯装主力,吸引匈奴人的注意力;霍去病率主力长途迂回匈奴大后方,发动闪击;博望侯张骞、老将李广各率人马,分两路纵队,切断匈奴援军。这是一个要在河西走廊彻底合围并聚歼匈奴右贤王部的计划。

值得注意的是,第一次河西之战,霍去病在短短六天内消灭了遫濮部并降服五个匈奴小王,所以这一战,浑邪王、休屠王不仅无法得到匈奴王庭的支援,甚至无法得到河西其他匈奴部落的帮助。霍去病利用匈奴各部松散的管理架构，分化其部落联盟，是相当高效的谋略手段。

霍去病率领精锐骑兵开始中原军队从未有过的千里奔袭：从北地出发，在灵武（今宁夏银川）渡过黄河，翻越贺兰山，穿过巴丹吉林沙漠，到达居延海（今内蒙古额济纳旗北部）；稍作休整，沿额济纳河南下，行至敦煌、张掖一带，然后快速急行两千里，到达祁连山脚下。至此，霍去病已迂回到匈奴军队背后，只要公孙敖部按时到达指定地点，就在河西腹背同时发起攻击。

从陇西出兵的公孙敖，这位多次跟随卫青出征的义渠老将，关键时刻迷路了，未能到达预定地点。战局瞬间发生大逆转，孤军深入的霍去病兵团境地非常危险，极有可能被匈奴军队反过来围歼。

关键时刻，霍去病展示了一名优秀军人的勇敢和决断，独立向匈奴军队发起攻击。随着号角响起，霍去病兵团果断发起总攻，汉军铁骑潮水一般涌向匈奴人背后。匈奴人措手不及，未能组织有效抵抗，浑邪王和休屠王再次落荒而逃。

此时的东线，从张骞和李广的位次顺序来看，对左贤王的出击，应该是以刚刚立功封侯的张骞为主将，具体作战部署是李广带领四千骑兵作为先锋，张骞率本部一万骑兵分道会合。

敢于起用年轻将领的汉武帝，失算了：张骞固然熟悉漠南王庭一带的风土地理，但从未到过东北的匈奴部，更是从未证明过有统率的才能。这次军事任命的后果，就是李广率兵四千，孤军陷入匈奴数万骑兵包围，两日之后，张骞主力才到达战场，助其脱困。

汉之飞将军在此役展现出非凡的勇气和战术素养，杀敌数千，但寡不敌众，几乎全军覆没。按汉朝军法，失期当斩，张骞花钱把自己赎为庶民，在汉匈决战之后，西域这个更广阔的舞台还在等待他以外交家的身份再次出演。但飞将军的命运几乎从此定下。在同等困境下，李广的表现当然比苏建出色。他没有获罪，也没获封，却在皇帝心里留下了不好的印象：这个老将第一次出征匈奴，被敌人生擒；第二次出征匈奴，其他将校立功封侯，他没有军功；这一次出征，他被大军围困到全军覆没。

战报显示，霍去病俘获匈奴酋涂王，纳降两千五百人，斩敌三万两百人，同时"获五王、五王母，单于阏氏、王子五十九人，相国、将军、当户、都尉六十三人"（《史记·卫将军骠骑列传》）。接到捷报的汉武帝大喜，加赐霍去病食邑五千户，凡征战至敦煌的校尉以上者，一律加官晋爵。十九岁的霍去病成了令匈奴人闻风丧胆的战神，风头超过大将军卫青。

深入敌境，迅速完成迂回穿插，对敌人实行合围，然后从最薄弱的环节入手对其实行毁灭性打击。卫青是此种战法的开创者，霍去病将之发扬光大，并影响了后世。

第二次河西之战，在匈奴内部引发巨大动荡，伊稚斜单于勃然大怒：损失三万多人，这是自冒顿单于以来前所未有的大惨败。虽然他面对汉军的表现也相当难堪，但认为有必要在匈奴内部树立起抵抗汉军的决心，决定把浑邪王找回杀掉，惩戒立威。

此时，河西两王所部残破不堪，即便面对羌人、小月氏等部落的非难也难以自保，大单于远在单于王庭无法指望，为保全部族，向汉朝投降是最好的选择。当年短命单于於单在同伊稚斜争位失败后，率数千人投汉，被封为涉安侯，浑邪王有了借鉴，与休屠王商量共同投汉。

正在黄河边筑城的汉将李息得浑邪王密报，急报朝廷。汉武帝难掩心头之喜，诏令霍去病率精干小分队前去受降。这是霍去病第三次出征河西。

休屠王临阵反悔，浑邪王杀了休屠王，带领部众出迎汉军，准备归降。霍去病率军刚刚渡过黄河，军容齐整，威风凛凛，与浑邪王部遥遥相望。这时，匈奴军中突然哗变，一些人策马逃走。霍去病快速驰入军营，接受浑邪王归降，斩杀哗变者。汉军策马追击，斩落八千首级。

霍去病给浑邪王安排"专车"护送，把四万多匈奴人全部带回长安。汉武帝接见浑邪王，封其为漯阴侯，归降部众被安置在陇西、北地、上郡、朔方、云中五郡的要塞之外，仍然保持其游牧的生活习性。这五地又称"五属国"，设属国都尉负责管理。休屠王的母亲、弟弟被没入官中为奴，休屠王的儿子也在官中黄门养马。日后，这个被汉武帝赐名"金日䃅"的休屠王之子，成为与霍光一起辅佐朝政的帝国重臣。后来，金日䃅的后人为躲避战乱逃到朝鲜半岛。

至此，三次河西之战落下帷幕。被霍去病击溃的匈奴人远遁，悲凉泣唱《匈奴歌》："亡我祁连山，使我六畜不蕃息。失我焉支山，使我妇女无颜色。"

是年底，汉武帝首次设置武威、酒泉两郡，河西走廊正式并入汉帝国版图，中原王朝通往西方世界的大门打开了。

漠北封狼居胥

元狩四年（前119），天空接连显示异象：春天，东北天空有彗星划过；夏天，西北方又出现彗星。这些或许在昭示一个不平凡的年份。这是刘彻继位的第二十二年，距离他使出马邑之谋也已有十四年。这一年，汉武帝刘彻三十八岁。

霍去病平定河西走廊之后，汉匈双方都明白，决战就在眼前。只是，双方对这场决战的预计似乎存在一定偏差。匈奴方面，在赵信提议把王庭迁居漠北之后，即使猜到汉军迟早会远征到此，也会认为汉军过长的补给线会成为这场战争重要的胜负手。可在刘彻看来，这个问题虽然棘手，但也是必须克服的困难。他已经把汉帝国改造成为中央集权的一台巨大机器，他给这台机器倾注全部能量，完成这项不世之业。

这一年春天，刘彻集中所能调动的力量，主动挑起对匈奴的远征决战，史称"漠北之战"。

《孙子兵法》开篇说："夫未战而庙算胜者，得算多也；未战而庙算不胜者，得算少也。"战前准备和筹谋是如此重要，作战尚未开始之时，一场战争的胜负就已经决定。对漠北决战这样能左右一个国家命运的战事来说，战前庙算更是重中之重。

首先是兵将的调动。

为了打这场决战，刘彻拿出了骑兵的全部家当——骑兵十万。十万匹战马由国家喂养，全部喂以粟米。外加战士自备的战马四万匹，总计战马十四万匹，从表面来看，这足够支撑击灭匈奴的战斗目标。考虑这一次远征要出塞千里或更远，刘彻给出了有效却费力的解决办法：十万主力骑兵配以几倍的步军运送辎重，实际出动兵力可能达到五六十万。

其次是将领的选择。对刘彻来说，这也许是一个"不成问题的问题"。

说"不成问题"，因为连年对外作战早已证明，有能力率汉军打赢这种规模战争的将领，只有两位——卫青、霍去病舅甥二人。刘彻历来喜欢两路同时出征，在这样的决战中将两位将星同时推上前线，就是必然的选择。但问题来了。两路出击，谁是主力，谁是辅助？

卫青、霍去病舅甥对汉朝而言，都算是骑兵战术打法的奠基者，二人都擅长在不利的环境中长途奔袭、千里迂回。卫青的漠南之战与霍去病的河西之战，都足以作为中国军事史上的经典战例，从军事指挥水平上来说，二人没有明显差距，只是年轻的霍去病，打法更大胆，杀伤更狠辣。河西大战之后，刘彻的心里有了答案。

初看上去，卫青和霍去病各率五万骑兵，没有主次之分，但从军士选拔之时，皇帝就将长于力战的敢死之士悉数交给霍去病。即使汉军士卒平均战力此时已相当可观，但卫青部战力水平不如霍去病部已是不争的事实，那么在这场毕其功于一役的战斗计划中，是谁负责最重要的那部分——与单于主力决战并擒获或斩杀伊稚斜单于——就不言而喻了。

在刘彻最初的计划中，霍去病自西线由代郡出击，直捣匈奴腹地，迎战匈奴单于，卫青从东线由定襄出征，对战匈奴左贤王。临出征之前，一个匈奴俘虏说，单于主力在东线，于是刘彻临时改变计划，将卫青和霍去病两军的部署调换，霍去病改由东线出击。这一调整没有影响战争的胜负，但给了伊稚斜单于活命的机会。俘虏嘴里的消息是假的，事实上，单于正在西线以逸待劳，等待汉军的到来。

另一件在汉武帝计划之外的事情，是年过六十的老将李广屡次请战，要求加入远征军作为先锋。李广虽是边关名将，有"飞将军"之名，但在此前几次与匈奴的交战中表现一般。刘彻并不怀疑老将军的作战能力，却认为他命数不好，恐拖累主力，给了他"前将军"（理论上是军队先锋将军）的军衔，命他随卫青出征。与此同时，刘彻密令卫青，勿让李广承担交战单于主力的任务。这一任命和密令自相矛盾，最终断送了陇西李氏的将门命运。

"飞将军"勇武过人，也有急智，但短于治军，不谙地理，终究不可独当一面。李广与匈奴交战多年，寸功未立，胸中早已积聚熊熊怒火，暮年仍在等待机会释放，若将他作为大将军手边的钢刀，未尝不能收获奇效，但汉武帝的密令断送了这个可能，让他率领一支偏师迂回辅助作战，实是扬短避长。

西线卫青军在组织上有一个很清晰的层级。大将军卫青下辖四位将军，分别为前将军李广、左将军公孙贺、右将军赵食其和后将军曹襄。由于汉武帝的密令，本应作为先锋的前将军李广，在实际作战中与右将军赵食其一起从东路分兵出击。真正担任先锋的将军，是卫青昔日的救命恩人，此前在河西之战中因过失去侯爵位的中将军公孙敖。汉朝的制度，军官因过被判死刑后赎为庶人，重新出征立功就可以恢复爵位，不能因为公孙敖和卫青的私交就认为这是卫青开的后门，毕竟连飞将军李广也需要这样的出征机会才能受封侯爵。可惜的是，无论是李广还是公孙敖，他们都一再错失这种机会。

伊稚斜采纳赵信的献计，在漠北布下精兵以逸待劳，还将匈奴大部辎重悉数北迁，防止汉军就地补给。对于匈奴人来说，这是他们可以部署的对自己最有利的决战态势。

卫青出塞不久，就发现汉武帝计划的偏差，从抓获的匈奴军士嘴中得知单于在自己这一路。卫青应该已经意识到，创造历史的重任落在了他的肩上，对于军人来说，没有比这更让人激动的了。问明单于所在，卫青一面命李广和赵食其从右路出发，意图夹击匈奴，另一面亲率主力精锐，甩开后将军曹襄的辎重大队，仅携带必备的军械粮草急速前进。

出塞一千余里，卫青终于望见匈奴单于的大旗。远远望去，匈奴军士列阵以待。

卫青先下令用武刚车自环结营，以战车为掩体，保护中军不受匈奴骑兵冲击。这样的布置看似保守，却打掉了伊稚斜的如意算盘——伊稚斜本来以逸待劳，想打汉军一个立足未稳，但汉军态势稳固，伊稚斜只能进入阵地战。

然后，卫青命五千精锐骑兵冲击匈奴大阵。匈奴兵力占优，不甘示弱，派一万骑兵交战。大战一触即发，天气突变，时近黄昏，忽然狂风大作，沙石乱飞，乃至两军不能相见。卫青不愧为旷世名将，当即意识到这是决胜的机会，派汉军两翼包抄匈奴大阵。

匈奴人本来以逸待劳，幻想一战击溃汉军，可汉军强悍，毫无疲惫和慌张之态，面对突然到来的风沙，自乱阵脚的却是匈奴人。伊稚斜决定撤退，带上数百亲兵，向西北方向突围。

卫青的决断给了汉军一举击溃匈奴军的机会，但天气恶劣，双方都无法施展全部战力。汉军将校捕获俘虏，得知单于遁逃，卫青马上派轻骑兵向西北追击，自己率军紧随其后。匈奴人听到主帅遁逃，无心恋战，尽皆散走。这时，夜色才刚刚笼罩大地。一场双方筹备已久的决战，只进行了很短的时间，就以匈奴溃败而告终。

对卫青而言，这场战斗还没有终结。擒获伊稚斜单于的机会落到卫青的面前，他不能任由它从眼前溜走。然而，汉军追击整整一夜，经过二百余里，依然没有发现单于的踪迹。戈壁地形复杂，毕竟是匈奴人的主场。就连匈奴人一时都无法找到伊稚斜的踪迹，决战结束后十几天内，匈奴王庭都没有听到单于的消息，右谷蠡王以为伊稚斜已死，自立为新的单于，直到伊稚斜回归才取消称号。

一夜追击，汉军唯一的收获就是斩杀万余名匈奴兵。一道难题摆在卫青的面前：要不要继续搜寻、追击单于？卫青面对的困难比想象中更大，除了之前说的不利因素，一个意外情况也给卫青的远征之路增加了疑云：预计在决战时与卫青主力会合的李广部、赵食其部，至今仍无消息。除此之外，过长的补给线也给汉军带来了沉重的负担。幸运的是，卫青从俘虏的嘴里听到了匈奴人的屯粮之地——就在附近寘颜山，赵信专门修筑了一座城寨，是为赵信城。

这对于脱离了辎重大队的卫青部无疑是个好消息，赵信之前为了远避汉军而特意囤积的辎重，在匈奴突然的溃败之后，却是羊入虎口，被汉军不费吹灰之力拿下，成了汉军的补给。在赵信城休整一日之后，卫青决定烧掉城中带不走的粮食，然后班师回国。

卫青大军在西线与匈奴单于决战，霍去病在东线打了一场令所有人惊叹的

第三章 霍去病封狼居胥

战斗。

汉武帝在这次最重要的决战里做出了错误的选择，使霍去病面临的匈奴人，变成了匈奴的二把手左贤王。司马迁对卫青、霍去病二人的战斗记录精简，但从事后的诏书中能看到霍去病军队的大致行军路线。

霍去病主力率五万骑兵自定襄出征后，先是在兴城与从右北平出征的友军顺利会合。这支友军，当然不会是霍去病作战的主力，但为霍去病带来的应该不仅仅是辎重补给。这其实是霍去病作为指挥官第一次在东线作战，这支友军常年驻守右北平，很可能也为主力部队带来了相当有用的地理风土等情报。率领这支部队的将领，数年后将会在平定南越的战争中立下赫赫战功，成为汉武帝开拓疆土的又一位得力将领，他的名字叫路博德。

兴城会师后，霍去病率军继续北上，进入大漠戈壁之中。在今蒙古国境内克鲁伦河畔，汉军遇到匈奴阻击。无论霍去病此前抱着怎样的战略目的，一旦与匈奴左贤王部接触，就应该意识到自己错过了匈奴单于。无法判断年轻的霍去病得到这个消息会是怎样的心情，只是从后来战事的发展来看，既然无法擒获伊稚斜单于，那么霍去病可以做的，就只剩下一件事——摧毁匈奴人的有生力量。

大漠东侧的左贤王部，是匈奴联盟中实力仅次于单于本部的部落。汉军击溃在难侯山阻击的敌军，继续向西北推进，渡过弓卢水，最终在距离大汉北部边境两千里的梼余山与左贤王部展开决战。

出塞两千里，在霍去病的指挥之下，汉军的战力丝毫未减。这一战，霍去病取得汉匈战争以来最为辉煌的战果：以损失三成兵力（约一万五千骑兵）为代价，斩首共计七万零四百四十三级。即使在最强盛的时期，匈奴全部兵力也不过三十万。在龙城之战后，大汉对匈奴连年反击，匈奴实力早已不复当年，光是作战损失的兵士就达到数万之巨。漠北之战时，匈奴右臂已断，匈奴人此时能动员的"控弦之士"，最多二十万。霍去病这一战，打掉匈奴三分之一有生力量。

与常人理解的"名将"不同，自小被卫青带去宫中培养的霍去病，幼年从未经历过艰难时光，成长一帆风顺，造就了他少言寡语却任气果敢的性格。即

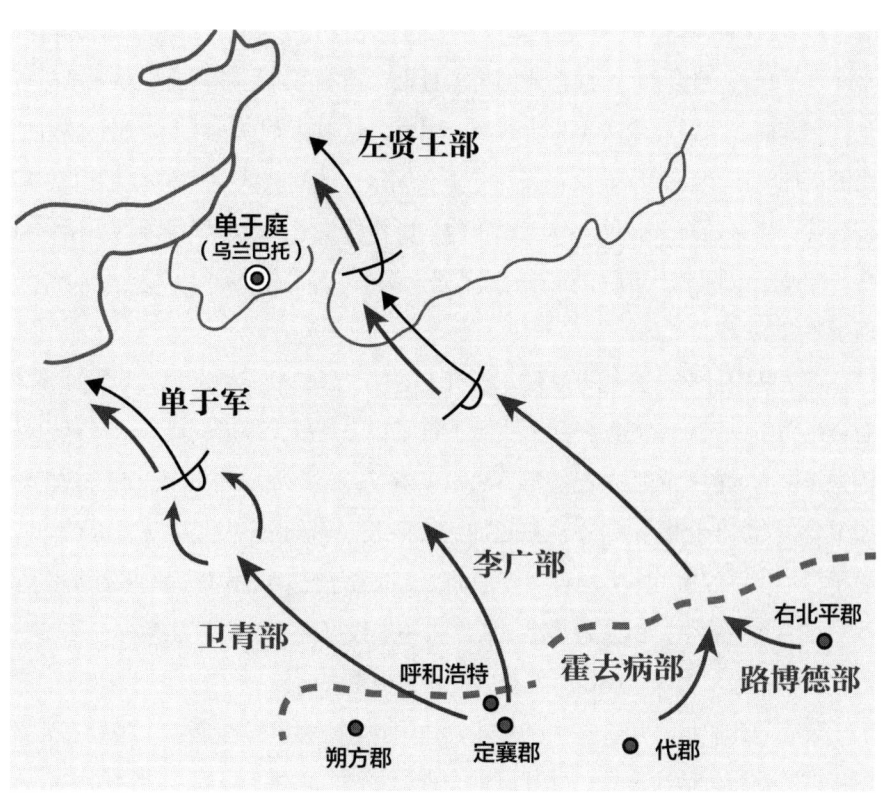

▲ 漠北之战示意图

使成为一军主帅，霍去病也不改少年本色。霍去病既不像周亚夫那样以军纪严明著称，也不像卫青、李广那样与兵士同甘共苦。司马迁直白地在史书中写道，霍去病不体恤士卒。每次出征时，刘彻都会派遣太官赠送霍去病几十车食物，霍去病返程就会将剩下的食物丢弃，全然不管军中有人腹中饥饿。在塞外驻军时，有的士兵因缺粮饿得站不起来，霍去病还能在营中蹴鞠。这真是少爷脾性，不知下层疾苦。这样的习性在普通将领身上，基本可以判其职业生涯死刑。可是，霍去病非但没有遭手下将士背弃，相反，越来越多的军官士卒死心塌地地跟随。作为一个将领，无论霍去病有多少问题，他的战绩始终是最突出的：能打胜仗，而且是打大胜仗。将士跟着他，更容易立下军功，获得拜将封侯的机会。即使是数百上千年后，霍去病依然是无数书生、游侠的偶像："男儿怀壮节，何不事嫖姚？"

霍去病为什么一直能打胜仗，能打大胜仗，恐怕只能拿出"天才"二字来解释。固然，汉武帝刘彻在兵力资源上给了霍去病最大限度的倾斜，可这也是因为霍去病此前已证明自己值得。在军事指挥、骑兵战术等方面，霍去病相对于卫青，"青出于蓝"，带军风格更加泼辣果敢：军队指挥权集中于霍去病一人之手，不设高级军官；大胆任用匈奴将领；取食于敌，支撑更远的长途奔袭作战。在漠北决战中，霍去病军比卫青军多跑了数百里，斩首五万级。

对此，除了赞叹，还是只能赞叹——天生霍去病！

收获如此旷世奇功，霍去病应该已认识到这一仗的价值所在。带着汉武帝临行前的使命，他决定做一件让后世一直为之神往的举动。霍去病登上匈奴人的"圣山"——狼居胥山，在这座高山上郑重其事地刻碑立石，同时举行祭天仪式。随后，霍去病又登上附近的姑衍山，完成了祀地典礼。在古代，封禅是国之大事，霍去病在军中举行这样的典礼，一定是受了汉武帝托付。祭祀天地，告慰军中亡魂，同时也是向天下宣布：汉朝大仇得报，七十年来受过的屈辱和压迫在今天宣告终结——经过多少年的征战和无数的牺牲，汉人终于取得对匈奴的决定性胜利，大汉北境已平。

"封狼居胥山，禅于姑衍，登临翰海"（《史记·卫将军骠骑列传》），这就是后人一直传唱的"封狼居胥"。完成如此千古伟业的霍去病，时年二十二岁。

此战，意外对阵匈奴单于的卫青所部，俘虏、斩首匈奴总计一万九千人，糟糕的是跑了单于，单于所率本部主力也没遭到毁灭性打击，给了匈奴单于起死回生、东山再起的机会。

从过后的庆功宴可以看到，霍去病部拿走了所有的蛋糕，卫青所部经苦战，却没有达到统帅的期望，几乎一无所获。庆功宴上还少了两个人——李广、苏建。分兵以后，老将李广在大漠里迷了路。回军路上，大将军卫青遇到了姗姗来迟的东路军。按律，失期当斩。分兵之后，卫青只能击败单于、击溃单于，而不能聚而歼之。当然，也许不分兵也是同样的结果。匈奴已经大败，再也没有机会证明一切。李广懒得与刀笔吏争辩，饮剑自尽，一代名将黯然下场。

大漠风沙吞噬的不仅仅是李广，还有汉武帝歼灭匈奴的雄心。漠北一战是大胜，也是惨胜，让匈奴遭受了沉重的打击，却没有完成汉武帝毕其功于一役的期望。汉军数万将士捐躯疆场，汉军出塞战马十四万匹，回来的只有三万匹。马者，兵甲之本，国之大用。养战马，不是一朝一夕的事情，汉军短时间内再也无力对匈奴发动新的攻势。

河西设四郡

漠北大战时，伊稚斜单于脱离战场，率亲信突围，与大部队失去了联系。汉军与匈奴各部混战，双方都在寻找单于。伊稚斜躲到草原深处，直到十几天后汉军彻底放弃寻找，才主动现身。伊稚斜单于保住了性命，所统率的主力部队还在。

汉军已回师，为了安定人心，匈奴右谷蠡王自立为单于。伊稚斜单于回归，右谷蠡王退回臣位。

赵信的漠北决战策略，对匈奴单于来说是一场豪赌。胜了能够趁机南下，返回阴山故地，败了只能另寻出路。对于匈奴来说，阴山不仅仅是一个牧场，一个猎场，一个南下的基地，更是冒顿单于的发祥地，匈奴人心中的宝塔山。

撤出阴山，对匈奴人来说，不仅仅是远离了阴山的富饶，也远离了汉朝的物资，意味着今后匈奴只剩下一个物资来源地——西域。

西域，狭义上指玉门关、阳关以西，葱岭以东，巴尔喀什湖东、南及新疆广大地区。广义的西域，指凡是通过狭义西域能到达的地区，包括亚洲中部、西部地区和南亚等地。再后来，西域的含义演变为我国西部地区，所以青海、西藏亦属于西域范围。

汉武帝时期，西域有三十六国，后来发展至五十多国。西汉初年，匈奴就以征服者的身份在西域称雄，成为西域各民族的统治者。但匈奴控制西域，经过了一个漫长的历史进程。

公元前177年至公元前176年，匈奴冒顿单于遣右贤王大败月氏。月氏人放弃故地，迁至伊犁河、楚河流域。匈奴没有因此停止进攻，只要月氏作为一个势力存于伊犁及其以西地区，匈奴就不可能继续向西方发展，不能确保对准噶尔盆地和塔里木盆地的控制。

西迁的月氏人，在冒顿单于之子老上单于（前174—前161年在位）在位时遭受了沉重的打击。大月氏王被杀，其头骨被制成饮酒器，但月氏人没有因此放弃伊犁河、楚河流域，且试图复仇。

公元前130年，冒顿单于之孙军臣单于（前161—前126年在位）帮助乌孙人远征大月氏。乌孙大获全胜，占领伊犁河、楚河流域，并逐步向东方扩张，成为西域大国。匈奴通过乌孙实现了向伊犁及更远地区发展的目的。通过乌孙，匈奴间接控制从伊犁河流域西抵伊朗高原的交通线。"自乌孙以西至安息，以近匈奴，匈奴困月氏也，匈奴使持单于一信，则国国传送食，不敢留苦。"（《史记·大宛列传》）

匈奴同时征服位于阿尔泰山南麓的呼揭国，并置"呼揭王"镇守该处。从呼揭国领地往西，经由巴尔喀什湖北岸，可以抵达康居国。早在月氏被乌孙逐出伊犁河、楚河流域以前，康居国已"东羁事匈奴"。当然，康居离匈奴本土很远，"羁事匈奴"，也许是比较松弛的。

至于楼兰，匈奴采取派驻使者督察的方式加以控制。楼兰离匈奴也较远，匈奴对楼兰及其以西诸国的控制也比较宽松，毕竟匈奴征服西域主要是为了奴役和掠夺。巴里坤湖附近原来有一个小国，国王得罪了单于，单于发怒，迁走其人口一万余人，此国因此衰亡。公元前92年，匈奴日逐王在焉耆、危须（今新疆博斯腾湖北和硕东南）、尉犁（今新疆焉耆西南紫泥泉一带）三国设置"僮仆都尉"。所谓僮仆，就是奴隶。僮仆都尉的职责是"赋税诸国，取富给焉"。可以想见，在设置僮仆都尉之前，匈奴早已视诸国为僮仆。

漠北大战后，为应对当前形势，匈奴单于采取了两个策略——战略西移与和亲。单于接受赵信的建议，决定与汉朝和亲。如果汉朝同意和亲，匈奴将赢得喘息的机会。

对于匈奴和亲的请求，汉廷争论不息。争论的结果，是接受丞相长史任敞的建议，请单于称臣、朝贡。这是一种拒绝的答应。

但和亲只是单于的试探，真正落实的是西进，转移到新的牧场是必然之举。衡量东、西、南、北四个方向，唯一可能的是西方。欧亚大陆北部有一条狭长的草原地带，大部分游牧族群都生活在这个草原带上。向东是太平洋，向西可以迁移到好的牧场，还有西域的物资补充。所以，漠北大战以后，匈奴有计划地向西迁移。当然，这种西行并不是永久性迁徙，而是同退居漠北一样，是一个战略转移，或者说转进。

随着单于西进，汉朝也加快西进步伐，越过黄河，从河朔到令居（今甘肃永登西）开辟数个屯田新区，一直延伸到与匈奴交接的地方。在令居屯田，一是要与河西连成一片，二是切断匈奴与河西走廊南部羌人的联络。

重中之重还是河西。汉帝国为了牢牢掌控河西走廊，决定在河西建两关四郡。两关就是阳关和玉门关。四郡就是酒泉、张掖、武威和敦煌。

阳关和玉门关，扼守丝绸之路的南北道通，阳关守南路，玉门关守北路。守住两关，进可图取西域，退可保河西。而建立四郡，移民实边，河西走廊才算正式划入中原版图。

玉门关位于今敦煌西北约七十五公里的戈壁滩上。相传，从西域输入的和阗美玉经过此关，故称玉门关。阳关位于河西走廊敦煌西南七十公里南湖乡"古董滩"上，因坐落在玉门关之南而取名阳关。现在，阳关已湮没在历史长河里，玉门关也只剩下一座小小的方城。

从玉门关往西到达罗布泊上千里的路上，没有水。在沙漠之中，水就是生命，把住水源也就把住了命脉。阳关的建立守住了西边的水源。西出的戍人、使者、商旅在此歇脚，补充饮水。东归的人，则在这里得到喘息与慰藉。两关守护着水源，也守护着关内四郡。

两关东面的四郡，是富饶之地，"金张掖，银武威"，绝非浪得虚名。

元狩二年（前121），汉武帝在浑邪王故地设置酒泉郡。酒泉郡，得名于"城下有泉"，"其水若酒"。自从打下河西，汉朝就开始移民实边。

元鼎六年（前111），汉朝在黑河以东设置张掖郡，取"张国臂掖"，"断匈奴右臂"，"以通西域"之意。同年，在河西各郡县设置田官，发戍卒数十万屯田戍边。秦汉时期实行征兵制，适龄青年需服兵役两年。一年在本郡或京师充当卫士，叫正卒；另一年去边郡，叫戍卒。"戍卒叫，函谷举"，陈胜、吴广就是戍卒。征发戍卒远远不够，到期戍卒要回乡为农。还要征发恶少、奸猾之徒、囚犯，强制性地将所谓坏人送到河西。

从汉武帝元狩二年（前121）至汉宣帝神爵元年（前61）数十年，汉朝先后在河西设置酒泉、张掖、武威和敦煌四郡，移民数十万。河西之地正式划入中原版图。

第四章 西域与西汉互通

乌孙请求和亲

元鼎四年（前113），出使大夏等国的张骞副使陆续回国，随之而来的有大夏、月氏、康居、大宛等国使节。西域各国使团的到来，使长安城空前热闹，也使汉朝外交机构急速膨胀，变得炙手可热。

西域各国无论大小都要向匈奴纳税上贡。漠北大战以后，西域各国看到了机会和希望，与汉朝保持良好关系，能互通有无，更能增强与匈奴对话时的分量。大宛、月氏等国纷纷与汉朝建立联系，新的局面在西域即将出现。乌孙受到极大震动，因为在西域强国之中，乌孙距离匈奴最近，直接面对匈奴的威胁。其周边小国焉耆、龟兹都在匈奴控制之下，焉耆更是僮仆督尉主要据点之一。

乌孙的游牧地在今天山北麓，包括整个伊犁河流域和西天山广大地区。乌孙东面是匈奴，西北面是康居，西面是大宛，东南面是姑师（后改名车师），南面才是城郭诸小国。康居和大宛都是西域强国。西域不是一片乐土，月氏就是从西域杀出一条血路，征服大夏国才定居在现在的地方。西域三十六国，有大有小，国家纷纷与汉朝建立联系，一旦汉朝兵临西域，乌孙就可能会被孤立。

年迈的乌孙王不得不做一些打算。深思熟虑之后，乌孙王毅然派出使节，请求与汉朝公主结亲。汉朝想进入西域，一定会同意和亲；汉朝不同意，说明汉朝无意于西域。

乌孙原本是小国，乌孙人在河西走廊敦煌、祁连山之间的区域放牧、狩猎，与月氏人为邻，被月氏人奴役。乌孙人称国王为"昆弥"（昆靡），乌孙王族的名字都以"靡"音结尾。有记载最早的乌孙王名为"难兜靡"。公元前177年，乌孙被月氏击败，难兜靡被杀。乌孙国面临着覆灭的危机。

难兜靡的儿子猎骄靡刚刚出生。负责保育猎骄靡的仆人布就翎侯抱着猎骄靡逃亡，途中将猎骄靡放在草丛中，去寻找食物，归来时看见一只狼在哺乳猎骄靡，还有一只乌鸦叼着一块肉站在旁边。布就翎侯大为惊奇，认定小王子是非凡的人物，于是带着猎骄靡投靠匈奴，并将看到的神奇景象禀告冒顿单于。冒顿单于当即决定收养这个乌孙王的孩子。

十几年过去，猎骄靡长大成人。单于将乌孙交还给他，扶持他当上乌孙国王。猎骄靡复国后，在匈奴的帮助下，带领乌孙部众进攻西迁至伊犁河流域的大月氏。大月氏人被迫继续西迁。

乌孙在猎骄靡的统治下迅速强大，占据原为大月氏人所有的伊犁河、楚河地区。留在那里的大月氏人和原先臣服大月氏的塞人从此成为乌孙臣属。乌孙在西域定居后，实力大增，遂定都于赤谷。

经过几十年发展，乌孙国力逐渐强盛，成为西域数一数二的强国，几可与匈奴分庭抗礼。乌孙王猎骄靡不肯屈居人下，在军臣单于死后，"不肯复朝事匈奴"，与匈奴发生军事冲突，"匈奴遣兵击之，不胜"（《汉书·张骞传》）。

乌孙王猎骄靡有了和汉朝建立友好关系的需求。汉朝也不希望匈奴有一个势力强劲的外援。汉武帝得知乌孙王猎骄靡希望与汉朝和亲，立即给予积极回应。

就在汉朝与乌孙热络地商讨和亲事宜之时，西域的形势又发生了些许变化。

赵破奴平楼兰、车师

汉朝派往西域的使团，络绎于途。这些使节携带了大量礼物，西域诸国习惯了匈奴的盘剥和掠夺，不免对汉朝产生疑问。西域各国还负有接待路经其国汉使的责任，汉朝使团日渐增多，一些汉使素质不高，态度嚣张，使西域诸国疲于应对，西域诸国对汉朝使节的态度由好奇转变为不友好。同时，匈奴离间汉朝与西域诸国的关系，西域各国与汉朝使节的关系变得日益紧张，甚至断绝对使节的物资供应，双方积怨加深，开始互相攻击。

尤其是楼兰、姑师，认为其距离汉朝遥远，汉朝不可能派军远征，在匈奴的挑拨之下，恶劣对待王恢等汉朝使节，一些汉使还被劫杀。

《汉书》记载，自玉门、阳关出西域有两条道路。一是从楼兰（后改名鄯善，非今鄯善县）傍昆仑山北麓，沿塔里木河西行至莎车，被称为南道。二是从车师前王庭依天山南麓，沿塔里木河西行至疏勒，被称为北道。楼兰，在今新疆若羌境内，被塔克拉玛干大沙漠掩埋，1901年被瑞典探险家斯文·赫定发现。姑师，在今吐鲁番附近，其都城遗址交河故城保存较好。在西汉时期，这两个地方是通往大宛、大夏，远抵安息、罗马的重要交通枢纽。

作为南道交通枢纽的楼兰国，建于盐泽边上，都城叫扜泥城。盐泽，就是罗布泊。在秦汉史籍中，罗布泊或称盐泽、泑泽、蒲昌海、临海、辅日海、牢兰海等。盐泽，取意于这是个咸水湖。泑泽，取意于此地地势低洼，水域青黑。罗布泊或罗布淖尔一名，出现较晚。

楼兰地理环境不好，"地沙卤，少田，寄田仰谷旁国。国出玉，多葭苇、柽柳、胡桐、白草。民随畜牧逐水草，有驴马，多橐它"（《汉书·西域传》）。土地为盐碱地，产玉石，多芦苇、红柳、胡杨、芨芨草，驴马、骆驼较多。

位于吐鲁番盆地的车师，原先称姑师。作为重要的交通枢纽，车师向南通达焉耆的"银山道"，西去乌鲁木齐的"白水涧道"，北抵吉木萨尔的"金岭道"。

交河是车师前国国王的治地，是车师前国的政治、经济、军事和文化中心。"车师前国，王治交河城。河水分流绕城下，故号交河"（《汉书·西域传》），交河故城，气势恢宏，凌峻险绝。当地人称"雅尔和图"，意为"崖儿城"，位于今吐鲁番西郊十公里雅尔乃孜沟村的两河床之中，因为两条河水绕城在城南交汇，故名交河。

交河故城，是一个奇妙的向下发展的城市。整座城市都是从高耸的生土台地表面向下挖出来的，最深的有现在三层楼高。这种建筑方式被称为"减地留墙"，是迄今世界上最大的、保存最完整的生土建筑城市。明朝永乐年间，交河故城完全废弃。吐鲁番是中国最热的地方，最高气温达49℃，也是中国最干燥的地方之一，年降水量不足四十毫米，蒸发量却高达三千毫米。正是这干燥、恶劣的环境，让一座两千年前的古城保存了下来。

元封三年（前108），汉帝国派将军赵破奴领兵数万，兵临西域，担任副手的就是曾被楼兰、姑师怠慢的王恢。汉军此来有三个目的：寻机歼灭在西域的匈奴部队，平定楼兰、姑师，震慑西域诸国。

匈奴在西域只有数千人的突击队，早已闻风而逃。赵破奴率领的不是汉军精锐，而是从周边抽调的骑兵和汉朝的地方部队。匈奴人不知去向，汉军兵锋直指楼兰和姑师。

张骞是发现西域第一人，赵破奴是真正通过战争手段把西域辽阔疆域划入汉帝国势力范围的第一人。赵破奴之名，威风凛凛，霸气十足，他是一员能征善战的铁血悍将。在骠骑将军霍去病打通河西走廊的战役之中，赵破奴脱颖而出，位居西汉名将之列。

赵破奴，原是九原郡人，早年生活在匈奴。赵破奴见诸史书的第一个军职是"鹰击司马"。古代的官职名称，既写意又威武，鹰击司马，有"鹰击长空"之意。元狩二年（前121），霍去病出征河西。一路跟随霍去病的赵破奴，在这场战役中身先士卒，作战英勇，斩杀匈奴遬濮王，俘获稽且王、千骑将（匈奴重要军事将领，与左大都尉、左大将类似）以及匈奴小王、王母各一人，王子以下四十一人，共俘获匈奴四千七百三十人。汉武帝奖励战功，赵破奴被封"从骠侯"，食邑一千五百户。"从骠侯"，就是跟随骠骑将军的侯爵。这一战，奠定了赵破奴在汉武帝心中的地位。后来，漠北大战，作为军中悍将的赵破奴再次建功，加封食邑三百户。

赵破奴率军长途跋涉，到达西域附近，匈奴人早已撤走。赵破奴知道，自己一旦撤兵，匈奴人必会卷土重来，因此在西域附近坚守了一年。

王恢为汉朝使节时曾被姑师劫掠，心存怨恨。这一次，汉武帝令王恢随赵破奴出征，王恢自告奋勇，作为西征军向导和先锋。赵破奴担心劳而无功，王恢献上一计。

赵破奴假装下令班师回朝，汉军做出东归迹象。楼兰国放松对汉军的戒备。汉军磨磨蹭蹭向东走了一段，入夜时分就地安营扎寨。赵破奴和装备整齐的七百轻骑悄悄向西急驰，消失在黑夜之中，汉军营地主力也向西方进发。在王恢的指引下，赵破奴和七百轻骑驱马疾驰，走捷径，于清晨时分冲进毫无防备的楼兰王城，活捉楼兰王。汉军主力赶到接应，合于一处，控制了楼兰国的局势。

赵破奴派人将楼兰王押到长安问罪。

楼兰王分辩说："楼兰作为一个小国，夹在汉朝与匈奴两大国之间，不两边听命，便无法自保平安。我愿率本国百姓迁入汉朝境内。"

汉武帝觉得有理，放楼兰王回国，让他协助探听匈奴动静，充当汉朝耳目。夹在汉匈中间的楼兰、姑（车）师，从此卷入战争旋涡，辗转浮沉。

西域的地理环境与中原大不相同。中原整体上是大片平原，西域从北到南被三大山脉分割，形成三山夹两盆的格局。三大山脉由北向南，分别是阿尔泰山脉、天山山脉、昆仑山脉，两盆是塔里木盆地和准噶尔盆地。到处是崇山峻岭、戈壁荒滩，地理环境恶劣。当地人不是生活在天山北麓的大草原上，就是生活在天山南麓沙漠的绿洲上。

每个绿洲就是一个封闭的环境，有自己的文化和传统。楼兰就是这样一个典型的绿洲国家。由于自然环境限制，绿洲上的国家永远无法强大。无论是游牧族群南下，还是农耕民族西进，楼兰都不可避免地成为附庸。也许就是在这种反复践踏之下，环境又遭到破坏，楼兰古国也就逐渐消失了。

平定楼兰，汉军下一个目标就是姑师。姑师与楼兰同一个量级。以罗布泊为界，楼兰在罗布泊南面，姑师在罗布泊东北面。两国相距一千八百里，中间夹着小国——山国，也就是墨山国。姑师控制的疆域比较大，从罗布泊向东北一直延伸到天山一线。核心区域就是吐鲁番盆地和天山牧场，姑师交河城就在今吐鲁番附近。

《史记》载，赵破奴"虏楼兰王，遂破姑师"。平定楼兰以后，赵破奴和王恢商议，认为无法对姑师国再采取奇兵突袭的办法，因为姑师国一定有了准备。汉军经过休整，军容整齐，粮草充足。上次楼兰国一战，只有七百轻骑参与战斗，没有动用汉军大部人马。汉军大部人马一直养精蓄锐，具有较强的攻击力。赵破奴和王恢决定采用大军合围攻击的办法，以求速战速决，以免陷入被匈奴和车师夹击的境地。

元封四年（前107），王恢率汉军经墨山国北上，寻机与姑师主力决战。

姑师国王听说汉军中途返回攻破楼兰国，生擒楼兰王，马上向匈奴求援。

匈奴没有答应。姑师国王只好亲率大军迎战。王恢在到达交河城之前，就遭遇姑师王率领的姑师主力。这场遭遇战的过程，史书没有记载，我们只知道结果是姑师战败，姑师王被生擒，王恢因此战晋升为侯爵。

此战之后，姑师改名车师，车师人北迁投靠匈奴，分布于博格多山南北。

车师北徙，占据天山沟通南北要道，这是匈奴进入西域的必经之地，对匈奴控制西域十分重要。

车师的位置，也是西汉联络乌孙打击匈奴的必经之路。从汉朝到乌孙有两条道。一条路，经楼兰、中山、姑师到乌孙，这条路很远。另一条路，是出玉门关经哈密盆地到乌孙，比较近。当时哈密盆地还在匈奴手上，汉朝的人不知道可以这么走。所以从战略上，汉军必须打击楼兰、姑师。汉昭帝时，楼兰彻底臣服汉朝，车师对匈奴的重要性更加突出。因此，这里必将成为汉匈争夺的主战场。

姑师、楼兰这两个国家对汉使和商旅最不友好，这也是匈奴的计策，汉朝欲断匈奴之臂，匈奴就先打断汉朝与乌孙的联系。

地理位置决定了姑师、楼兰在遭到汉朝打击的情况下，必然采取不同的策略。姑师是匈奴进入西域的门户，匈奴对车师的控制非常严厉，姑师国内亲匈奴的势力非常强。楼兰则相反，汉朝占据河西走廊之后，匈奴在楼兰只是名义上的存在。

平定楼兰、姑师（此时已改名车师）之后，赵破奴率军进发乌孙、大宛边境，扬汉帝国军威。汉朝向西设置的堡垒，其烽燧一直延伸到玉门关。

班师回朝，赵破奴被封为浞野侯，王恢被封为浩侯。

匈奴正在休养生息，无力发兵，长安至西域的障碍得到暂时消除。

楼兰、车师、轮台、龟兹……这些曾经遥远的名字，由此进入历史的记载和文人的吟咏之中。其中最有名的，是李白的《塞下曲》和王昌龄的《从军行》。

塞下曲

五月天山雪，无花只有寒。

笛中闻折柳，春色未曾看。

晓战随金鼓，宵眠抱玉鞍。

愿将腰下剑，直为斩楼兰。

从军行

青海长云暗雪山，孤城遥望玉门关。

黄沙百战穿金甲，不破楼兰终不还。

东西方外交往来

　　张骞第二次西域之行，对汉朝和西域各国都是一件大事。西域各国对汉朝这个东方大国早有耳闻。张骞初到西域，就在大夏等国见到蜀锦、邛竹杖——商人真是无孔不入。现在西域各国终于见到传说中的人物，新奇之余，一定想了解汉朝的一切。这才有了自元鼎四年（前113）开始的外交往来。

　　元封六年（前105），张骞派出的副使到达安息，并带回安息的客人。安息也许是西汉使团到过的最远的西域国家。

　　安息就是古中东史上的帕提亚，即今伊朗。安息，并不是这个国家的名字，而是帕提亚王室名字的音译。汉朝以王室的名字命名这个国家。此时安息的国王是密司立对提二世（前124—前87）。密司立对提二世登基之前，居住在安息北部的塞人南下，占领安息东北部地区。密司立对提二世登基之后，开始东征，历时近十年，征服塞人。张骞的副使到达安息的时候，安息的大部队刚刚获得东征的胜利。

　　从来没有汉朝的东西从帕米尔高原这个方向到达安息，遑论是人。汉使出现在安息边界，安息人感到惊奇，安息国王派遣两万精骑到边界迎接。汉使一行加上翻译才几十人，派两万人迎接似乎太过隆重。安息王另有深意。一来要表示郑重其事，二来也要示强。知道汉使来意，地方官立即派遣部队保护汉使到首都觐见密司立对提二世。

从东部边境到安息首都有数千里，一路无话。安息国人一定沿途围观了汉朝到来的"外国人"。安息王室要向汉使展示安息广博的土地、强大的军事实力以及丰富的物产，还有安息人的友好、善良以及对和平的向往。

随同汉使回国的有安息的使节，以及安息王送给汉武帝的两件礼物——一只大鸟蛋和一个魔术团。无意之间，安息王的这个礼物成为开创东西方文化交流的先驱，西方魔术就此引入中国。

出使安息的汉使，往返历时十余年，一则路途遥远，二则主人盛情难却。面对远方来客，主人总想将最美好、最震慑人心的一面展现出来。汉朝的形式略有不同，其中一个形式是陪皇帝巡狩。

天子巡狩是一个古老的制度。一般情况下是五年一狩。汉武帝的巡狩之旅，始于元封元年（前110）的北巡。这一年，汉武帝巡视北疆，历经上郡、西河、五原，然后出长城，登上单于台。随行武士十几万人。远望北方，汉武帝想到了什么？要知道，单于台是匈奴全盛时期在阴山脚下修建的土台，以前的单于庭就在这阴山之中。

西域诸国争相派使节前往汉朝，经过休养生息的匈奴单于（伊稚斜单于已死，在位的是乌椎单于）也派使节前往汉朝，目的只有一个——和亲。

汉朝先后派出两组使节回访匈奴，一组以北地人王乌为首，另一组以来自中央的杨信为首。

对于汉朝不同风格的使节，单于表现也不同：先是表示要派质子到长安表示臣服，后来认为以前都是和亲给赏赐，不可能入质；先是表示要觐见汉武帝，结为兄弟，后来又要求汉朝提高谈判的等级。

汉朝派出两组使节，也是为了试探单于。对于单于觐见汉武帝的请求，汉朝认真对待，在长安为单于修建豪华府第。汉朝内部也有倾向和亲的意见，只是汉军兵锋正盛，无法表现出来。汉朝严重低估单于实力。漠北大战时，单于主力并未遭到太大损失，经过休养生息，其部众人口和军队数量快速增长，士气得到恢复。

匈奴使节到长安后患病，最终身死。汉朝派遣高级官员路充国将使节尸骨送回匈奴并厚葬。对于这一突发事件，单于有着与事实截然不同的理解，认为汉朝杀死匈奴使者，用以立威，并假装慈悲送回尸骨。路充国因此被扣押。为了报复汉朝，单于数度出奇兵骚扰汉境。

太平日子没过几年，又见刀兵。不过，这一次的战争不是匈奴挑起的，而是因为宝马而引起的战端。

第五章

汗血宝马战争

李广利的家世

为了拥有天马般的汗血宝马，汉武帝发动了远征中亚的汗血宝马战争。指挥这场战争的将军是李广利。

李广利不是李广，也不是李广家族的人。李广是甘肃天水人，李广利是中山（今河北定州）人，和自称中山靖王之后的刘备算是老乡。李广利的妹妹是汉武帝最得宠的妃子李夫人，兄弟是汉武帝的好朋友——大音乐家李延年。

李广利一家，从父母到兄弟姊妹都是歌舞艺人，地位低贱。李延年曾因犯法被处以宫刑，入宫服侍，官职为狗官，即"给事狗中"，就是狗监。李延年擅长音律，会创作歌曲，也会揣摩上意，受到汉武帝喜爱，"与上卧起，甚贵幸，埒如韩嫣也"（《史记·佞幸列传》），两人甚至同床而眠。

一次，李延年在宫廷宴会上唱道："北方有佳人，绝世而独立。一顾倾人城，再顾倾人国。宁不知倾城与倾国，佳人难再得。"

汉武帝拍手叫好，问道："真有这样的佳人吗？"

一旁的平阳公主说道："李延年的妹妹，就是这样一个倾国倾城的美人，能歌善舞。"

汉武帝一听，急忙安排李延年的妹妹进宫。李小妹果真是倾国倾城的美人。汉武帝一见，立刻封她为夫人。后来，李夫人为汉武帝生下儿子刘髆，封为昌邑王。昌邑王的儿子，就是后来当了二十七天皇帝又被霍光废掉的海昏侯刘贺。李氏家族由此鸡犬升天。

红颜薄命，李夫人没几年就患病不起。李夫人临死前，汉武帝前去探望。李夫人拉过被子蒙住头，不让汉武帝看见。李夫人因容貌姣好得皇帝宠爱。凡以容貌事人，一旦年老色衰，相爱之情就消失了。皇帝对她有怜爱牵挂，就是念其美貌。若见到她病重憔悴、容颜凋谢，肯定会生厌恶。李夫人不让皇帝见最后一面，只盼皇帝念旧情，将兄弟托付给他。这个聪慧、善良的女子，看透后官人情世故，将亡之时还惦记着家人。

果然，李夫人死后，汉武帝很伤心，对李氏兄弟呵护有加，李延年升为协律都尉，而李广利即将以贰师将军身份统率大军出征。

汉武帝还曾作诗《秋风辞》悼念李夫人：

> 秋风起兮白云飞，草木黄落兮雁南归。
> 兰有秀兮菊有芳，怀佳人兮不能忘。
> 泛楼船兮济汾河，横中流兮扬素波。
> 箫鼓鸣兮发棹歌，欢乐极兮哀情多。
> 少壮几时兮奈老何。

一征大宛

张骞出使西域归来，给汉朝军民描述了一个迥异于中原风情的美丽新世界，其中对远在帕米尔高原以西的大宛国的描述，强烈地吊起了汉武帝的胃口："大宛在匈奴西南，在汉正西，去汉可万里。其俗土著，耕田，田稻麦。有蒲陶酒。多善马，马汗血，其先天马子也。"（《史记·大宛列传》）离中原万里之遥的大宛国，耕田种麦，酿葡萄酒，有好马，流出的汗像血一样，当地人说是天马的后代。

张骞所说的大宛，在今中亚乌兹别克斯坦费尔干纳盆地。古希腊时代，马其顿国王亚历山大大帝东征波斯帝国，一直打到葱岭以西。亚历山大大帝病逝后，手下将军瓜分地盘，整个巴克特里亚、中亚河中地区和费尔干地区由希腊化的塞琉古帝国统治。公元前 250 年左右，巴克特里亚总督狄奥多特一世宣布独立，脱离塞琉古帝国，建立大夏。作为近邻的大宛纳入大夏的统治，有明显的希腊化痕迹。

大宛是个大国，人口三十万，军队六万人。拥有相当规模的城市文明。当地居民的五官，多有高加索人种的特征。大宛人居住在城墙环绕的都市中，风俗与其南面的大夏相同。南北朝之后，大宛被昭武九姓统治，史称破洛那、钹汗、钹汗那等。唐代称其为宁远国或拔汗那。明清时为浩罕汗国。

大宛国出产名马——汗血宝马。汗血宝马又叫阿哈尔捷金马，原产地在土库曼斯坦科佩特山脉和卡拉库姆沙漠间的阿哈尔绿洲，是经过三千多年培育而成的世界上最古老的马种之一。它们奔跑时脖颈部位流出的汗中有红色物质，鲜红似血，因此得名汗血宝马。

元鼎四年（前113）秋，一个名叫暴利长的敦煌囚徒，在当地捕得一匹汗血宝马，献给汉武帝。汉武帝欣喜若狂，称它为"天马"，并作《天马歌》咏之：

太一贡兮天马下，沾赤汗兮沫流赭。
骋容与兮跇万里，今安匹兮龙为友。

没有战马，如何征战马背上的匈奴，如何开疆拓土，扩大帝国版图？

早在文景时代，汉朝就极为重视马政，在西北边郡大兴马苑，颁行《马复令》，规定民间饲养一匹军马可免三人徭役，以此鼓励民间养马。

漠北大战结束后，汉军取胜，但代价惨重，马匹十四万出塞，归来不足三万。此战过后，由于战马消耗严重，汉朝短时无法组织大规模骑兵部队出征匈奴。宝马良驹，事关国家安全。

沉醉在葡萄美酒中的大宛贵族没有意识到，一场因汗血马而起的战争风暴，正在东方万里之外的长安城蓄势待发。

为满足汉武帝对汗血宝马的极度渴望，去大宛搜求宝马的使者，在路上络绎不断。

使者回来报告："宛有善马，在贰师城，匿不肯与汉使。"（《史记·大宛列传》）大宛国确实有好马，藏在一座叫贰师的城市，不肯给我们。

太初元年（前104），汉朝使节车令奉汉武帝之命，再度出使大宛，以求天马。为了表示诚意，汉武帝特令打制一座金马，大小与汗血宝马相仿，又挑选使者数百人押运大量黄金以及其他贵重财物，随金马一同献上。车令继张骞之后，作为大汉代表，率领使者团队又一次踏上丝绸之路。

车令一路跋山涉水，万里迢迢来到大宛。大宛国王和群臣奇货可居，说"贰师马，宛宝马也"，不卖给汉朝。他们认为，汉朝离大宛很远，沙碛荒漠，屡屡致人死亡；如从北路来，有匈奴骚扰；从南路来，没有水草，又往往缺少城郭、食粮。汉朝派数百人作为使团前来，还常因缺乏粮食死亡过半，怎能派大军前来，所以汉朝肯定对大宛无可奈何。

车令拔剑上前，怒斥大宛王边陲小夷，不知天威，并当场将金马击碎（空心的），然后召集下属收起财物离去。

觉得受辱的大宛贵族也很生气："汉使至轻我！"（《史记·大宛列传》）杀机顿起。车令等人一离开，大宛王立即命驻守东部边境的郁成王率兵拦截，杀死全部使团成员，夺取所有财物。

消息传回国内，汉武帝大怒。出使过大宛的姚定汉等人认为，大宛军事力量薄弱，只要派去三千人马，用强弩射杀，就可将大宛人全部俘获。

汉武帝立刻任命李夫人的哥哥李广利为贰师将军，期望李广利到贰师城取得宝马。

太初元年（前104），汉武帝"发属国六千骑，及郡国恶少年数万人，以往伐宛"（《史记·大宛列传》），征发附属国骑兵六千名，以及各郡国品行恶劣的青年数万人，组成远征军，前往征讨大宛国。又任命赵始成为管理军纪的军正官，与赵破奴一起出征楼兰、姑师的王恢为军前向导，李哆为校尉，负责军事指挥。这支队伍堪称混成旅，只能说要么是草率，要么是前几次大战之后兵力凋敝。

李广利军出玉门关之后，谨慎甄别"南北道"的难易程度，理智地选择了北道。该道沿途有大国疏勒、姑墨（今新疆温宿、阿克苏一带）、龟兹、焉耆等，人口相对密集，且多有湖泊、绿洲，比南道荒漠易行。随军粮食无法自给自足，靠沿途求助缓解压力，想法是好的，现实却很残酷。

北道除了以上几大国，其余小国何时见过这等阵仗，如何养得起汉军？此时汉军中又多犯罪充军者，品行不端，李广利无法节制。北道各国闻知汉军来到，纷纷闭门坚守，汉军四处攻城只为粮食。汉军的进攻矛头在不知不觉中开始转移，由进攻大宛变成进攻"北道各国"。有些大国不能攻破，数日后汉军自行离去。

李广利一边行军，一边打仗筹集粮食，翻过帕米尔高原到达大宛东部边境之城——郁成城之时，全军只剩下数千人，饥饿疲惫。汉军被防守郁成城的大宛国军队打得大败，伤亡惨重。

李广利与李哆、赵始成等商议："到郁成城尚且不能攻破，更何况到大宛的国都呢？"于是领兵返回。从出征到返回，历时两年，到敦煌时，汉军士兵只剩下出征时的十分之一二。

李广利派人上奏汉武帝："道路遥远，粮食缺乏，将士虽不惧战斗，但饥饿难忍；况且人数太少，不足以攻下大宛，希望能暂且罢兵，待征调更多的军队后再前往征讨。"

汉武帝闻奏大怒，派使臣至玉门关阻拦，同时下令："军队有胆敢退入玉门关的，一律斩首。"

李广利大为惶恐，只得留在敦煌。

太初二年（前103）秋，浞野侯赵破奴在与匈奴作战中被俘，全军覆没。

在北方草原和西域两条战线上发动的战争，都以汉帝国的失败告终，特别是丧失了赵破奴军后，公卿大臣非常沮丧，希望停止征讨大宛，集中全力对付匈奴。

此时，汉武帝展示了一名伟大政治家的眼光，认为出兵征讨大宛，天下皆知，如果就此罢兵，草草收场，连大宛都不能征服，那么大夏等国将逐渐轻视汉朝，将不能得到大宛的好马，乌孙、轮台等国将随意虐待汉朝使团，使汉朝遭到外国的耻笑。

不能攻下大宛，炫威列国，真正控制西域，断匈奴右臂，汉帝国将永无宁日。一次次交织在胜利与挫败中的汉武帝，选择的是不断进取。

汉武帝果断处罚认为征讨大宛不利，散布失败言论的邓光等大臣，然后再次准备出征的工作。

第一，赦免正在服刑的囚徒，征发品行恶劣的青年和边塞地区的骑兵。一年多的时间里，派到敦煌增援贰师将军李广利的人达六万多人，自己采购装备跟随大军出征的队伍不计算在内。

第二，征调牛十万头，马三万匹，驴、骆驼等数以万计，以及十分充足的粮食和兵器弓弩。

第三，全国总动员，从各地调到征讨大宛部队中的校尉军官达五十余名。

第四，为防备匈奴趁机捣乱，增调十八万正规部队进驻酒泉、张掖以北地区，并在居延、休屠两地屯兵以卫护酒泉。

第五，为充实后备役部队，汉武帝发布"七科谪"政令：犯下过失的公务员、在逃通缉犯、上门女婿、商人、当过上门女婿和商人者、父母当过上门女婿和商人者、父母的父母当过上门女婿和商人者，共七种人一律谪罚为兵。

汉武帝考虑大宛城中无井，靠汲引城外河水使用，特意派水工随军前往，准备将大宛城外河水引向别处，利用旧水道挖洞攻城。此外，还任命两名熟悉马匹情况的人充当执马校尉和驱马校尉，预备在攻破大宛后挑选好马。

一时间，通往敦煌的道路上，为贰师将军运送粮食的车辆和役夫络绎不绝。

二征大宛

太初三年（前102），李广利率领第二支远征军从敦煌起程，分为南、北两路，再次讨伐大宛。

看到汉军兵强马壮，西域各小国纷纷望风而降，无不打开城门，为汉军提供粮食供应。

轮台国拒不投降，组织军民抵抗，汉军经过数日才攻破城池。

离开轮台，李广利大军一路再无障碍，顺利越过沙漠和帕米尔高原，三万人马兵临大宛城下。大宛国王见汉军装备精良，人马齐整，硬着头皮出城迎战。注意，这是东西方文明第一次在战场上的碰撞与较量。

汉军弓弩手万箭齐发，大宛军死伤惨重，仓皇退回城中。李广利本想转头攻打郁成城，以报上次惨败之耻，但担心大宛军得以喘息，下令包围大宛城，开始攻城。

四十多天后，汉武帝派来的水工部队，挖开城中供水的地方，把水引向别处。从攻城天数可以看出，希腊风格的大宛城池坚固，绝非汉军在中原作战的城池可比，而且守军抵抗顽强，汉军缺乏城市攻坚战的经验。

水源被截断，大宛城内，愁云惨雾，一个阴谋正在酝酿。贪生怕死的大宛贵族把责任全部推给国王母寡，参与密谋的贵族很快达成一致："汉国现在派大军来攻打我们，就是因为大王当初把汗血马藏起来，而且把外交代表团全部杀死，得罪了汉国。现在想要躲过这场灾祸，唯一的办法就是把大王杀死，再把汗血马献出去。如果汉军仍然不退兵解围，我们再拼死力战，为时未晚。"密谋的贵族当晚冲入王宫，杀死了国王母寡。

汉军攻破大宛外城，大宛猛将煎靡被汉军俘虏。逃入内城的贵族急忙派人手持国王母寡的人头前来谈判。

来人见到李广利，说道："汉军如果停止进攻，我们将把所有好马都拿出来，任凭汉军随意挑选，并为你们提供粮食。如果不接受我们的建议，我们将杀死所有的汗血马，大家拼个鱼死网破。"

这个谈判者接着威胁道："康居国的援军即将到达，到时候，我们在里，康居援军在外，两面夹击汉军，还真不知道胜负在哪一方。这个建议，请李将军仔细考虑。"

康居军队见汉军兵锋正盛，不敢贸然来攻，正停留窥视。情报显示，大宛城中新近抓到一些汉人，大宛人掌握了打井技术，而且城中粮食储备丰富。

李广利与部下商议："此次前来，主要是为了诛杀罪魁祸首母寡，而今母寡的人头已然送到，如果再不接受他们的请求，他们必定会坚守城池，而康居等到汉军疲惫，必定会来援救大宛，到时汉兵必为其所败。"

左右都无异议。李广利接受大宛贵族的求和建议，下令停止攻城。大宛贵族将汗血宝马献出，供汉军挑选，并拿出大批粮食供给汉军。随军的执马校尉和驱马校尉，挑选了几十匹上等汗血宝马，中等及以下的雌马、雄马三千余匹。

李广利开始攻打郁成城。出征时，校尉王申生率军直奔郁成城，一千多人马全军覆没，只有几人侥幸逃归李广利主力部队。李广利大怒，命搜粟都尉上官桀率兵前往攻打郁成城。郁成王战败，逃到康居，上官桀追到康居。上官桀此时仅是一名粮食供应官，日后与霍光成为辅佐汉昭帝、汉宣帝的顾命重臣，还是霍光的儿女亲家，孙女嫁给汉昭帝，最后被霍光杀死。

康居王听闻汉军打败大宛，将郁成王五花大绑献给上官桀。上官桀命四名骑兵将郁成王捆绑起来，押送李广利军营。骑士赵弟担心郁成王半路逃跑，拔剑砍下郁成王的人头，追上李广利大军。

为了保持与大宛国好不容易打开的贸易之门，李广利扶持对汉帝国持友好态度的大宛贵族昧蔡为国王。双方订立盟约，汉军凯旋。

昧蔡之后的大宛国王蝉封，也与汉使签订协议，每年给汉朝上贡两批汗血宝马。汉使还把西域独有的葡萄和苜蓿，中原所没有的上佳喂马饲料引种回来。一时间，长安皇宫内外遍种葡萄、苜蓿，蔚为大观。汉帝国终于获得了梦寐以求的汗血宝马。

太初四年（前101）春，李广利大军返回京城长安，西域各国听闻汉军已攻破大宛，惶恐胆寒，再不敢怠慢汉朝使节，全都派子弟随李广利到长安向汉朝进贡，拜见汉武帝，并留在长安充当人质。

汉武帝论功行赏，封李广利为海西侯，食邑八千户；斩杀郁成王的赵弟为新畤侯；军正赵始成功劳最多，任命为光禄大夫；上官桀敢于深入敌阵，为少府；李哆有计谋，为上党太守。共一千多人被封赏表彰。当初自愿随军出征的人，所授官职都超出了他们的希望；发"七科谪"出征的人，一律免其罪而不记功劳；对士卒的赏赐价值四万钱。

汉武帝下令，从敦煌向西直到盐泽（今罗布泊），处处建起亭燧，派发数百名士卒在轮台、渠犁（今库尔勒一带）等地进行屯田，分别设置使者、校尉加以统领护卫，用以供给出使外国的使团所需。这是中国史籍第一次关于汉朝在西域屯田的记载。

李广利兵败身死

李广利远征得胜归来，加官封爵，声名显赫，但口碑一直不好。李广利第一次远征，损兵折将，大败而回。李广利第二次远征，虽然取胜，但部队死亡率过高。其实，汉军真正战死者不多，而且军粮供应充裕，李广利治军无方，致使将领贪暴，不爱惜士卒。

面对朝中的指责，汉武帝明显袒护，认为李广利万里讨伐，劳师远征，不计其过失。远征大宛，让李广利达到人生巅峰，但其后三征匈奴，证明李广利难担名将之称。

太初四年（前101），呴犁湖单于病死，其弟左大都尉且鞮侯被立为单于，派人出使汉朝，将之前扣留的汉使路充国等人送回，向汉武帝示好："我儿子，安敢望汉天子，汉天子，我丈人行。"

天汉元年（前100），汉武帝派苏武担任使团团长出使匈奴，副使张胜被卷入匈奴内乱，致使使团多人被杀，苏武等人被扣押。

天汉二年（前99），汉武帝派三路大军出击匈奴，李广利率三万骑兵出酒泉，目标直指匈奴右贤王；公孙敖率一万轻骑出西河；强弩都尉路博德率万余轻骑出居延，到达涿邪山与公孙敖会合。这场战役中最著名的，就是李陵偏师远征，血战单于大军，最终兵败投降。

李广利率大军进至祁连山，大败右贤王，斩首万余级，返回途中遭遇匈奴主力部队，被层层包围，伤亡惨重，三万大军损失十分之六七。幸得赵充国组织敢死队杀出一条口子，李广利才得以脱身。

天汉四年（前97），汉武帝再次派兵出击匈奴：李广利挂帅，率六万骑兵、七万步兵，出兵朔方；强弩都尉路博德率万余轻骑、三万步兵，出居延，与李广利会合；游击将军韩说率三万步兵出五原；因杅将军公孙敖率万余骑兵、三万步兵，出雁门。

且鞮侯单于急忙下令，将部众和牲畜迁到余吾水（今蒙古国乌兰巴托附近之土拉河）以北，召集十万部队在余吾水南边，列队布阵，准备与李广利部决战。

李广利部到达余吾水，与匈奴军展开厮杀，激战十多天，双方不分胜负。东线战场之一的游击将军韩说，一路未见敌军，擅自返回。公孙敖部与匈奴左贤王部遭遇并进行激战，无法取胜，引兵后撤。李广利未见东线部队进行迂回侧击，担心鏖战对己不利，命令部队撤出战场。

这一战，汉军强势开头，草草收场。连年开战，双方都有些吃不消。这一等，就是六年。

太始元年（前96），且鞮侯单于病死，长子左贤王狐鹿姑被立为单于。

征和二年（前91），匈奴入上谷、五原，抢劫、杀害官民。

征和三年（前90），匈奴再次进攻五原、酒泉，杀死两郡都尉。

此时的汉武帝，年届七十，垂垂老矣，仍决心与卷土重来的匈奴重新开战。汉武帝生前的最后一战——燕然山（今蒙古国杭爱山）之战，即将打响，出征的主将仍然是贰师将军李广利。

中路主力，李广利率七万骑兵出五原；东路，御史大夫商丘成率三万余步兵出西河；西路，重合侯马通率四万骑兵出酒泉。

狐鹿姑单于闻汉兵出，下令将所有辎重物资和牲畜转移，并且把赵信城北迁郅居水（今蒙古国色楞格河）。左贤王也驱部众渡过余吾水六七百里远，退居兜衔山。单于率精兵渡过姑且水（今杭爱山东南），陈兵布阵，等待汉军。

御史大夫商丘成率领东路军，进至追邪径，没有发现敌人，引兵返回。匈奴单于命令手下一名大将与降将李陵率领三万余骑追击这支汉军，在浚稽山（今蒙古国巴彦洪戈尔省推河、塔楚河之南的古尔班博克多山，在杭爱山之南）与汉军转战九日。汉军冲杀勇敢，杀伤许多匈奴兵。双方一直战至浚稽山东北的蒲奴水，匈奴见取胜无望，掉头返回。史书关于李陵与汉军作战的记载，只此一次。

重合侯马通率西路军进至天山山脉，狐鹿姑单于派大将偃渠率领二万余骑迎战，见汉军兵强马壮，自行退去。汉武帝担心车师国出兵阻挡马通，调遣阊陵侯、匈奴降将成娩率军包围车师，俘获车师国王。

中路主力战场上，李广利大军出五原，进至夫羊句山峡（今蒙古国达兰扎德嘎德城西）。狐鹿姑单于派右大都尉与卫律率五千骑兵攻击，李广利派属国骑兵两千迎战，匈奴军大败。汉军乘胜北追，进至范夫人城（今蒙古国达兰扎德嘎德城西北），匈奴军不敢迎战。

李广利一路凯歌之时，京城传来噩耗：丞相刘屈氂之妻以巫蛊诅咒汉武帝之事发，刘屈氂夫妇被斩，李广利夫人受牵连下狱。原来，李广利的女儿是刘屈氂的儿媳，两家是姻亲。刘屈氂供认与李广利写有祷词，想立昌邑王，也就是李夫人（李广利之姐）的儿子为帝。

李广利惶恐不安。戴罪从军的胡亚夫劝道："将军家人现在身陷大牢，无功而返，只能狱中相见。继续北上，大败匈奴，或许还有一线生机。"

李广利认为只能拼死一战，率二万人马继续北上，渡过郅居水。狐鹿姑单于派左贤王、左大将率二万骑兵迎战。双方激战一日，匈奴左大将战死，匈奴兵伤亡惨重。

汉军虽然取胜，但主帅夫人下狱的消息不胫而走。军中长史和决眭都尉密谋："李将军求胜立功心切，将我们作为他救赎家人的炮灰，这样下去，仗还能打好吗？"两人决定控制李广利，然后撤军。李广利得知密谋，勃然大怒，斩杀长史，率军退至燕然山。

单于见汉军后撤，知汉军劳师远征，肯定疲惫不堪，于是亲率五万精锐骑兵阻击。双方混战厮杀，伤亡惨重。夜晚，匈奴军在汉军营帐外挖了一道深达数尺的沟堑，出动骑兵从大营后面发动突然攻击。汉军仓促应战，混乱之中纷纷坠入沟堑，被匈奴兵围住射杀。

全军覆没，走投无路的李广利只得投降。狐鹿姑单于将女儿嫁给李广利，对李广利的宠信超过卫律。卫律也是少数民族，但在汉地长大，与李广利的哥哥李延年关系很好，被李延年推荐出使匈奴。李延年和弟弟李季淫乱后宫，双双被诛，卫律担心回去受到牵连，干脆投降匈奴，颇受单于信任，被封为丁灵王。卫律见单于器重李广利，嫉妒心起。恰逢单于母亲生病，由于匈奴人信奉巫术，卫律就买通巫师声称已故单于通灵上身，大发雷霆："本王以前出征打仗时，都要向上天祈祷，一定要抓到汉朝贰师将军来祭祀。现在贰师将军就在手上，为何不用来祭祀神灵？"狐鹿姑单于只好把李广利抓来献祭。被五花大绑的李广利惊惧悲愤，咆哮大骂："我死，必灭匈奴！"

《汉书》记载，李广利死后，匈奴境内数月雨雪交加，牲畜被冻死，部民感染瘟疫，庄稼无法成熟，一片惨淡之象。狐鹿姑单于大为惊惧，特为李广利开建祠堂祭奠。

李广利用兵谋略不如霍去病，治军做人不如卫青，骁勇善战不如李陵，但只要汉武帝下令，还是四处征伐，远征大宛，打到今天的中亚，这是把自己的人生放错了位置。李广利放弃文艺事业，勘不破世间荣华富贵，勉为其难爬上将军之位，最终却命丧异域。

李广利最后出征匈奴的一战，开局不错，但最后一败涂地，责任主要在于汉武帝。大将率军在外作战，皇帝竟把大将家人都下了大狱。主帅丢了魂，三军焉能不败？晚年的汉武帝，历经"巫蛊之乱"，身心交瘁，昏聩多疑，早已没了年轻时的英明决断。

李广利大军覆灭，汉武帝深受打击，再也无力发动新的征战。后元二年（前87），汉武帝在匈奴未灭的遗憾中去世。

第六章 李广及其后人

"飞将军"李广难封

元狩四年（前119），漠北大战，卫青兵团横扫匈奴，单于远遁；霍去病兵团千里杀伐，封狼居胥。就在帝国军人极尽荣光之时，一个令人震惊的消息传来，老将军李广自杀了。

汉武帝决定发动漠北大战，分别由卫青、霍去病各带一路大军，李广属卫青大军。一生戎马，数战匈奴，声震匈奴，却一直未能封侯的李广主动请缨，要求担任前锋。在年事已高的李广看来，这有可能是自己的最后一场大战。然而，汉武帝没有批准。李广再三请求，汉武帝才勉强答应，任命李广为前将军（理论上的前部先锋官）。

卫青大军出塞后，从抓来的俘虏口中得知单于伊稚斜主力部队所在，决定亲率精兵突击，改令原本作为前锋的李广和右将军赵食其从东路出发，掩护主力部队。

东路迂回偏远，沿途水草缺乏，不利大军集结行军。李广对大将军卫青争辩道："我原本担任前锋，现在令我出东路，心有不甘啊！我李广自从少年结发起，一生与匈奴征战，如今好不容易得到面对单于的机会，我希望还是让我继续担任前锋，即使战死，我也心甘情愿。"

卫青没有同意。卫青在出发前，汉武帝曾给过卫青私谕，不能让李广直接与单于交锋。

李广大怒而别，但军令如山，只好与赵食其合兵出东路。李广过沙漠时又迷路了。卫青正与单于打得难解难分，东路援军却迟迟未见，单于得以逃跑。卫青班师，途经漠南，碰到李广和赵食其。

卫青派军中长史带着酒和食物去李广大营，问迷路原因。

李广说："校尉们没有罪，是我自己迷失道路，我现在亲自到大将军幕府去受审对质。"

到了卫青幕府，李广对众将官说："我从少年起，与匈奴打过大小七十多仗，如今有幸跟随大将军出征，同单于军队交战。可是，大将军调我的部队去走迂回绕远的路，偏又迷失道路，难道不是天意吗？况且我已六十多岁了，不能再受那些刀笔吏的侮辱。"李广拔刀自刎。

"广军士大夫一军皆哭。百姓闻之，知与不知，无老壮皆为垂涕。"（《史记·李将军列传》）听闻老将军自刎，军中将士一片哭声。百姓听到这个消息，男女老幼无不痛哭流泪。司马迁称赞他是"桃李不言，下自成蹊"，意寓桃李有芬芳的花朵、甜美的果实，虽然不会说话，但仍能吸引许多人到树下赏花尝果，以至于树下走出一条小路。

李广，甘肃天水人，秦帝国名将李信之后，身材高大魁梧，臂长如猿，自小不爱说话，精于骑射。李广带兵打仗时爱兵如子，士兵没吃饭，他就不吃；士兵没喝水，他就滴水不进。他得到赏赐，也要分给手下，行伍打仗一辈子也没多少积蓄。所以，他带出来的官兵都死心塌地地跟着他。还在汉文帝时，李广以良家子弟的身份参军抗击匈奴，因为善于骑射，斩杀敌人首级很多，被任命为中郎。文帝说："可惜啊！你没遇到时机，如果让你正赶上高祖的时代，封个万户侯，那还在话下吗？"

汉文帝一语成谶，李广一辈子都纠结于封侯。

李广驻防边关，经常与匈奴作战，主管民族事务的官员公孙昆邪为李广担心，劝谏皇帝："李广的本事，天下无双，屡次与敌人正面作战，恐怕会被匈奴人俘杀。"于是，朝廷将李广调任上郡太守，先后辗转陇西、雁门、云中六郡太守。汉武帝即位时，李广已是国内公认的名将，调任未央宫卫尉，相当于禁卫军首脑。

公元前133年，汉武帝决定对匈奴用兵，在马邑设伏。这是汉武帝精心设计的一次伏击战，共出动三十万大军。李广为骁骑将军，与主帅韩安国、轻车将军公孙贺各率一支人马作为主力埋伏在马邑旁的句注山中，等待单于进入伏击圈。没承想，消息泄露，设伏计谋被单于识破，马邑伏击战流产。

经过六年韬光养晦，汉武帝决定再次对匈奴用兵。这一次，登上历史舞台

▲ 李广像

的是卫青。汉武帝令卫青、公孙贺、公孙敖、李广各领一万骑兵，分四路出击匈奴。卫青部直捣龙城，斩获颇多。公孙贺部一路未遇匈奴，一无所获。公孙敖部被匈奴打败，折了七千人马。兵出雁门的李广部，碰到匈奴主力，全军覆没，主将李广还被匈奴擒获。

单于素闻李广大名，传令勿杀李广。被俘获的李广受伤，匈奴人将他放置在两匹马之间的网兜中。走了十余里，李广看见旁边一个匈奴士兵骑着一匹好马，乘其不备，突然跳起将匈奴士兵踹下马，骑上这匹马狂奔。李广一路往南跑了数十里路，碰到手下残部，得以回来。

战役结束后，卫青崭露头角，成为汉武帝最信任的将军。大败而归的公孙敖、李广按律当斩，两人花钱赎回一条命。

元朔六年（前123），汉武帝起用李广，随统帅卫青出兵定襄，帝国战神霍去病脱颖而出，但李广没有斩获。

两年之后，已是骠骑将军的霍去病发动第二次河西之战，由博望侯张骞和时为郎中令的李广率军作为阻援部队。霍去病亲率主力骑兵长途奔袭，大获全胜。作为东线前锋的李广部四千骑兵被匈奴左贤王四万铁骑包围。李广部势单力薄，但作战勇猛，李广亲持汉军大杀器——大黄连弩，射杀匈奴多员战将。匈奴人多势众，李广部渐渐不支，一直迟迟不见踪影的张骞部终于赶到，左贤王不知汉军虚实，引兵撤退。张骞贻误军机，按汉律当斩，花钱赎命，被贬为老百姓。李广功过相抵，没有奖励。

此时的舞台，属于卫青、霍去病等后起之秀，昔日匈奴人口中的"飞将军"，从主角沦为配角。英雄迟暮，封侯的梦想离李广越来越远。

李广的堂弟李蔡，与李广一起从军，被封乐安侯，"代公孙弘为丞相"，位列三公。李广的小儿子李敢，跟着霍去病一路拼杀，战功赫赫，赐封关内侯。赵破奴、李沮、李息等一班后起之辈都纷纷封侯，意气风发。然而，汉武帝登基之前就声名鹊起、威震边关的"飞将军"却不能因功封侯。

李广仕途不顺，跟个性有很大关系。

李广花钱赎命，在家闲居期间，与已故颍阴侯灌婴之孙灌强到终南山中打猎。一天，两人游玩至很晚才回城，走到霸陵亭，霸陵尉见到李广一行，大声呵斥，禁止通行。李广随从说："这是前任李将军。"霸陵尉说："现任将军尚且不许通行，何况是前任！"霸陵尉扣留李广一行，次晨才放行。没过多久，匈奴入侵，汉武帝起用李广为右北平太守。李广请求派霸陵亭尉一起赴任，一到军中就杀了霸陵尉。汉武帝不能为一个小吏处罚征战匈奴的大将，但李广从此在他心中留下了不好的印象。如此胸怀，焉能为帅？

李广爱兵如子，受到部卒拥戴，但治军不严。李广部行军打仗没有严格的队列和阵势，扎营住宿仅考虑方便，晚上不打更巡夜，不安排警戒哨兵，处理军务文书也很简单。

曾为未央宫禁卫军同僚的名将程不识调侃道："李广治兵简便易行，一旦敌人突然进犯，他就无法阻挡。幸亏士兵都甘心为他拼命。"

作为一名将帅，最重要的是运筹帷幄，治军严明，单凭骑射功夫近敌搏杀，不过匹夫之勇，偏偏李广就喜欢亲自披挂上阵。

李广早年任上郡太守，皇帝派来一名宦官跟随李广学习。一天，这名宦官带领几十名骑兵外出，遇到三个匈奴人。匈奴人箭无虚发，射伤宦官，几乎杀光随行骑兵。李广判断"一定是匈奴的射雕能手"，带上一百骑兵追赶。匈奴人没有骑马，被李广赶上。李广张弓搭箭，射死两人，活捉一人。三人果然是匈奴的射雕手。

刚把俘虏绑上马，远远过来几千名匈奴骑兵，看到李广仅百骑，以为是诱饵，没敢贸然进攻，到山上摆好阵势。百名骑兵大为惊恐，想回马逃跑。李广说："我们一跑，匈奴就会立刻消灭我们。如果停留不走，匈奴就以为我们是设诱，必定不敢攻击我们。"

李广下令前进。到达离匈奴阵地约二里之处，李广下令全体下马，解下马鞍。

部卒哆嗦着说："敌人那么多，离得又近，如果有了紧急情况，怎么办？"

李广说："我们都解下马鞍不逃，就能使他们更相信我们是诱敌之兵。"

匈奴骑兵始终不敢来攻。不久，一名骑白马的匈奴军官跑出阵，李广立即上马，带领十几名骑兵奔驰，一箭射死白马军官。李广返回阵中，又下马解鞍，让士兵放开马随便躺卧。

僵持到黄昏，匈奴仍不敢进攻。半夜，匈奴以为有伏兵在附近，悄悄领兵撤离。

李广这个故事，司马迁在《史记》中描述得很精彩，很有几分诸葛亮摆"空城计"的味道。但后人认为是小聪明。堂堂主将脱离大部队，不知去向，"大军不知广所之，故弗从"，若遭遇敌情，全军岂不危险？明代学者黄淳耀在《史记评论》中称李广此举"裨将之器也"，"若夫堂堂之阵，正正之旗，进如风雨，退如山岳，广岂足以乎此哉"，认为司马迁因为激愤而对李广厚爱有加，有失偏颇。司马光在《资治通鉴》中评论道："效程不识，虽无功，犹不败；效李广，鲜不覆亡。"行军打仗，如果学程不识，即使无功，也不会打败仗；要是学李广，那就没有不全军覆没的。

汉景帝刚刚即位时，李广以骁骑都尉官职随从周亚夫平定"七国之乱"，作战勇猛，在昌邑城下夺取敌人军旗，扬名立万。但他"以梁王授广将军印"，私自接受梁王刘武授予的将军印。凯旋后，朝廷没有对他进行封赏。刘武是当时夺汉景帝皇位的潜在敌手，李广私受梁王军印一事，汉武帝肯定知情。

李广一生未被封侯，但爱兵如子、作战勇敢的故事一直被传颂，其骨子里视荣誉如生命的骄傲，使他宁愿自杀，也不愿苟活。

时间流淌，多少封侯拜相者湮没无闻，陇西李氏却成为传奇。

李广之子李敢

作为名将之后，李敢很有李广遗风，性格刚烈强悍，打仗摧城夺旗。最重要的是，当李广还在为未能封侯而耿耿于怀时，李敢已被赐封关内侯。

李敢是李广的小儿子。李敢有两个哥哥，大哥叫李当户，二哥叫李椒。三人都当过郎官、宫廷侍卫，从小疾恶如仇。

一次，汉武帝与男宠韩嫣嬉闹。韩嫣行为放浪，李当户冲上前去，扇了韩嫣几个耳光。汉武帝没有生气，反而觉得李当户有勇气。李当户死得早，只留下一个遗腹子，就是后来的猛人李陵。

李椒做过代郡太守，比父亲李广死得早。随父亲一起出征的，只剩下李敢。

元狩二年（前121）夏，第二次河西之战，李敢随父出征。李广父子与张骞出兵右北平，在东线作战，分两路进击匈奴左贤王部，以牵制匈奴增援河西，缓解西线霍去病的压力。

张骞贻误战机，李广父子率四千骑兵被左贤王四万精锐团团包围。这一战，司马迁在《史记·李将军列传》中写得气吞山河。

面对层层逼近的匈奴铁骑，汉军士卒惊惧，李广马上唤过李敢，令其率一队骑兵直插敌阵。见证李敢勇气的时刻到了。这几十名汉军骑兵飞蛾扑火，进行自杀式攻击，匈奴人一时没有反应过来。李敢乘势左冲右突，掠阵而出，驰回本部，大喊道："胡虏易于耳。"看到李敢纵横驰骋，安然归来，汉军士气大振。李广随即部署将兵车结成圆阵，张弓持弩，静待匈奴进入射程。

匈奴军开始发动波浪式攻击，"矢下如雨"，攻势凌厉。一时间，汉军死伤过半，箭矢就快耗完，但防线未被攻破。李广令士兵引弓不发，自持大黄连弩，专瞄军官射杀，连续击毙几名匈奴副将。见李氏父子如此彪悍，匈奴军队形散乱，攻势变缓。

战至傍晚，汉军士卒面无人色，李广镇定自若，面色如常，"军中皆服其勇"。次日天明，双方再战。此时，纵使李氏父子神勇，汉军已是强弩之末，幸亏张骞率部赶到。匈奴军见取胜无望，引军退去。

元狩四年（前119），漠北大战中，李敢同样表现神勇，"力战，夺左贤王鼓旗，斩首多"（《史记·李将军列传》），与敌人激战，夺得左贤王的令鼓令旗，杀敌斩获多。千里追击，摧城拔寨，勇夺敌旗，在霍去病封狼居胥，登临瀚海的历史功勋中，李敢肯定是其中一员铁血悍将。

大军班师之时，李敢听到了一个坏消息，不，是噩耗，父亲自杀了。李敢满腔仇恨，去找大将军卫青。"怨大将军青之恨其父，乃击伤大将军，大将军匿讳之。"（《史记·李将军列传》）李敢直冲中军大营，打伤卫青，卫青可能心中有愧，下令封锁消息。

李敢有乃父之风，性格刚烈，作风强悍，视荣誉尊严如生命，做事不计后果。卫青性格谦和退让，确实心中有愧，只好"匿讳之"。但是，这个消息传到霍去病的耳中。

一天，汉武帝带了一帮文臣武将到甘泉宫打猎，李敢也随驾前往。马嘶人叫，鹰飞犬突，一片混乱之中，霍去病将箭矢瞄准毫无防备的李敢。箭头呼啸而至，李敢翻落马下，当即身亡。这一幕让所有人惊呆了，汉武帝反应迅速："李将军不慎被鹿角撞死，纯属意外事故。"

司马迁揭露了真相："去病时方贵幸，上讳云鹿触杀之。"（《史记·李将军列传》）司马迁接着意味深长地写道："居岁余，去病死。"一年多后，元狩六年（前117），霍去病去世。

自古以来，宫闱之内，斧光烛影，帷帐重重，多少血案以意外事故草草了结。事实的真相，已在时间的流逝中面目全非。

霍去病去世时，年仅二十四岁，陪葬茂陵，谥封"景桓侯"，取义"并武与广地"，彰显其克敌服远、英勇作战、扩充疆土。

汉武帝对霍去病的死非常悲伤，调来铁甲军，列成阵，沿长安一直排到茂陵东的霍去病墓，还下令将霍去病的坟墓修成祁连山的模样，彰显他力克匈奴的奇功。

李广之孙李陵

如果把飞将军李广称作神人，把李敢称作猛人，那李陵称得上是狂人。

李陵是李当户的遗腹子。或许是出于对李广和李敢之死的愧疚，汉武帝看重出身将门世家的李陵，选为建章监——当年卫青以外戚身份入宫时的第一份官职就是建章监，相当于宫廷禁卫军的骑兵总管。李陵自幼弓马娴熟，精于骑射，善待士卒，很有李广当年的风范。

一次，汉武帝派李陵率领八百轻骑过居延一带，深入匈奴腹地两千余里，侦察匈奴境内地形，搜集情报。这次任务，李陵完成得很轻松，没有碰到匈奴人。回来不久，李陵被任命为骑都尉，率领丹阳楚地五千勇士，驻扎在酒泉、张掖。这是汉帝国在河西走廊新设的郡，既是汉武帝向西经营西域的桥头堡，又是"断匈奴右臂"的重要基地。

如日中天的贰师将军李广利征伐大宛国返回时，李陵率五百人马进至今新疆罗布泊一带迎接。汉帝国的明日之星，似乎一路坦途。

天汉二年（前99），汉武帝发动天山战役。这里的天山，指祁连山。此时，"帝国双骄"卫青、霍去病皆已去世。按照汉武帝制定的出征方案，分派三路大军出击匈奴：第一路，贰师将军李广利率三万骑兵出酒泉，目标直指匈奴右贤王，骑都尉李陵率其部为后勤辎重部队；第二路，老将公孙敖率万余轻骑，出西河（今内蒙古鄂尔多斯左翼前旗），目标为涿邪山（今蒙古国境内满达勒戈壁附近一带）；第三路，由强弩都尉路博德率万余轻骑，出居延，抵达涿邪山与公孙敖部会合。

李陵来到未央宫内的武台殿，请求汉武帝："我一直驻防边境，手下部卒都是荆楚勇士、剑客等奇才，力能打虎，射术精湛，愿意自成一队，奔赴兰干山（今蒙古国阿尔泰山南真思台山），分散单于兵力，使其不能全力与贰师将军作战。"

汉武帝见李陵不愿执行既定的作战计划，有些不高兴："你不想给别人当下属吗？各路大军分派已定，朕没有多余骑兵。"

这时，李陵说了一句将埋葬自己的大话："无所事骑，臣愿以少击众，步兵五千人涉单于庭。"（《汉书·李广苏建传》）没有骑兵也没关系，李陵愿意以少击众，率五千步兵就可以远征单于王庭。

李陵很狂妄。匈奴聚居地是戈壁沙漠，一马平川，无遮无拦，不易防御，一旦敌方发动骑兵攻势，机动快速，剽悍凌厉，步兵将陷入灭顶之灾。当年卫青、霍去病均靠骑兵突袭才能获得巨大的成功。李陵作为一名驻守西北边关，熟悉漠边地貌的将领，能口出此言，只能用狂妄解释。

汉武帝答应了李陵的请求。为应不测，汉武帝命令强弩都尉路博德在其出兵后半道接应。

路博德，曾为伏波将军，征战南越，经验丰富。接到这道新命令，路博德

"羞为陵后距",很可能是路博德认为李陵此举太冒险。路博德上书汉武帝:"现在正值秋高马肥,不适合与匈奴直接对垒,希望我部和李陵部等到明年开春,匈奴青黄不接的时候再出击。"

汉武帝大怒,怀疑李陵因后悔唆使路博德上书,下令:路博德出击西河,李陵出遮虏障(即居延塞,在今内蒙古额济纳旗东南),往东至浚稽山南龙勒水(今蒙古国西部古尔班博克多山脉南干河),沿途侦察匈奴动静;如果不遇匈奴,就到受降城(今内蒙古乌拉特中旗东阴山北)休整。

接到命令,李陵率部从居延塞开拔,开始这趟死亡之旅。北上三十天,李陵到达浚稽山,扎营休整,把沿途地理情形绘成图,派手下陈步乐回长安报告。接见陈步乐后,汉武帝对李陵的行动赞许有加,把陈步乐封为郎官。

一天早上,李陵在宿营地醒来,发现匈奴单于亲率三万骑兵部队从天而降,将他的五千人马团团围住。李陵部宿营地在两山之间,虽以大车相接为营,但易被敌人包围。李陵部没有骑兵部队,无法搞突袭战,现在又被单于大军团团围住,这注定是一场惨烈的突围战斗。

敌强我弱,李陵表现可圈可点。只见他镇定自若,迅速带领士兵出营陈列布阵,前排士兵持戟操盾,后排安排弓弩手,"闻鼓声而纵,闻金声而止"(《汉书·李广苏建传》)。

匈奴骑兵向李陵大营发动攻击,进入射程范围,李陵擂鼓下令,汉军万箭齐发,匈奴人应声倒下,第一波攻势被遏制。见汉军阵脚稳定,单于命令退回山上。李陵下令出击追杀,荆楚步兵果真骁勇,斩杀数千匈奴。单于见汉军作战凶猛,急忙召集附近八万部队赶来参战。

李陵命令部队且战且退。汉军往南跑了几日,匈奴部队紧追不放。汉军伤亡严重,逃到一座山谷短暂歇息。李陵下令,凡身上受伤三处以上者上车先走,两处伤口者跟着车子走,一处伤口者继续持兵器坚持作战。

找到卫青征战龙城的故道,汉军继续向东南方向撤退,四五天后抵达一片芦苇荡。单于命令从上风口放火,李陵命令士兵放火烧出隔火带,防止大火蔓延。

汉军继续南撤,退至山下。单于在山上指挥,命令儿子亲率一队骑兵攻击。

汉军在树林中阻击，迟滞敌军攻击，还用连弩射击单于。单于只好退下山来。

汉军抓到的匈奴俘虏对李陵供述："单于认为，这支汉军善战骁勇，一直未能消灭，几天激战下来，把我们引到南边塞口，不会是有大军在埋伏等我们吧？"俘虏又说，看到单于想打退堂鼓，属下力劝单于："您亲率数万骑兵还不能收拾这几千汉兵，以后如何号令各部？汉人也会越来越瞧不起我们。我们现在还在山谷间与汉军激战，等过四五十里路，就是平原开阔地，还能消灭不了他们？即便消灭不了，回撤也来得及。"

此时汉军战斗力仍在，一天要与匈奴骑兵交战数十回合。匈奴人准备撤退。

李陵部队中一个叫管敢的下级军官，被上司辱骂，逃走投降匈奴，把汉军情报全盘托出："汉军是孤军深入，根本没有援军，箭矢也快用完。每次作战都是李陵和副手韩延年各率八百人打头阵，以黄白两色旗指挥。大王只需派出精骑射杀攻击，即可攻破汉军。"韩延年也是将门之子，父亲韩千秋征讨南越战死，武帝封其子延年为侯，以校尉身份随李陵出征。

单于闻听大喜，随即派出骑兵攻击，大喊李陵、韩延年投降。此时，汉军刚从山上下来，谷口被匈奴骑兵堵住，匈奴人在山上向下放箭，矢如雨下。汉军清点人数，还有三千多人，可是所携五十万支箭矢几乎消耗殆尽，只好丢弃兵车，砍下车轴轮子当作兵器，且战且退。

进入一条峡谷后，匈奴兵仍紧追不放，从高处抛下石头，汉军士卒多半被砸死。可以想象，尸横谷中，死者相藉，一片惨烈。这一刻，李陵的心中一定是一片绝望。

黄昏过后，李陵换上便装走出营地，喝令士卒："不要跟随我，大丈夫就应一人去抓单于。"

过了一会儿，李陵归来，长叹一声："兵败，死矣。"

左右安慰道："将军威震匈奴，只是老天爷不帮忙，我们后面再想办法找路回去。"

李陵神色黯然："不要说了，我不战死，非壮士也。"然后命令士兵砍断军旗和自己用的器物，埋入地中。

看着残破的队伍，李陵叹道："如果我们每人再得几十支箭，足以脱身。现在兵器不足，明天与匈奴再战，只能坐而受缚。现在分散突围，能逃出去的向天子报告。"安排士兵每人带二升粮、一块冰，约好突围后到遮虏障会合。

半夜时分，李陵击鼓集合，不料鼓破不响。李陵和韩延年翻身上马，带领十余人突围而去。

一直密切监视的匈奴骑兵立即追击，韩延年战死。

绝望之中的李陵一声长叹："无面目报陛下。"史书的记载就两个字，"遂降"。

李陵军团全军覆没之处，距离汉军边塞仅有百里，得知这一消息，守军驰报长安。

消息传来，朝野上下哗然。汉武帝下令召见李陵的母亲和妻子，安排看相人观测，但未看出李陵妻母脸上有死丧之色。又一个消息如晴天霹雳砸来——李陵投降匈奴。汉武帝找来留任宫廷侍卫的陈步乐质问，陈步乐自杀身亡。

群臣齐声大骂李陵贪生怕死。聒噪声中，一个与众不同的声音响了起来。这个声音，从此将让一部书写中国历史的巨著名篇磨砺而生，熠熠生辉。说话的人叫司马迁，是汉帝国的历法官员，写作《史记》此时仅仅是他心中一个正在酝酿的梦想。

司马迁为李陵辩护：李陵一向讲究孝道，讲究诚信，常常奋不顾身，为国家赴汤蹈火，这是他长期以来的素养，有国士之风。现在遭此不幸，你们这帮只顾保全自己身家性命的人就在这里胡说八道，任意诋毁。李陵仅率五千步兵，深入敌境，与数万敌骑英勇作战，令匈奴人顾不上抢救伤员，只好召集更多部队来参战。李陵孤军深入，转战千里，箭尽道绝，士兵赤手空拳，冒着敌人白刃箭雨，殊死搏斗。能得到士兵以死力战，即便古时名将，也不过如此。李陵虽然兵败被俘，但他与敌人激战的战绩，足以光耀天下。

司马迁这番话掷地有声。他认为李陵是被俘，"身虽陷败"。紧接着，司马迁给出对李陵的判断："彼之不死，宜欲得当以报汉也。"认为李陵没有战死，杀身成仁，是假投降，日后一定会找合适机会回归大汉。

汉武帝认为司马迁在为李陵诡辩：自己最看重的青年才俊，重点培养的明日之星，还是声名显赫的李广将门之后，竟然叛国投敌，真是贪生怕死。这次

▲ 司马迁像

统率主力部队的李广利，打得也不好，司马迁这番话怎么有股指桑骂槐的味道？汉武帝越想越气，将司马迁处以宫刑。司马迁受此奇耻大辱，没有自杀，就是因为要将《史记》写出来。

从口出狂言立下军令状，到兵败投降，一切如同一场梦魇，从下马受降那一刻起，那个壮志凌云、桀骜不驯的青年才俊不见了，那个头顶显赫家族光环的将门之后不见了，人性的纠结与软弱，让李陵从此坠入漫漫黑夜。《史记》云："自是之后，李氏名败，而陇西之士居门下者皆用为耻焉。"人走茶凉，世态炎凉，李陵投降之后，李氏家族身败名裂，家乡陇西昔日门下宾客皆以此为耻。

后来，汉武帝觉得李陵兵败主要是因为没有得到及时救援，听说李陵部有四百多人逃回，安排人前去迎接慰劳。此时，李陵家人皆安然无恙。

一年之后，汉武帝命老将公孙敖率部深入匈奴境内寻找李陵。公孙敖回来后上奏汉武帝："我抓到匈奴俘虏，说李陵死心塌地地在帮单于练兵，准备对付大汉，所以我无功而返。"

汉武帝勃然大怒，"于是族陵家，母弟妻子皆伏诛"（《汉书·李广苏建传》），至此，陇西名门李广一族灰飞烟灭。

后来，汉朝有使者到匈奴，李陵见到后质问："我当初带领五千步兵进攻匈奴，最后因为没有援军接应而失败，我没有什么对不起汉朝，为什么还要诛灭我全家？"

使者回答道："汉朝听说您李将军在为匈奴练兵。"

李陵听罢，长叹一声："那个教匈奴练兵的李将军，是李绪，并不是我李陵。"李绪原本是汉朝塞外一个都尉，匈奴来攻时投降。单于很看重这个李绪，位置还在李陵之上。

后来，李陵派人刺杀李绪。单于母亲大阏氏因此想杀死李陵。单于急忙派人把李陵藏到北方，直到母亲死后才把李陵找回。且鞮侯单于看重且扶持李陵，还将女儿嫁给李陵，封他为右校王。

李陵平时住在领地，有大事商议时才返回王庭。匈奴的组织体系是部落联盟，单于是国王，其下为左贤王、右贤王，右校王应该就是右贤王。由此推测，李陵的封地在阿拉善高原以北大片地区。阿拉善高原，其东界贺兰山，西界北山（马鬃山），南边是河西走廊，北边一直延伸到现在的蒙古，古籍称为"大幕（漠）""翰海""流沙"。从张掖以北六十公里外的古代居延要塞出发，穿过阿拉善高原这片茫茫沙漠，便是李陵投降匈奴后游牧之处。

后元二年（前87），一代雄主汉武帝驾崩。汉昭帝即位，由大将军霍光、左将军上官桀辅佐朝政。霍光是霍去病的同父异母弟弟，有名的美男子。上官桀是霍光的儿女亲家。两人都是李陵在长安时的好友，如今成为国家重臣，牵挂这个在遥远北方草原的兄弟。

霍光派遣李陵在陇西老家的老朋友任立政三人出使匈奴，想召回李陵。

任立政到了匈奴王庭，在隆重的欢迎酒会上，李陵"胡服椎结"，一副匈奴人打扮。

酒酣耳热之际，任立政悄悄地对李陵说："少卿（李陵字少卿），你受苦了！霍光、上官桀向你问候。"

李陵问道："他们都还好吧？"

任立政说："他们请你回归大汉，共享荣华富贵。"

李陵说了六个字："丈夫不能再辱。"

从此，与汉帝国恩断义绝的李陵，沉沦在北方寒冷的漫漫长夜。

李氏后裔

以李广为代表的陇西李氏在汉朝功消罪起，陷入低迷。

魏晋时期，陇西李氏再度崛起。东晋安帝隆安四年（400），李广第十六世孙李暠，建立西凉王朝。《晋书·列传》记载："武昭王讳暠，字玄盛，小字长生，陇西成纪人，姓李氏，汉前将军广之十六世孙也……世为西州右姓。"传说李暠身材高大，膀阔腰圆，相貌奇伟，饭量极大，喝酒海量，具有拔山盖世的气度，而且生性聪敏，待人宽和，通经博史，文武全才，志向高远。李暠在北凉段业（十六国时北凉王）时任敦煌太守，深受汉人世家与地主阶层的信赖和支持，凝聚了一大批实力豪强，脱北凉而自立，自称凉公，改元建初，成为西凉的开国皇帝。

西凉建立之后，始终处在北凉的打压之下，为了对抗北凉，实现自保，李暠与江南的东晋政权和好，并接受了东晋司马氏的封号。与此同时，他注重发展农业，并在玉门、阳关一带屯田，提升军粮自足。在他所辖的西凉一带，一度出现了繁荣安定的良好局面，这在十六国时期极为罕见，也算承袭李广一族勤政爱民的基因。

西凉终因地处偏远，国力衰微，在存国二十一年后战败，被北凉灭亡。但是，陇西李氏仍没有离开政治舞台，并且在南北朝时期日趋繁盛，成为影响力巨大的世家贵族。

李暠生有十子，其中次子李歆为西凉后主，又生有八子——勖、绍、重耳、弘之、嵩明、崇产、崇庸、崇佑。李歆三子重耳（字景顺），在西凉亡国后逃亡南朝刘宋，之后又回归北魏，历任弘农太守、安南将军、豫州刺史等职。李重耳生李熙，李熙生李天赐，李天赐生李虎。李虎是西魏八柱国之一，位高权重，是大唐开国皇帝李渊的祖父。

李虎少时倜傥有大志，喜好读书而不存章句，特别善于射箭，轻财重义，雅尚名节，深得关陇集团首领贺拔岳的器重。此后，他跟随贺拔岳南征北战，屡建战功，被委以重任。贺拔岳死后，李虎又追随宇文泰平定侯莫陈悦，在西魏政权中权重一时。北周代替西魏后，李虎被追封为唐国公。

李虎三子李昞世袭唐国公，在北周出任柱国大将军、少保、都督八州诸军事、安州总管。李昞性情至孝，深沉有识量，为政简素，颇有时誉。

李昞之子李渊再度世袭唐国公。李渊深得隋文帝和文献皇后（李渊姨母）垂爱，在隋炀帝时期也有建树。隋炀帝大业十三年（617），李渊升任太原留守。隋朝土崩瓦解，李渊父子相时而动，在晋阳起兵，一路直取长安。公元618年，李渊在长安称帝，建立大唐王朝。此后，李世民开启贞观之治，李隆基缔造开元盛世，李氏文治武功在封建王朝时代达到高峰。

李广作为陇西李氏集团的一员，承袭祖上戍边使命，武艺超群，亲民爱兵，一生郁郁不得志，最终羞愤自刎，但陇西李氏子孙繁衍生息，人丁大盛。西凉国君李暠有十子，十子之后，后代迅猛递增。再后来李渊创建大唐，凭借皇家优势，加以近三百年国运，李氏家族人丁繁盛。可以说，李广难封，却流芳百世。

元平元年（前74），李陵在孤寂与悲怆中死去。《汉书·匈奴传》载，五凤元年（前57），匈奴内部大乱，五单于争位，"李陵子复立乌藉都尉为单于，呼韩邪单于捕斩之，遂复都单于庭"。李陵子所立的乌藉都尉单于，被呼韩邪单于斩杀，此时已是李陵死后近二十年。能够拥立匈奴王室子嗣参与夺位，说明李陵之子具有比较雄厚的实力。

七百多年后，648年，一支来自今俄罗斯叶尼塞河上游地区的黠戛斯朝贡团，抵达唐都长安，黠戛斯首领自称汉朝李陵后裔。

史料记载，李陵被匈奴单于封为右校王后，负责管辖当时被匈奴征服的坚昆一带地区，而坚昆正好是黠戛斯的古称。另外，黠戛斯人大多为赤发绿瞳，而自称突厥后裔的黠戛斯人则为黑发黑瞳，具有同黄种人混血的特征。

黠戛斯一行受到唐太宗热情款待。宴会上，黠戛斯酋长开怀畅饮，请求归属唐朝。唐太宗当即同意在黠戛斯辖地设立坚昆都督府，隶属燕然都护府，封黠戛斯酋长俟利发为左屯卫大将军、坚昆都督。此后百余年，黠戛斯一直同唐朝保持友好关系。

708年，黠戛斯遣使访唐，唐中宗李显旧话重提："而国与我同宗，非它蕃比。"（《新唐书·回鹘下》）使者感动得连连顿首。

黠戛斯多次参与唐朝打击后突厥的军事行动。唐玄宗曾在《征突厥制》诏书中称赞黠戛斯军队"弧矢之利，所向无前"。突厥势力称霸漠北草原时，与黠戛斯人冲突不断。

突厥势力灭亡后，回纥人成为漠北草原雄主，黠戛斯人又长期与回纥人对抗。755年，安史之乱爆发，回纥人出兵助唐平乱。758年，回纥人从唐撤军，集中兵力突袭黠戛斯人。黠戛斯人惨败，"自是不能通中国"。不过，黠戛斯人没有从此没落，而是励精图治，致力于复兴。840年，回鹘（回纥于788年后改称回鹘）内乱，黠戛斯人趁机出兵，一举消灭回鹘汗国，成为漠北草原上的新雄主。

重新崛起的黠戛斯人很快恢复同唐朝的藩属关系。唐武宗会昌三年（843）

二月，黠戛斯使者注吾合素来到长安，请求册封可汗。三月，唐武宗任命太仆卿赵蕃为安抚黠戛斯使，携带《赐黠戛斯可汗书》出使黠戛斯。这封国书据说是宰相李德裕起草的，黠戛斯可汗与唐朝皇帝的宗亲关系再次被用来滋润两国关系。信中说："又闻可汗受氏之源，与我同族，国家承北平太守之后，可汗乃都尉苗裔。以此合族，尊卑可知。今欲册命可汗，特加美号，缘未知可汗之意，且遣谕怀。待赵蕃回日，别命使展礼。"

845年，唐朝拟遣使册封黠戛斯可汗为"宗英雄武诚明可汗"，因会昌六年（846）三月唐武宗驾崩而未能成行。

847年，唐宣宗册封黠戛斯可汗为"英武诚明可汗"。

俄罗斯史学家考证，今吉尔吉斯斯坦共和国的吉尔吉斯人即为古代黠戛斯人后裔。

契丹兴起并据有漠北时，黠戛斯称辖戛斯，辽朝在其地设有辖戛斯大王府。宋代称黠戛司，但对其情况所知甚少。金代称为纥里迄斯，元朝称为吉利吉斯，清代随准噶尔人称为布鲁特。阿拉伯文、波斯文史料也有相关记载。

西辽西迁和13世纪蒙古人西侵，促使部分黠戛斯人从叶尼塞河流域南迁天山地区。15世纪以后，黠戛斯人被准噶尔人驱逐出七河流域（巴尔喀什湖以东，伊犁河等七条河流流经区域），迁到中亚费尔干纳一带。不过，原黠戛斯地区仍然有大量黠戛斯人生活。18世纪中叶，清朝平定准噶尔，部分黠戛斯人返回七河流域故居。黠戛斯人，是我国柯尔克孜族的先民。

第七章 傅介子传奇

霍光独揽大权

后元二年（前87），汉武帝驾崩。八岁的太子刘弗陵即皇帝位，是为汉昭帝。汉武帝生前命大将军霍光、左将军上官桀、车骑将军金日磾辅政。

首辅霍光，是前骠骑大将军霍去病的同父异母弟弟。霍仲孺在与平阳公主女奴卫少儿私通生下霍去病后，逃回老家河东平阳，又娶妻生子，其中一子就是霍光。霍去病长大以后知道身世，回平阳看望父亲并带走霍光。

当时霍光只有十几岁，一晃二十多年过去。霍光从任郎官开始，继而任侍中、奉车督尉、光禄大夫，到成为大将军，是汉武帝一手培养起来的。霍光也没有辜负皇帝的悉心培养，二十多年来一直小心谨慎，没有出过差错，连每日进出宫门走几步，在何处停下都一丝不差。

上官桀是三人中唯一上过战场，同匈奴拼过命的将军，曾随贰师将军破大宛，追杀郁成王，立有战功。上官桀取得汉武帝信赖，还是在做未央厩令的时候。未央厩令是专管皇宫车驾和马匹的官员。一次，汉武帝病了，病好之后发现马都变瘦了，就要治上官桀的罪。上官桀辩解之后，汉武帝不仅没有治罪，反而更加信赖上官桀。原来，上官桀担心汉武帝的疾病，无心养马。

金日磾，就是在黄门养马的休屠王之子。归降的河西匈奴人，只是换了一个地方游牧，而金日磾、弟弟伦和母亲休屠阏氏一起被收入宫中为奴，在黄门养马。福祸相依，在黄门养马使休屠王一家彻底融入汉朝。

有一年，汉武帝在盛宴之后想起自己的宝马，让马夫牵着马在廊下走过，一一展示。当时后宫娘娘都在，加上官娥才女，空气中弥漫脂粉的香气，这些马夫无不侧目而视。可是，容貌奇特、身材魁梧的金日磾目不斜视，他养的马也是膘肥体壮，立即引起汉武帝的高度关注。

汉武帝召见金日磾，心里暗暗赞叹。金日磾由王子到奴隶，没有自暴自弃，

▲ 金日䃅像

没有怨天尤人。汉武帝眼前的金日䃅，除了容貌有点不同，活脱脱一个温文尔雅的汉家儿郎。

金日䃅做了御马监，之后逐步升迁侍中、光禄大夫，走进官员行列。金日䃅小心翼翼地维护着家族的前程，对汉武帝敬畏多于尊敬，跟随汉武帝数十年，没有抬头直视过皇帝。

汉武帝更看重的是金日䃅的机警与忠勇。汉武帝族诛掀起"巫蛊之乱"的江充，因捕杀卫太子而立功得赏的人都惴惴不安。同江充关系很好的何罗兄弟就非常担心汉武帝报复。何罗兄弟预谋刺杀皇帝。金日䃅不知怎么，发觉了何罗的企图，在何罗欲将行刺时，上前将其抱住。一番搏斗之后，金日䃅将何罗生擒。

汉武帝驾崩，将江山和小皇帝托付给三大辅政。这三驾马车，互相牵制，互相制约，保汉朝平稳过渡到弗陵长大成人。然而，第二年，忠心耿耿的金日䃅也追随他的帝王而去。

三驾马车变成了双雄并立。霍光的女儿嫁给了上官桀的儿子上官安，两家成了儿女亲家。两人合作处理政务，霍光休假时就由上官桀主政，似乎是同心同德，亲密无间。

始元三年（前84），上官桀提议让自己的孙女、霍光的外孙女入宫做皇后。霍光拒绝，理由是年纪太小。当时皇帝刘弗陵十岁，女孩五岁。不过，后元二年（前87）的时候，霍光将女儿嫁给金日䃅的儿子金赏，金赏和刘弗陵同年，当时七岁，霍光的女儿想必年纪也不大。这是上官桀同霍光第一次过招，暗藏杀机。

鄂邑长公主是汉武帝最喜欢的女儿，出嫁盖侯王充耳，又称"盖主"。此刻在宫中照顾小皇帝。上官桀的儿子上官安，素来与公主的男宠丁外人交好。丁外人向公主推荐上官安的女儿，作为利益交换，上官家许诺帮丁外人封侯。

始元三年（前84），上官安的女儿得以入宫为婕妤，次年被封为皇后。上官安被封为车骑将军、桑乐侯。但是，霍光秉公办事，丁外人无法封侯。鄂邑长公主因此怨恨霍光。

燕王旦是汉武帝健在的最年长的儿子，因自己不能继位而耿耿于怀。

▲ 霍光像

桑弘羊自以有大功于社稷，想为子弟求官。汉朝一直有封权臣幼子官职的惯例，霍光自己也不例外。桑弘羊的要求并不为过，只是恩从上出比较理想，但对于桑弘羊的要求，霍光断然拒绝。桑弘羊因此怨恨霍光。

反霍联盟就此形成。元凤元年（前80），鄂邑长公主与上官桀、上官安、桑弘羊、燕王刘旦一同设谋，假装让人替燕王向汉昭帝上书，控诉霍光"专权自恣，疑有非常"（《汉书·霍光传》）。上官桀伪造燕王书信，在霍光休假之时，控告霍光专权，擅自调动益莫府的校尉，图谋不轨。

第二天，霍光没有直接上朝，而是来到画室。当年汉武帝将幼帝托付霍光之时，曾派内廷画工画周公抱着成王受诸侯朝拜的图画赐给霍光。霍光此举，是以此提醒皇帝。时年十四岁的汉昭帝刘弗陵，异于常人，识破奸计：上告信是假，调动校尉是十日内的事，燕王怎会知晓。汉昭帝表示，自己信任霍光。

一计不成，上官父子又密谋由鄂邑长公主设宴，在宴上杀死霍光，废掉皇帝，迎立燕王。事泄，九月，汉昭帝刘弗陵下诏将一干人等一网打尽。整个事件中，大将军霍光不动如山，而政敌集体灰飞烟灭。

桑弘羊子桑迁逃亡，途中留宿于桑弘羊故吏侯史吴家。桑迁被捕处死。元凤三年（前78），天下大赦，侯史吴说出隐匿桑迁之事，入狱。廷尉王平与少府徐仁共审此案，认为桑迁因父亲谋反受连坐，侯史吴隐匿他不算私匿反叛，而是隐匿随坐之人，于是根据赦令赦免侯史吴。侍御史奏请重新审理，又弹劾廷尉和少府纵容谋反者。徐仁是丞相田千秋的女婿，田千秋欲救徐仁，便数次为侯史吴讲情，还在公车门召集中二千石大臣和博士官开会讨论。与会者不敢违逆霍光，定侯史吴以"不道"罪。霍光下令将徐仁、王平逮捕入狱，以弄法轻重、故纵反者的罪名判以死刑。徐仁在狱中自杀，王平与同案犯左冯翊贾胜胡被处以腰斩。

因树敌太多，自此霍光加强对自己的警卫工作，将自己家中老少都弄到官中当官，真正做到了大权独揽。

傅介子刺杀楼兰王

始元年间，狐鹿姑单于亡故，壶衍鞮单于采用非正常程序登上单于宝座，使自己在匈奴贵族间的威信大降，君臣上下离心。左贤王和右谷蠡王，为了提高造反成功的可能性，拉拢卢屠王。卢屠王告密于单于。壶衍鞮单于先审左贤王和右谷蠡王。左贤王和右谷蠡王反咬一口，诬陷卢屠王。壶衍鞮单于得位不正，对此无可奈何。经此一役，左贤王、右谷蠡王回到游牧地，再也不到龙城参与祭天大会。

壶衍鞮单于处境窘迫，对内族人离散，对外担忧汉朝来袭，只好拿出祖上的老招数——和亲。为了顺利达成与汉朝和亲，单于释放了被扣留匈奴十九年的汉朝使节苏武、常惠等人。

汉匈形势已今非昔比，汉朝委婉地拒绝了匈奴的和亲要求。单于认为，如果汉朝认识到匈奴的重要性，也许就能主动和亲。

元封元年（前110），单于对汉朝发动了第一波攻势。单于集结两万匈奴兵，分四队攻击汉境。结果匈奴兵一触即溃，损失九千余人，连瓯脱王也成了俘虏。瓯脱王被俘，匈奴成了惊弓之鸟，远走西北，不敢到南部放牧，第二年才再次屯兵受降城，以防备汉军。匈奴先在余吾水架起浮桥，以便随时逃跑。

元封三年（前108），匈奴单于几经侦察，发现酒泉、张掖等郡兵力薄弱，决定以此为突破口，希望夺回河西。匈奴右贤王、犁汙王共率领四千骑兵从日勒、屋兰、番和三路发起攻击。酒泉、张掖的正规军兵力弱，但民兵实力强。张掖郡属下的张掖属国，是一个多民族聚居的地方，其民骁勇善战。匈奴人选错了地方。汉军早已从俘虏口里得到匈奴进攻的消息。右贤王、犁汙王进入汉军口袋阵，只有几百人侥幸逃回。

经历一系列失利之后，匈奴人再次把眼光投向地广人稀、水草丰美的西域。

元封三年（前108），赵破奴率军攻破楼兰、姑师，将汉帝国的势力范围延

第七章　傅介子传奇　　113

伸至西域。李广利第二次征大宛后，太初四年（前101），汉武帝派遣数百人在轮台一带屯田，触角扎进西域。位居西域东端，与汉帝国最近的楼兰，对汉朝和匈奴皆不得罪，各送一个儿子为质。

征和元年（前92），楼兰王去世，楼兰请求迎回在长安做质的王子继承王位。汉武帝正因"巫蛊之祸"大开杀戒，无暇顾及。而且楼兰王子触犯汉朝刑律，已被判处宫刑。

汉朝回复："皇帝喜欢你们的王子，留在身边侍奉，不能送回。你们立下一个候选人做国王。"

楼兰国便立前国王的弟弟为新国王，按汉朝要求又送一个王子到长安为质。

几年后，楼兰国王又去世，匈奴立即抓住机会，送在匈奴为质的楼兰王子安归回国继承王位。汉朝晚了一步，只好派使节带去诏令，要求新国王安归赴长安朝见。

新国王安归娶了后母为妻，这个女子劝道："先王遣两子质汉皆不还，奈何欲往朝乎？"（《汉书·西域传》）前边送去给汉朝的两个王子都回不来，你还敢去？

安归觉得有理，对汉使说，国家还不稳定，后年我再去朝拜皇帝。楼兰开始与汉朝疏远。

匈奴不断挑拨楼兰与汉朝的关系，截杀汉朝使团，又杀害大宛、安息等国派往汉朝的使者，使汉朝与西域的交往断绝。安归的弟弟尉屠耆后来投降汉朝，汉朝才知道真实情况。

征和四年（前89），搜粟都尉桑弘羊上书汉武帝，提议派出数千名汉兵，对轮台附近的五千余顷良田进行大规模开发，将烽燧修到轮台下，被汉武帝驳回。不久，汉武帝登上泰山极顶，颁布《轮台诏》，对穷兵黩武的一生进行反思。两年之后，汉武帝驾崩。

这段时间，汉朝无暇西顾，直到傅介子出现。

傅介子出生在北地，战国先秦时为义渠故地，民风彪悍。傅介子生年不详，长大后投军，打仗骁勇，成为一名军官。从无名小卒到帝国外交官，傅介子肯定拥有过人之处。

当漠北大草原的战火渐渐熄灭,西域成为成就英雄梦想的舞台。汉昭帝尽管年幼,仍然继承了汉武帝拓展西域的政策。元封年间,傅介子以骏马监的身份主动要求出使大宛,持皇帝诏书谴责楼兰、龟兹等国劫杀汉朝使团的行为。傅介子当时已在皇宫当差,负责管理皇室马厩。自李广利征战大宛以来,汉朝与大宛一直保持汗血宝马的贸易往来,以出使大宛的骏马监身份顺道前往楼兰、龟兹,符合其身份。

傅介子使团先来到楼兰,谴责楼兰国王。楼兰王承认错误,表示今后一定归顺汉朝,同时报告了一个消息:"匈奴使者刚走,要到乌孙国去,其中必途经龟兹国。"

傅介子一行西行到达龟兹,龟兹王同样承认错误。

从大宛完成任务返回,路过龟兹时,龟兹国王向傅介子报告:"匈奴使者刚从乌孙返回,还在我这里。"

傅介子带领随团军士,杀死匈奴使团。次日一早,傅介子遣人送龟兹王书简一封:匈奴人已伏诛,请龟兹王好自为之。

回国后,汉昭帝听傅介子奏明出访经过,封傅介子为中郎,职务为平安监。

元凤四年(前77),傅介子向霍光进言:"楼兰、龟兹这两个小国反复无常,经常诛杀汉使,对他们没有一些惩戒是不行的。我出使经过龟兹,在宴会时发现国王与我们坐得很近,容易得手。我愿意以出使的机会刺杀龟兹王,向西域诸国展示我大汉朝的威望。"

霍光同意了,但对计划做了调整:"龟兹路途遥远,先在楼兰试一下。"

傅介子挑选了一批勇猛之士,组成暗杀使团,轻装简行,携带金币,一路上声称赏赐各国。到了楼兰,国王安归冷落突然造访的汉朝使团。傅介子佯装离开。到了西部边境,傅介子对楼兰翻译说:"我们本是受皇帝委派,带了大量黄金来赏赐给西域各国,你们国王看不上,我们就去其他国家了。"同时,他让随员把金币拿给翻译看。

翻译拉着傅介子一行重返都城。安归亲往驿馆会见傅介子,设宴款待代表团。安归喝得酩酊大醉,傅介子附耳安归,说:"我们皇帝让我给你带句话,这里说话不方便。"安归醉眼惺忪地起身,随傅介子走进汉使帐篷。背后闪出两名膀大腰圆的壮士,这是傅介子早已安排好的杀手,两人从背后持刀刺死了安归。《汉书·傅常郑甘陈段传》记载,"刃交胸,立死",刀刃从背后刺穿前胸,安归立刻毙命。

傅介子告喻全国:"楼兰王辜负汉国,朝秦暮楚,犯了死罪,天子命令我来诛杀,现在应该立在汉国为质的王子来继承王位。汉朝大军马上就到,你们不要轻举妄动,否则我将灭楼兰。"

傅介子割下楼兰王首级返回汉朝。汉昭帝特意下旨:"楼兰王安归被匈奴离间,经常拦截汉使,甚至发兵杀死卫司马安乐、光禄大夫王忠、期门郎遂成等人,被杀的还有安息、大宛的使者,盗取结印和要朝贡汉朝的财物,这真是逆天理。这次平乐监傅介子持节出使楼兰,伺机刺杀楼兰王安归,现在安归的首级被悬挂在北门城楼上,以直报怨,不劳大军出动就圆满完成了这桩任务,很好。现在封介子为义阳侯,食邑七百户。直接刺杀楼兰王的两名壮士补为侍郎。"

汉昭帝立即将投奔汉朝的楼兰王子尉屠耆立为楼兰王,改楼兰国名为鄯善,重新刻制印鉴,赏赐一名宫女给尉屠耆做王后,准备财物车辆礼送尉屠耆一行回国。为表示对尉屠耆的重视,汉朝丞相亲率文武百官一直送到横门外。

尉屠耆临走前,向汉昭帝请求道:"我在汉朝生活得时间太久,现在回去,势单力薄,而且故去国王的儿子还在,我担心会被他杀害。楼兰国中有个地方叫伊循城,土地肥沃,希望皇上能派一名将领率士兵去屯田,这样,既能保护我的安全,又能借助汉军声势建立我的威望。"

伊循城在今新疆若羌东行八十公里处。对于楼兰来说,汉朝彻底进入,意味着楼兰请到了保护神。而且,随着汉军屯田深入,楼兰人也可以学到先进的耕作技术。在汉朝生活多年,尉屠耆对汉朝的农耕技术印象深刻。楼兰面积不小,但多沙地,而且楼兰人不善农耕,以至于粮食不能自给。汉军进入楼兰屯田,先进的农耕技术自然就会带到楼兰。屯田不是简简单单派几个人,而是一整套农业技术以及水利灌溉工程的移植。

汉朝想在西域站稳脚跟,屯田楼兰也是省时、省力且有效的动作。汉昭帝同意了尉屠耆的请求,派遣司马一名,带领四十名士卒到伊循城屯田,同时监控楼兰局势。后来又设伊循都尉。这是汉朝在西域设置官吏的开始。

关于汉朝与这个新楼兰王的联姻，还有一个美好的传说。传说嫁给楼兰王的是昌邑公主。出嫁之前，汉昭帝问她想要什么嫁妆，昌邑公主说她不需要金银财宝，只希望皇上能够挑选几个熟悉地理和水利的人跟她一起去楼兰。汉昭帝同意了。

昌邑公主来到楼兰，亲自带人探查荒原，研究当地地形。几个月之后，她安排军民修河造渠，准备引进水源，灌溉农田。工程浩大，楼兰国力弱小，干了两三年才完成一半，楼兰国库已支撑不住。昌邑公主自掏腰包资助楼兰人。但是，就在这条大河即将被凿通之时，昌邑公主因为劳累过度去世。这条大河，就是如今的库鲁克河。考古人物还发现了由一条总干渠（长八千米）、七条支渠（长三至五千米）和许多斗渠、毛渠组成的水利灌溉系统遗址。这是最大的新疆古代水利灌溉系统，也是西域最古老的屯垦地。

让伊循城闻名世界的还有带翼天使的珍贵壁画。1906年12月，斯坦因第二次进入新疆地区探险，取道若羌，进入罗布泊荒原途中，探察米兰故城。在一处内圆外方的土坯佛塔内，斯坦因发现了具有典型希腊文化特征的有翼天使的壁画。斯坦因将八幅完整的天使图像全部剥离，装箱带走，藏于伦敦大英博物馆。

元康元年（前65），傅介子去世。从普通小兵到外交使节，再到封侯，傅介子以自己的剽悍、果决名垂青史。班固撰写《汉书》，将傅介子与常惠、郑吉、甘延寿、陈汤、段会宗放在一起作传。西域，是这群英雄博取功名、纵横驰骋的最佳舞台。

东汉初年，成天抄抄写写的班超感叹道，人生就应该像傅介子、张骞一样去远方冒险，如何能天天苟且在公文案牍里？于是，就有了班超投笔从戎、远走西域的传奇史诗。

第八章 和亲公主刘解忧

公主和亲乌孙

在汉朝屯田楼兰的同时，匈奴对乌孙的胁迫也改变了手法。前文讲过，出使乌孙的匈奴使者被率团出使大宛的汉使傅介子消灭于龟兹。使者迟迟不归，匈奴单于意识到出了问题。为了给乌孙国内的亲匈奴势力打气，就必须给翁归靡施加更大压力。匈奴单于试图用武力迫使乌孙屈服，要求乌孙交出汉朝公主、断绝与汉朝的关系。

汉武帝在世时，乌孙就与汉朝结成了姻亲。元封六年（前105），汉武帝选江都王刘建之女刘细君封为待嫁公主，嫁给乌孙王。

细君公主的父亲江都王刘建，经常草菅人命，甚至作法诅咒汉武帝。元狩初年（前122），听到淮南王、衡阳王密谋造反，江都王刘建也造兵器，刻玉玺，还没起兵就泄密。江都王被迫自杀，刘细君因年幼保住一条命，江都郡国也改为广陵郡。

江都就是今扬州，自古扬州出美女，刘细君聪明伶俐，容貌端庄，知书达理，被选为待嫁公主。这是一桩政治婚姻，细君公主嫁到乌孙，被猎骄靡立为右夫人。

匈奴也送来一位公主，被猎骄靡立为左夫人。匈奴公主的地位显然比细君公主高。

猎骄靡为细君公主建造宫室，时常相会。但细君正值豆蔻年华，乌孙国君猎骄靡已是老者。细君也希望有自己的爱情，但现实让她失望，她将满腔幽怨寄托于诗赋，一首《悲愁歌》传唱千年：

吾家嫁我兮天一方，远托异国兮乌孙王。

穹庐为室兮旃为墙，以肉为食兮酪为浆。

居常土思兮心内伤，愿为黄鹄兮归故乡。

被迫嫁到遥远的北方，将一生托付给异域的乌孙王。生活在草原上，住着毡帐篷，以牛羊肉为食、酸马奶为琼浆。思念家乡心中十分忧伤，愿随大雁飞回南方的故乡。

《悲愁歌》听之令人神伤，连汉武帝也觉得心痛。可是又有什么办法呢？除了送去衣食用品，也无其他事能做。

猎骄靡提出，让细君公主嫁给孙子军须靡。这一考虑有很深的政治含义。依照草原民族惯例，父死，儿娶继母为妻；君死，后任国君继承前任国君的年轻姬妾。时乌孙一国三分，军须靡为太子，但他的叔叔大禄并不服气。一旦争斗，鹿死谁手尚未可知。现在就让细君公主下嫁军须靡，是想借助外援巩固军须靡的太子地位。

猎骄靡死后，军须靡顺利继任昆弥。太初四年（前101），细君公主在内心的煎熬之中病逝，身后留有一女，名少夫。

随同细君公主出嫁的数百名宫人、官吏、卫士还在。围绕为公主生前修建的宫殿，已经逐渐形成一个颇具规模的定居点，这就是赤谷城的前身。汉人带来的耕作技术、纺织技术以及新鲜玩意儿，为广大乌孙人所喜爱。游牧不再是乌孙人唯一的选择。

由于与汉朝和亲，乌孙也被其他西域国家另眼看待。汉军在大宛城下的胜利，更使这些国家佩服乌孙的先见之明。借助汉军的力量，巩固乌孙在西域的地位，是一个不错的选择。

军须靡决定再次向汉朝提出和亲，这次军须靡迎来的是楚王刘戊的孙女刘解忧。这是自张骞出使西域以来，在西域历史上的另一位划时代人物。

刘解忧出生于元狩二年（前121），家道中落。汉景帝三年（前154），楚王刘戊与吴王刘濞串通，发起"七国之乱"，兵败身死，家人被贬庶民。出生在荆楚大地上的刘解忧，个性开朗，聪慧乐观，身体健康，一颗女儿心中有着不输须眉的勇敢和刚强。对于汉武帝的和亲政策，刘解忧有着充分的理解，正是男儿驰骋时，羡煞红颜。刘细君的遭遇没有吓倒刘解忧，汉武帝一封诏书，刘解忧慷慨赴西域。

太初年间，汉武帝封刘解忧为公主，嫁给乌孙国王军须靡。年轻的公主告别长安，告别亲友，踏上和亲之路，等待她的"战场"将是茫茫草原戈壁，凛凛冰雪寒风，还有西域诸国那错综复杂的历史舞台。解忧公主也许自己都没有想到，她会在这个"战场"上纵横驰骋，数千年后仍令人慨叹不已。

解忧公主到达乌孙，被封为右夫人，与左夫人匈奴公主同侍军须靡。

和亲就是用结亲的手段，巩固双方的友谊或联盟，好的婚姻质量必然会带来事半功倍的作用。乌孙同时与汉、匈两家结亲，乌孙贵族自然分出亲汉派、亲匈派。在这种错综复杂的关系中，解忧公主处于弱势。

匈奴公主是与细君公主同时嫁给军须靡的，军须靡更加青睐匈奴公主。匈奴公主生下了儿子泥靡，解忧嫁到乌孙几年，仍一无所出。军须靡已疾病缠身，行将离世。草原民族前王的妻妾只有两条出路：年轻的妻妾将嫁给新王，老年的妻妾则由儿子负责养老。如果军须靡离世，由匈奴公主的儿子泥靡接任国君，解忧公主将不知何去何从。

乌孙名义上是国家一统，实际上军须靡叔叔大禄在争位失败后一直自成体系。军须靡弥留之际，面临两难选择：传位给儿子泥靡，泥靡年幼，难以服众，可能会葬送孩子的生命；传位给叔叔或叔叔的儿子，又心有不甘。已无法还原当时解忧公主如何说服军须靡。可以想象，解忧公主进行了卓有成效的努力。

协商的结果，大禄之子、军须靡堂弟翁归靡接任国君，等泥靡长大成人，就归还君位。解忧公主与匈奴公主同时成为翁归靡的夫人。

匈奴公主有儿子泥靡将来接替王位的约定，匈奴公主和翁归靡之间产生了严重的隔阂。解忧公主由弱势转为优势。这样的安排，是最佳结果：对乌孙是国家统一，对泥靡未来有了交代，对匈奴公主展开新的对抗，对解忧是解决了生存问题。

在解忧公主的努力经营下，她与翁归靡一定十分恩爱，因为他们育有三男二女。解忧公主所生的子女，二十年后便可左右乌孙政局：长子名叫元贵靡，曾被翁归靡立为王储，乌孙国分裂后为大昆弥（大乌孙国的国王）；次子名叫万年，成为莎车国王；长女名叫弟史，嫁给龟兹国王；三子名叫大乐，是乌孙国大将；小女儿名叫素光，嫁给乌孙贵族若呼翕侯。

解忧公主在乌孙生活得有声有色，可要达到和亲的目的，还要有娘家强有力的支持。而汉朝在与匈奴的战争中，不总是阳光灿烂。

"断匈奴右臂"

汉昭帝元凤三年（前78），匈奴打算向西进发，继续经营西域。于是，匈奴派出一支战术侦察小队，向汉帝国在西域的战略支点乌孙索要汉朝的解忧公主。这支小分队在西域遇上了大汉的傅介子使团，被全部斩杀。匈奴出使乌孙的使者迟迟不归，单于决定对乌孙王翁归靡施加更大的压力，迫使乌孙屈服，交出公主，断绝与汉朝的关系。

乌孙同汉朝的关系越走越近，一方面是由于翁归靡与解忧公主琴瑟和谐，另一方面也是基于翁归靡对形势的正确判断。解忧公主嫁到乌孙二十多年，乌孙也发生了翻天覆地的变化。当年张骞出使西域，乌孙王猎骄靡同两个儿孙各引万余骑自保，"控弦者数万，敢战"（《史记·大宛列传》），等到西汉末年已是甲兵十八万，全国人口肯定翻了一番不止。人口数量的迅速增加说明乌孙的粮食问题得到了解决。农耕技术的引入，保证了稳定的粮食来源，引发了人口的膨胀。乌孙都城赤古城大概在伊塞克湖附近，是乌孙国的中心，不仅有很好的草场，也可以变成很好的农场。此外，汉朝与西域各国有一种独特的交易方式——朝贡。属国才有资格直接同汉朝交易。朝贡往往会得到丝绸这样的硬通货，不朝贡也可能得到汉朝不定期的赏赐。这对西域各国有无法拒绝的吸引力，乌孙也不例外。

匈奴人以车师为基地，从天山北麓可以直接攻入乌孙，虽然距离乌孙中心地带较远，但是可以立竿见影。当然也可以走另一路，经焉耆、龟兹等国直取乌孙赤谷城，那就要大费周折。匈奴、车师联军从天山北麓对乌孙展开军事行动，很快深入乌孙境内数百里，攻占车延、恶师等地，掠走当地居民无数。车延，就是车师向西延伸，大概在今新疆沙湾，恶师在今新疆乌苏一带。

翁归靡一直小心翼翼地维持着在汉匈之间的平衡。现在匈奴采取武力手段，在某种程度上激怒了翁归靡。解忧公主写信向长安求救，请求汉昭帝发兵援助。

解忧公主的求救信激起少年天子的万丈豪情。汉昭帝刘弗陵即将亲政，真想有所作为。但朝臣们议而不决。

元平元年（前74）六月，二十一岁的汉昭帝驾崩。汉昭帝的死很突然，以至于皇帝陵寝还没有修好，而且没有后代，谁来继承皇位？

群臣需要一个强有力的皇帝从而结束霍光的专权，霍光需要一个好控制的皇帝，进而继续辅政。汉武帝的儿子只剩下广陵王刘胥。刘胥生得孔武有力，喜欢斗兽。群臣认为该立刘胥。霍光选中的是昌邑哀王之子刘贺。

刘贺时年十八岁，在封国时就放纵不羁，喜欢玩乐、郊游，不爱读书。登基之后，刘贺品性不改，于二十七天之后被废。霍光在奏请废除刘贺的奏章中列举了许多事例，诸如废弃礼仪，大丧期间不肯吃素，被封为皇太子还偷着买烧鸡、烤猪等熟食吃，淫乱后宫，肆意游戏等，还说他二十七天内就发了一千一百二十七件征召令。

此时，皇曾孙刘病已现身。刘病已是汉武帝的曾孙，卫太子（卫子夫所生的儿子）的孙子。卫太子一家都死在"巫蛊案"中。丙吉奉诏审理"巫蛊案"，同情皇曾孙，找了几个女犯人做奶妈，将刘病已养在监狱内。后来，刘病已流落民间，先由他外祖母史家抚养，后来汉武帝诏令由掖庭抚养，正式列入皇籍。其间迭遇险情，如果没有丙吉呵护，实在难以保全。

刘病已经十八岁，并且娶妻许氏，就住在长安，跟随东海人中翁学习《诗经》，是一个非常好的学生。很多人都认为刘病已可堪大任。车骑将军张安世的弟弟张贺，几次向张安世提到皇曾孙刘病已品貌不凡。刘病已作为汉武帝嫡系子孙，继承大统名正言顺，又来自民间，没有复杂的人脉关系，不会对朝局产生冲击。

元平元年（前74）秋，霍光奏请皇太后，由刘病已继承汉统，为汉宣帝，改元本始。同年，霍光正式请求归政皇帝，但汉宣帝坚辞不受。霍光也许真想归政天子，但霍氏一门在朝廷担任要职，盘根错节，如何归政？

汉宣帝登基之后，马上面临棘手的乌孙问题。本始二年（前72），汉宣帝派遣高级顾问常惠前往乌孙。

匈奴的武力侵蚀给乌孙造成了强大的心理压力。凭借乌孙现在的实力，完全可与匈奴一战，但是国内分歧很大，乌孙王翁归靡不敢贸然行动。如果没有汉朝援兵，真是度日如年。军情紧急，常惠来去匆匆。解忧公主与乌孙王的第二封求救信几乎与常惠同时到达长安。

汉宣帝决定出五路大军征讨匈奴，同时派常惠以校尉身份督战乌孙。常惠也是传奇式的英雄，曾随苏武一同出使匈奴，度过了漫长的囚禁生活，又随苏武返回汉朝。现在，常惠作为皇帝的代表，持符节督战乌孙。

汉朝五路大军共计十三万人。李陵出塞的时候，匈奴单于还能聚集八万人马围攻李陵，现在风光不再。面对汉朝的攻势，匈奴还没交手就全部逃跑。

数路汉军攻打匈奴，乌孙国内亲匈势力即刻哑火。翁归靡亲自率领五万骑兵，与校尉常惠自西方杀入右谷蠡王庭。毫无防备的右谷蠡王部损失惨重。此战，乌孙人共斩获匈奴四万余人，马、牛、羊、驴、橐佗七十余万头，所有缴获，乌孙一并收入袋中。

这是一个标志性的事件，不知不觉地改变了西域的格局。汉朝通过数十年耐心，终于达成与乌孙的政治、军事联盟，汉朝加快进入西域的步伐可以预期。乌孙通过与汉朝的联姻，经过二十几年休养生息，已经成为西域数一数二的强国，这一战就是资格确认战。

同年冬，匈奴单于亲率数万骑兵攻打乌孙，途遇大雪，人员牲畜冻死冻伤惨重，生存者不到十分之一。丁零、乌桓、乌孙从三面围攻匈奴，匈奴人口损失十分之三，国力极大削弱，各属国土崩瓦解，从此一蹶不振。

至此，汉武帝派张骞出使，细君、解忧两位公主和亲，联合乌孙以"断匈奴右臂"的战略计划，通过近半个世纪的不懈经营，终于实现。

两分乌孙

匈奴的大败，使解忧公主在乌孙国的威望空前高涨。翁归靡上书汉朝，请求为长子元贵靡再迎娶一位汉家公主。汉宣帝随即封解忧公主的侄女刘相夫为公主，让她在长安上林苑居住，学习乌孙语言、习俗，为成为未来乌孙国母做准备。

就在汉朝送相夫公主出嫁的队伍行至敦煌，还未出关之时，送亲使团得到消息：乌孙王翁归靡已经去世，乌孙贵族遵守先王约定立泥靡为新国王，号称"狂王"。此时乌孙经过几十年休养生息，实力大增，又在对匈奴的战争中验证了实力，信心满满。遵守原来的约定，说明乌孙贵族不仅要摆脱匈奴人的威胁，而且要摆脱汉朝的控制。

常惠从塞下上书，要把相夫公主留在敦煌郡，亲至乌孙指责不立元贵靡为国王，回来再接相夫公主。消息传回长安，负责诸侯、少数民族事务的大鸿胪萧望之说：乌孙氏首鼠两端，不可信。先前公主在乌孙四十年，与前昆弥恩爱不深，边境因此不安定。如今少公主因元贵靡不能立为王而回长安，也没有对不起乌孙。不停止和亲，徭役将要大兴。

萧望之是汉宣帝时期的大儒、大学问家，却没有弄清乌孙事件的本质。但他避免战争的说法打动了汉宣帝，汉宣帝召回相夫公主，不再与乌孙和亲。这是汉朝对西域外交的一次重大挫败。乌孙贵族有备而为，借助一个突发事件偷垒成功。汉朝明显准备不足，对匈奴方面的胜利也削弱了与乌孙进一步结盟的愿望，造成被动。

乌孙政局变幻，解忧公主又要为国而战。翁归靡在世时，立解忧生的长子元贵靡为王储，现在匈奴外孙泥靡成了新国王。解忧在乌孙多年努力经营的成果，似乎一夜之间付诸东流。解忧公主毅然做出决定，再嫁泥靡，生下一个儿子鸱靡。

泥靡号称"狂王",性格残暴,在乌孙倒行逆施,全国上下怨声载道。匈奴公主(泥靡之母)与翁归靡之子乌就屠亦对"狂王"很不满,除掉"狂王"的时机已经成熟。

甘露元年(前53),汉朝使节卫司马魏和意、副侯任昌出使乌孙。解忧公主与二位使者摆下"鸿门宴",准备除掉"狂王"泥靡。"鸿门宴"上,解忧公主和汉使派人拔剑刺向"狂王",可惜剑刺偏了,"狂王"负伤逃走。双方终于兵戎相见。"狂王"的儿子细沈瘦发兵围困赤古城达数月之久,西域都护府都护使郑吉率救兵赶到解围。

汉朝派出中郎将张遵前往乌孙,带着医药为"狂王"疗伤,赠送金帛予以安抚,同时将魏、任二位使节押回长安斩首。车骑将军长史张翁留下调查事情经过。公主不服,向张翁叩头,拒绝认罪。张翁揪住解忧公主的头发大骂。公主后来上书皇帝,张翁回到长安后被处死。

乌孙一部分贵族和乌就屠一起跑到北面山中暂时躲避。在与部属商量之后,乌就屠果断采取行动,一方面放出消息,扬言匈奴援兵马上赶来支持他成为乌孙王,另一方面派出部下招降纳叛,聚拢人气。乌就屠是老王翁归靡的儿子,又有匈奴背景,在乌孙国内很有号召力。部众纷纷归附乌就屠。乌就屠袭杀"狂王",自立为乌孙王。

汉朝命破羌将军辛武贤率一万五千人到达敦煌,测地形,树标记,凿卑鞮侯井,向西通渠,准备运粮建仓,讨伐乌就屠。

解忧公主在乌孙数十年耕耘,围绕赤谷城,也聚集起一大批乌孙部众。

乌孙出现了两个权力中心,各有支持者。西域都护府刚刚建立,如果放任双方开战,说明汉朝失去了对乌孙局势的控制力,西域都护府的权威就会荡然无存。乌孙的双方也面临艰难的选择。就在这个时候,一个关键人物出现了,她就是西域都护府都护使郑吉推荐的冯嫽。

冯嫽是解忧公主的侍女兼智囊。这些年,冯嫽行走于西域各国,解危济困、调解纠纷,在西域很有声望,人称冯夫人。解忧公主刺杀"狂王"的时候,冯嫽不在身边。更重要的是,冯嫽的丈夫乌孙右大将,与乌就屠关系十分密切。

冯嫽轻车简从,来到乌就屠的营寨,劝说道:汉朝正发大兵到西域,乌孙必被灭掉，不如早投降。乌就屠既不想打仗，也不敢打仗，但彻底投降也不甘心，表示只希望做个小王。知其雄守其雌，可谓进退有序。

乌就屠的要求，对于汉朝来说不是很满意，但可以避免战争，也不失为一种办法。乌孙两分，客观上更利于汉朝对西域的管理。但冯嫽没有这个权力做出任何承诺，必须听从长安的指示。

汉宣帝得知此事，征召冯嫽万里入朝，详述事件始末。出塞几十年，冯嫽没想到还能活着走进玉门关。塞内的景色是那样迷人，一切是那样亲切，空气也是久别的童年气息。

汉宣帝见到了传说中的冯夫人。冯嫽在皇帝面前侃侃而谈，上至西域诸国山川地理、风俗人情，下至乌孙各派渊源、利害关系，无一不精，条理清晰，口若悬河，语语中的。汉宣帝大为赞赏，委任冯嫽为正式的汉朝使节，竺次、甘延寿为副使。赐冯嫽乘坐锦车，持汉节代表皇帝出使乌孙及西域诸国。中国历史上第一位女外交官正式上任。

回到赤谷城，冯嫽正式公布分家方案。元贵靡和乌就屠分别为大、小昆弥，互不统属，汉朝正式授予二人汉朝大、小乌孙王印信，乌孙正式纳入汉朝属国的行列。元贵靡统领六成的乌孙部众。乌就屠虽深受乌孙人爱戴，只统领四成部众。

两年后，解忧公主的长子元贵靡和幼子鸱靡相继病故，元贵靡的儿子星靡即位为大昆弥。

回想武帝时期，那个年轻的公主意气风发，怀着满腔豪情，不远万里来到这天山脚下的异邦，谁想一待就是整整五十年。为了汉家江山，为了民族和好，公主解忧奉献了全部的青春年华和满腔的心血智慧。公主解忧先后嫁给父子两代三位国王，身历四朝变迁，历尽沧桑，受尽委屈，经过无数惊涛骇浪，血雨腥风，化干戈，定基业，一身担起两国数十年的和睦安宁，无愧于汉家。如今岁月无情，漫天的风沙吹皱了如花笑靥，无情的冰雪染白了满头青丝，每当午夜梦回，枕畔腮边拭不干的思乡泪，只有解忧公主自己知晓。离家千万里，和亲数十年，纵然曾经风光无限，曾经柔情似水，也没有一日不思念故土，该回家了。

公主解忧上书汉宣帝，表示年老思土，愿得归骸骨葬汉地，情词哀切。天子为之动容，派人接回解忧。甘露三年（前51），年逾七十的解忧公主携三个孙子回到阔别半个世纪的长安城。红颜离家，皓首归来，长安繁华依旧，女儿青春不再，不独公主自己，连汉宣帝都感慨万千。长安以极高的规格接待和安置这位大汉的功臣。两年后，刘解忧在长安去世。十六年后，昭君和亲匈奴。

解忧公主的孙子星靡年幼，无力执掌国政，回到中原的冯嫽不放心，上书请求返回乌孙，镇抚星靡。时值汉宣帝驾崩，太子刘奭即帝位，史称汉元帝。汉元帝不忍心让七十多岁高龄的老妇人出使，但念冯嫽一片赤诚，只好应允。

初元元年（前48），冯嫽又精神抖擞地第三次踏上丝绸之路，在一百多名汉军官兵的护送下重返乌孙。乌孙臣民骑马跑到几百里外，远道相迎。冯嫽回到乌孙，白天协助星靡和大臣处理国政，夜晚不辞劳苦地教星靡学习经史，讲授做仁君的道理。冯嫽为大汉社稷耗尽大半生心血。

《汉书》未能为冯嫽单独开篇立传，但《西域传》中的描写足以透视出她在西域的作为。西汉时期共派出十八任西域都护，从政绩和功业论，只有郑吉、段会宗可同冯嫽相媲美。

第九章 郑吉任西域都护

屯田西域

汉宣帝地节二年（前68），汉帝国宫廷侍从、侍郎郑吉奉命到西域屯田。汉帝国的西域经营策略正在发生重大变化，屯田，意味着对西域将由原来的军事征服变为长期经营。受命赴任，行进在戈壁漫天风沙中，意气风发的郑吉，未必会想到此去上任，竟能将这片辽阔雄奇的土地从此纳入帝国版图。

要将粮草从中原、河西运至遥远的西域，并不简单。当年李广利大军第一次远征大宛，"道远，多乏食"，"当道小国恐，各坚城守，不肯给食"（《史记·大宛列传》），李广利军惨败而归，仅剩十之一二。

太初四年（前101），李广利第二次远征大宛胜利回国时，选择位居西域中心的轮台、渠犁设置使者校尉，领护两地驻军各数百人屯戍。校尉是略次于将军的官职，一般根据职责在校尉前冠以名号，比如管理汗血宝马的叫"驱马校尉"，曹操称负责带兵盗墓的为"摸金校尉"。使者校尉，以守护交通、照料供应汉朝往来使者为主，碰到战事可以持节调动、统领乌孙等汉朝盟国的兵力，展开军事行动。设立使者校尉，开创了汉帝国在西域设官驻军的先河，但屯田规模并不大。

汉武帝晚年时，主管粮食和财政的桑弘羊上书，建议在轮台、渠犁一带大规模屯田，"益垦溉田，稍筑列亭，连城而西，以威西国，辅乌孙"（《汉书·西域传》）。汉武帝没有采纳这个建议，下发《轮台诏》，认为"军旅连出，师行三十二年，海内虚耗"（《汉书·西域传》），对匈奴连年征战，使国库空虚，国力疲弱，百姓怨声载道，屯田轮台会扩大战事，而汉帝国需要休养生息。

但这并不意味着屯田轮台就此沉寂。汉昭帝刘弗陵即位后，在西域陆续开展屯田。

元凤四年（前77），傅介子刺杀投向匈奴的楼兰王安归，汉帝国立尉屠耆为王，改楼兰为鄯善。尉屠耆建议汉朝派兵在伊循城屯田，以便随时救援。汉帝国同意请求，派出一名司马带领四十名士卒到伊循城屯田。后来，将带队司马改为都尉。

另一个重要的屯田地点就在轮台，负责人是扜弥国太子赖丹。汉昭帝即位后，派赖丹以校尉身份率军到轮台屯田，以解决使者往来的粮食供给问题。赖丹后来被龟兹国权臣姑翼唆使国王派兵杀害。

赖丹被杀后，一个消息让汉宣帝更加警觉，匈奴开始派骑兵部队到车师屯田。汉帝国的决策者认识到，屯田西域必须作为一项与匈奴争夺西域控制权的重大战略予以执行。渠犁、轮台地处西域中心，通过屯田创建根据地，扩大驻军，可以兼顾维护南北两道。政策的调整，需要得力官员去执行。于是，郑吉登场了。

郑吉，会稽人，家境贫寒，长大后参军入伍，数次进入西域。从时间上算，可能是李广利大军征讨大宛中的一员。后来郑吉当了郎官，《汉书》记载他"为人强执，习外国事"。这是能在西域建功立业的基本元素——意志坚强，做事严格，善于学习，通晓西域事务。郑吉和傅介子、常惠、陈汤等人都有一个共同的特点——出身贫寒，为人强悍，有强烈的进取心和冒险精神。西汉是一个崇尚铁血军功的时代，具有奔放不羁、自由洒脱的精神气质。郑吉这样的人，自然是屯田西域的最佳人选。

地节二年（前68），汉宣帝派遣侍郎郑吉、校尉司马熹率领士兵和"免刑罪人"到渠犁屯田，人数约为一千五百人。目的很明确，开荒种地，积聚粮食，为进攻车师做准备。

与今天进入新疆的交通路线不同，西汉时从中原经阳关、玉门关进入西域后，分为南、北两道。南道经楼兰沿昆仑山北麓西行，翻越葱岭，即帕米尔高原后，进入大月氏、安息。北道则须经车师即今吐鲁番，沿天山南麓西行至疏勒，同样需要翻越帕米尔高原，进入大宛、康居等国家。

经由车师通往塔里木盆地，再进入中亚的北道，同时也是隔断匈奴等北方游牧族群进入西域的通道，而且连接着乌孙、大宛、康居等西域大国。能否控制这一地区，成为经营西域成败的关键。因此，车师不仅是汉帝国和匈奴争夺的重点，也是以后各朝屯兵防守的重点。

事实很快证明，郑吉的到来，改变了汉朝与匈奴在西域的博弈格局，极大地扩充了汉帝国的版图。

车师拉锯战

车师就是今天的吐鲁番，这是中国海拔最低的盆地，夏日来到这里，骄阳炙烤，空气仿佛在升腾燃烧。绿洲河谷之中，却是绿意盎然，田畴沃野，葡萄成串。

两千多年前，争夺丝绸之路北道咽喉要地车师的战争，成了这里的人们挥之不去的梦魇。王侯贵族、庶民百姓，无不在汉匈争夺的战乱中流离失所，生灵涂炭。元封三年（前108），从赵破奴、王恢征伐楼兰、姑师开始，五十多年间，匈奴军队与汉军在这里生死相搏，拼命厮杀，进行了五次大规模争夺战。

车师国犹如一叶扁舟，随着大国的强弱盛衰而摇摆。

天汉二年（前99），汉武帝赐封投降的匈奴介和王成娩为开陵侯，征召楼兰军队攻打车师。匈奴派右贤王率领数万骑兵救援车师，成娩兵微将寡，引兵撤退。

征和四年（前89），重合侯马通率四万骑兵从车师以北进入匈奴，策应李广利大军北上。为防止车师阻拦，汉武帝命成娩征发楼兰、尉犁、危须等六国军队联合攻击车师。车师王打开城门投降，臣服汉朝。

汉昭帝时，匈奴派出四千骑兵部队来到车师屯田，又立了一个车师王。

汉宣帝即位后，派遣五路大军出击匈奴。常惠指挥乌孙五万军队从西面进攻，在车师屯田的匈奴骑兵闻风而逃。车师又投入汉朝怀抱。汉乌联盟的确立，从根本上改变了地缘政治的格局，促成这种格局形成的大功臣是解忧公主。

匈奴单于严令车师将太子军宿送到匈奴作质。太子军宿的母亲是焉耆的公主，军宿逃到焉耆。车师立新太子乌贵并送匈奴为质。乌贵继承王位之后，与匈奴联姻，建议匈奴截断汉朝与乌孙的联系通道。车师成为匈奴进入西域的门户，更成为汉帝国经营西域最大的一块绊脚石。

地节二年（前68），郑吉来到西域。此时，匈奴的壶衍鞮单于去世，其族弟左贤王被立为虚闾权渠单于。秋天，在渠犁屯田的郑吉大获丰收。粮食入仓，铠甲上身，郑吉、司马熹征发周边国家辅助军一万多人，连同屯田的一千五百名士卒，组成联军，进军车师。乌贵躲在北面的石城。交河城很快告破，但郑吉部军粮告罄，撤军回渠犁。

次年秋收之后，郑吉带上军粮，发兵攻打石城。乌贵不敢应战，弃城而逃，北上向匈奴求救。此时匈奴刚受重创，虚闾权渠单于正欲与汉朝和亲。失望而归的乌贵与贵族苏犹商议投降汉军。

苏犹建议，乌贵攻打旁边的巴里坤小国，持国王首级，劫持其百姓为投名状，投降郑吉。乌贵说，艾丁湖边上的金国，本是我们的属国，趁乱抢劫，不如把金国作为投名状。

乌贵攻打金国之后，顺利投降郑吉。

匈奴得知自己扶持的乌贵投降汉朝，派军前往车师问罪。郑吉寻机与匈奴决战，以期彻底解决车师问题。匈奴收拾能控制的车师余众，以兜莫为国王，在天山北部又建立了一个车师国，就此两分车师。

汉军与匈奴军在车师对峙时，匈奴人就像草原上的狼，远远地盯着猎物，并不主动上前攻击，而是等待猎物露出破绽的那一刻。汉军虽然各方面都占相对优势，但这种优势微乎其微，随着时间推移，这种相互对峙的劣势逐渐显露。

郑吉焦心的另一个关键问题就是粮草。屯垦一年，积蓄余粮有限，联军作战问题也不少。刚不可久，柔不可守，思前想后，郑吉留下一个军侯和二十名军士保护乌贵，然后撤军回渠犁。

乌贵担心被报复，抛妻别子，逃到乌孙避难。保护乌贵的几十名汉军，只好保护乌贵一家老小撤到渠犁。

郑吉回长安述职，刚到酒泉，汉宣帝诏命他回渠犁和车师，屯垦戍边，安抚西域各国，防止匈奴入侵。诏书中具体指示：把车师王妃安全送到长安，朝廷已在长安为车师王夫妇修好府邸，找回乌贵就让他们夫妻在长安团聚；将屯田范围扩大到车师。郑吉返回渠犁，立即安排将乌贵妻儿送往长安。汉宣帝厚待乌贵妻儿，赏赐丰厚，每次有外宾接见，都将乌贵妻儿请来上座亮相，显示汉朝对亲汉君王家眷的厚待。

郑吉只有一千五百人，分屯两地，顾此失彼。长安同时征发三百士卒到车师屯田。

汉军在车师故地垦荒种庄稼，引起匈奴单于高度重视。单于君臣开会商议，讨论后一致认为：车师故地是匈奴通往天山南麓的一个跳板，失去车师故地，对匈奴非常不利；车师这个地方易守难攻，尤其是交河城，更是不善攻城的匈奴人无法应付的；车师沃野千里，汉朝精耕细作，一定会让此地成为汉朝的粮仓，还可能以此为基地进攻匈奴。匈奴决定以骚扰、围困为主，让汉军无法正常屯田。

地节三年（前67），匈奴单于派遣左、右大将各率领一万骑兵在匈奴右地屯田，待积谷一年后开始实施进攻车师的计划。第二年，左、右大将各率六千骑兵，突击在车师的汉朝屯田部队。汉朝屯田部队一面退入城中自保，一面飞马向郑吉求救。

匈奴人只是围城而不攻城，汉军被围在城中，自然就无法耕种。汉匈双方在车师展开拉锯战。郑吉与校尉集合渠犁的一千五百名屯田汉军到车师屯田。郑吉救兵一到，匈奴又开始增援。汉军退守车师城中。匈奴人将汉军围在城中，匈奴将领骑马到城下叫嚣："我们单于必定拿下车师，你们不能在这里种田。"过了一阵，匈奴解围而去，放汉军出来屯田，放郑吉回渠犁屯田。过了一阵，匈奴人再来围城，周而复始。郑吉还要征调属国兵协助作战，使西域不得安生。

匈奴的缠斗之计，使郑吉往来于渠犁与车师之间，疲于奔命，不胜其苦。两地的耕种都无法进行，汉军连生存都成问题。郑吉上书朝廷："车师到渠犁一千余里，中间关山阻隔，北边靠匈奴太近，汉兵在渠犁，来不及救援车师，希望增加在西域的屯田部队。"朝中大臣经过激烈争论，认为车师距离汉朝太远，花费太大，与匈奴争夺，得不偿失，主张撤出汉朝的屯田部队。

此时的汉帝国内部，高层出现重大变动。地节二年（前68），霍光因病去世。霍光之妻霍显收买宫女，在许皇后临产时毒死许皇后，使自己的女儿成了汉宣帝的皇后。霍光做大将军二十余年，霍家子弟都占据高位，满朝文武之中党羽也不在少数。霍显及几个女儿都在长信宫门录有姓名，拿着特别通行证可以随便进出宫门。地节三年（前67）夏，汉宣帝册立许皇后的儿子刘奭为太子。霍皇后听从母命，在食物中下毒，要毒死太子，幸亏太子随从严加防范，任何食物都先尝过再给太子食用。霍家子弟眼看权势被削减，又听坊间传言霍氏害死许皇后，惊恐不已，决定造反。地节四年（前66），霍氏因谋逆被族诛。

元康三年（前63），汉宣帝派遣常惠率领张掖、酒泉二郡的骑兵，到车师以北陈兵扬威，逼迫匈奴撤出车师。对于郑吉增加士卒屯垦车师的建议，汉宣帝没有采纳，而是让郑吉派人把逃到焉耆的车师前太子军宿立为车师王，将车师百姓迁到渠犁，把空寂无人的车师留给匈奴。车师被分成八块——兜莫的后车师国、军宿的前车师国以及六小部分，分散在天山北部。

不久，郑吉升职为卫司马，使护鄯善（楼兰）以西的南道诸国。

元康四年（前62），汉宣帝派出使者到达乌孙，将前车师王乌贵接到长安，与亲眷团圆定居。

至此，长达五十多年的汉匈车师争夺战落下帷幕。

西域都护府成立

匈奴正陷入一场前所未有的王位争夺危机。神爵二年（前60）的一天，郑吉突然接到匈奴日逐王送来的一封密信，说要率部来降。这位日逐王名叫先贤掸，负责西域事务，位居右贤王之下，但论身世与血统，先贤掸是正经的单于大位继承人。

三十六年前，太始元年（前96），匈奴单于且鞮侯去世，且鞮侯单于就是招降汉将李陵的那位。且鞮侯单于有两个儿子，大儿子为左贤王，平时不在王庭，次子为左大将。且鞮侯单于留下遗嘱，立大儿子左贤王为单于。左贤王不到王庭，王庭的贵族以为左贤王病重，另立次子左大将为单于。

左贤王担心自己到王庭会被害,迟迟不来。即位的左大将听说哥哥没有得病,急忙派人把哥哥招来,要把单于位子让给哥哥。左贤王一再推辞。左大将一定要把王位让给哥哥,说:"不要再推辞。你真死了,再把位子给我。"左贤王半推半就坐上单于大位,史称狐鹿姑单于,就是俘获李广利,又把李广利杀掉的那位。左大将改任左贤王。

在巨大的权力诱惑面前,狐鹿姑单于的私欲湮没了当初的承诺。弟弟左贤王先病死,狐鹿姑单于立自己的儿子为左贤王,立弟弟的儿子先贤掸为日逐王。按照匈奴爵位,左贤王高于右贤王,日逐王作为管理西域事务的王侯,属于右贤王下属。从这个安排上看,狐鹿姑单于要彻底绝了先贤掸继位的可能。

狐鹿姑单于去世后,匈奴危机重重,出现五单于争位。单于大位被右贤王夺得,新单于与日逐王先贤掸一直有矛盾。先贤掸走投无路,决定投降汉朝,于是就有了派人带着密信与郑吉接洽归降的一幕。

郑吉决定亲自迎接日逐王归降。为防备不测,郑吉调集渠犁、龟兹等国五万人马,攻破车师兜訾城,肃清匈奴残余势力,然后迎接日逐王归降。郑吉上报汉宣帝,将日逐王部众一万多人安置在青海黄河源头一带。迁徙途中,有人反悔逃跑,郑吉派人追杀,扼制反叛的苗头。

安置好匈奴部众,郑吉护送日逐王先贤掸到长安朝见汉宣帝。先贤掸被封为归德侯。汉宣帝给予郑吉重奖,赐封安远侯,诏书这样写道:"都护西域骑都尉郑吉,拊循外蛮,宣明威信,迎匈奴单于从兄日逐王众,击破车师兜訾城,功效茂著。其封吉为安远侯,食邑千户。"(《汉书·傅常郑甘陈段传》)

日逐王归降,是西域历史上的一件大事,使匈奴与汉帝国在西域的角逐发生根本性的变化,深刻改变西域的政治走向和版图格局。对日薄西山的匈奴来说,无异于釜底抽薪。

匈奴击溃大月氏,重新将西域变为自己的势力范围。按照匈奴的政权治理结构,单于左王庭居中,左贤王管理东部事务,右贤王管理西部事务。起初,西域由右贤王直接管辖,后由右贤王之下的日逐王具体管理。早在征和元年(前92),日逐王就在焉耆、危须、尉犁三国设置僮仆都尉,向西域诸国征收赋税、财物。这是一种松散的治理方式,却成为匈奴统治西域的重要标志。

日逐王归降带来另一个效果，极大地挤压陷于内乱的匈奴的生存空间：东边，有强势崛起的乌桓；北边，丁零虎视眈眈；南边，有强大的汉帝国；西南，原本属于自己地盘的西域被汉帝国抢走。匈奴唯一的出路只有向西。

丧失西域，日渐窘迫的匈奴日后远走中亚，进入乌克兰大草原。

《汉书·傅常郑甘陈段传》记载了这个重要的历史事件："吉既破车师，降日逐，威震西域，遂并护车师以西北道，故号都护。都护之置自吉始焉。"郑吉威震西域，被任命为西域都护。这一年为神爵二年（前60）。

郑吉从长安回来后，在位居西域中心的轮台修筑乌垒城，成立西域都护府，这是象征汉帝国正式统治西域的政权机构。班固感慨地写道："汉之号令班西域矣，始自张骞而成于郑吉。"张骞出使西域九死一生，凿空之功永载史册，建立起中原王朝与西域的联系，开通了丝绸之路。西域纳入中原版图的真正标志，是西域都护府成立，表明中原王朝开始在西域实施有效的统治。

自公元前138年张骞出使西域，到公元前60年成立西域都护府，时间走过了七十八年。西域都护是个什么级别的官员？西域都护为西域最高行政、军事长官，负有在西域屯田戍边的管理职责。在级别上，西域都护秩比二千石，地位与郡太守相同。其属官有副校尉、丞各一人；司马、侯、千人各二人。都护的职责是统辖西域诸国，管理屯田，颁行朝廷号令，诸国有乱，得发兵征讨。西域都护下辖驻防车师的戊己校尉、负责鄯善（楼兰）屯田的伊循都尉和一些非常设的临时机构。都护、校尉、都尉为中央直接任命的官员，其所在驻地轮台、车师、鄯善（楼兰）形成控制西域腹地的三足鼎立之势。

地方事务的具体管理由西域各国接受汉朝册封、颁发印绶的官员实行，这些地方官员构成了汉朝在西域的基层治理机构。

西域都护府的建立，标志着丝绸之路完全在汉王朝的控制之下。在西域境内，丝绸之路南北两路的起点都是楼兰，终点都是疏勒。从长安出发，经河西四郡，出阳关到达楼兰，之后经西域的南、北道，到达疏勒，然后经大宛出境。西域南道，始于楼兰，经且末、于阗、莎车，到达疏勒。西域北道，经渠犁、龟兹、姑墨，到达疏勒。

汉朝出兵西域的主要目的是断匈奴右臂，使匈奴在对抗中衰落。现在这个战略目标基本达成。

史书记载，自郑吉出任西域都护到王莽新朝末期，汉帝国共任命十八任西域都护，其中留下姓氏的有郑吉、韩宣、甘延寿、段会宗、廉褒、韩立、郭舜、孙建、但钦、李崇。按照规定，西域都护任期为三年，但西汉末年，朝政松弛，都护任期无定，比如但钦任职十三年，李崇任职七年。

东汉明帝永平十七年（74），任命陈睦为都护。和帝永元三年（91），班超平定西域，为都护，驻龟兹境它乾城（今新疆库车附近）。继任者有任尚、段禧，之后西域发生动乱，不再设置都护。一直到延光二年（123），以班勇为西域长史，收复西域，以长史行都护之职。

汉帝国设置西域都护府的管辖方式，为后世王朝开创了先例。十六国后凉吕光在统一西域时，曾仿效汉代，设置西域大都护，行使主权。唐代边区各族先后统辖在一个政府之下，也分别设置都护府，比如大名鼎鼎的安西都护府、北庭都护府等。

作为汉帝国任命的首任西域都护，郑吉深深感受到汉宣帝寄予的信任和期望。从七十多年前张骞出使西域起，郑吉和帝国终于迎来一个无比荣耀的时刻。郑吉和战友在西域用血与火镌刻下了流芳百世的功勋。

江南杏花春雨，西域铁马冰河。黄龙元年（前49），郑吉在长安溘然而逝。

第十章

常惠镇抚西域

救援解忧公主

汉帝国杰出的外交家、将军常惠,一生六次出使西域,封侯拜将,纵横捭阖,号令西域,书写了汉帝国在西域军事征伐和外交抚慰的铁血传奇。

常惠,太原郡人,自幼家境贫寒,一生历经汉武帝、汉昭帝、汉宣帝三朝。他首次出现在历史的记忆里,是公元前100年随苏武出使匈奴。匈奴被卫青、霍去病打败后,匈奴单于数次派使者到汉朝求和,希望双方建立友好关系。汉武帝派中郎将苏武持旌节,带领副手张胜和随员常惠等一行,出使匈奴。苏武一行,出使匈奴本来很顺利,回来前出了意外。

流落在匈奴的前浑邪王侄子缑王与汉人虞常准备造反,要袭杀卫律,劫持单于的母亲,然后逃回中原。卫律是一个生长在汉朝的匈奴人,在出使匈奴时投靠匈奴。卫律熟悉汉朝,所以单于重用他,封他为王。虞常是卫律的部下,受卫律连累流落在匈奴,痛恨卫律。虞常跟张胜曾是好友,就将计划告知张胜。张胜没有给予帮助,可也没有制止虞常的行为。虞常被匈奴人抓住后,匈奴单于让卫律审问虞常,查问同谋者。

张胜怕受牵连,将事情告知苏武。苏武说:"事情到了这个地步,一定会牵连我。让人家审问之后再死,更给朝廷丢脸!"说罢,苏武拔刀就要自杀。张胜和常惠手快,夺走苏武手里的刀。

虞常受尽刑罚,只承认跟张胜是朋友,不承认他是同谋。单于派卫律招苏武受审。苏武认为作为使节受审有辱君命,再一次拔刀自杀,以死明志,但为匈奴医生所救。

单于变换方法,试图征服苏武的意志。先是把苏武关在地窖之中,不给饮食,想用饥饿的办法降服他。时天降大雪,苏武渴饮雪,饥吞毡,几天过去,安然无恙。单于感到惊奇,就放逐苏武到北海放羊,将他与常惠分隔,不许互通消息。

单于对苏武说："等公羊生了小羊，才放你回去。"公羊怎么会生小羊呢？

放逐苏武的北海，就是今贝加尔湖，天气极度寒冷。茫茫的贝加尔湖边，是孤零零的苏武。

十九年后，公元前 85 年，匈奴单于病逝，匈奴内乱，新单于没有力量跟汉朝抗衡，又需要汉朝稳定匈奴局势，就派遣使者到汉朝求和。汉武帝早已驾崩，汉昭帝在位。汉昭帝派使者到匈奴回访，要求放回苏武。单于谎称苏武已死，汉使信以为真。

汉使再次出使匈奴，常惠买通匈奴人，私下跟使者见面，告知苏武在北海牧羊，同时策划了要回苏武的方法。

使者见到单于，严厉责备单于："匈奴既然存心同汉朝和好，不应该欺骗汉朝。我们皇上在御花园射下一只大雁，雁脚上拴着一条绸子，上面写着苏武还活着，你怎么说他死了呢？"

匈奴单于以为苏武的忠义感动了飞鸟，连大雁也替他传送消息。单于立即向使者道歉："苏武确实是活着，我们将把他放回去。"

苏武出使时四十岁，在匈奴受了十九年折磨，胡须、头发全白了。公元前 81 年，苏武回到长安的那一天，长安百姓全都出来迎接。瞧见胡须、头发皆白的苏武手里拿着光杆的旌节，没有一个人不受感动，称赞苏武是个有气节的大丈夫。

这也体现了常惠非同常人的忠贞、勇敢和智慧。

元平元年（前 74），一封来自乌孙的紧急奏报送至长安。远嫁乌孙的汉公主解忧告急："匈奴派出骑兵部队到车师国驻扎屯田，两国勾结，合兵侵犯乌孙，形势危急，盼皇帝派军援助。"

此时的匈奴，国力疲弱，东边崛起的乌桓羽翼渐丰，南边是重兵驻守的汉朝边境，为了得到物资补充，匈奴将兵锋指向小国林立的西域。

匈奴单于派人对乌孙王下通牒：交出汉朝公主，与汉朝断交。敌军压境，乌孙告急。从快马传来的求救信中，可见解忧公主和乌孙国上下心急如焚——"匈奴发骑田车师，车师与匈奴为一，共侵乌孙，唯天子救之"（《汉书·傅常

苏武像

郑甘陈段传》），言辞凄楚惊惧。

朝臣讨论会商之时，汉昭帝驾崩。朝廷几经商议，迎昌邑王刘贺进京即位，但仅二十七天即被霍光废掉。汉武帝曾孙，因"巫蛊之乱"流落民间的刘病已，被拥立为帝，是为汉宣帝。

按照汉朝礼制，皇帝驾崩之年不能动兵戈。解忧公主望眼欲穿。

汉宣帝即位之后，乌孙国王翁归靡再次上书求救：匈奴连发大军攻击乌孙，已取车延、恶师等地（今新疆沙湾、乌苏一带），还多次派使者索要公主，逼迫与汉朝断交。乌孙国愿用一半兵力计五万多骑，与汉朝一起对付匈奴。信末，国王语气哀求："唯天子出兵以救公主、昆弥。"（《汉书·傅常郑甘陈段传》）

本始二年（前72），汉宣帝下诏发兵西域：御史大夫田广明为祁连将军，率四万余骑，出西河；度辽将军范明友率三万余骑，出张掖；前将军韩增率三万余骑，出云中；后将军赵充国为蒲类将军，率三万余骑，出酒泉；云中太守田顺为虎牙将军，率三万余骑，出五原。总共五位将军，统兵十六万骑，各出塞二千余里。

自武帝时期李广利大军覆没，这是汉帝国又一次大规模用兵。同时，汉宣帝"以惠为校尉，持师节护乌孙兵"（《汉书·傅常郑甘陈段传》），调动乌孙国五万余骑从西进攻匈奴、车师联军。

常惠受命出发，风餐露宿，昼驰夜行。抵达乌孙后，向翁归靡国王、解忧公主等传达了汉宣帝的旨意，制订了对匈奴作战的计划部署。

得知汉朝派出大军，匈奴军民大为惊恐，纷纷远遁。汉朝派出的五路大军斩获不大，唯有常惠指挥的乌孙部队收获很大：一路东进至匈奴右谷蠡王庭蒲类泽（今新疆巴里坤），经过激战，匈奴右谷蠡王战败逃走，常惠所率乌孙部，俘虏单于叔父辈贵族、匈奴公主、名王、千长等三万九千人，"得马牛驴羸橐佗五万余匹，羊六十余万头"（《汉书·傅常郑甘陈段传》）。

这一战，沉重地打击了匈奴，基本解除匈奴对西域的威胁，向来被匈奴人追着打的乌孙人一时扬眉吐气。

战后，汉宣帝论功行赏，祁连将军田广明畏战不前，虎牙将军田顺谎报军功，下狱问罪，"二田"畏罪自杀。其余人收获不大，不予奖励。唯常惠调动指挥乌孙军队成绩最大,封长罗侯。

这次汉朝和乌孙军事合作的意义,在于汉帝国终于实现自汉武帝以来在西域寻求军事同盟,东西夹击匈奴的夙愿。

忠诚、勇气和决断,让常惠从一名外交团随员,成长为皇帝特使,再成为国家重臣。西域这个成就光荣与梦想的舞台,由此拉开常惠铁血人生传奇的序幕。

收服龟兹

常惠再次出使西域,展现出他的勇武、果敢,与西域龟兹国有关。

从汉帝国垦荒种庄稼的地方轮台,再往西不远,就是龟兹,也就是现在的库车。龟兹地处西域正中。龟兹向北,与乌孙接壤,向南经于阗河(今和田河)到达于阗,由西向东横穿龟兹,就是西汉时丝绸之路的北路,当年贰师将军远征大宛走的就是这条道。这种独特的地理位置,决定了龟兹在西域的重要性。

龟兹北倚天山,巍峨的天山阻挡冬天南下的冷空气,南面是大沙漠塔里木盆地,但塔里木河在龟兹南面流过,使龟兹有了河水的滋润。龟兹境内还有东川水和西川水两条河流,也就是现在的库车河和木扎提河。这种独特的环境,使龟兹气候温和,自然条件优越。

与西域大多数绿洲不同,龟兹很早就进入农耕社会,以农耕为主,畜牧业为辅,是当时西域的一个粮仓。现在的库车,盛产棉花、小麦、玉米、水稻,尤其是葡萄。葡萄美酒夜光杯,龟兹的葡萄酒在西汉时很有名气。龟兹矿产资源也比较丰富,尤其是铜和铁,铜矿埋藏很浅,易于开采。

匈奴西进的时候,就被龟兹的地理特点吸引,把龟兹以及龟兹东面的焉耆看作战略基地,大力扶持,严加控制。匈奴管理西域的僮仆都尉的驻节地,就在焉耆、危须和尉犁。公元前101年汉朝才开始在轮台、渠犁屯田,匈奴已经统治龟兹半个多世纪。匈奴人站在车师,一只手伸向天山北部的大草原,另一只手抓住龟兹。

轮台就在焉耆与龟兹之间,这个选点确实精准,像一个楔子打进匈奴的仓库,切断两地联系。

元凤四年(前77)夏,霍光采用桑弘羊先前关于轮台屯田的建议,任命赖丹为校尉,率军前往轮台屯田。当年贰师将军从大宛回军,也曾在轮台、渠犁留下少数部队屯田。现在汉军第二次进驻轮台屯田。

赖丹是西域南部小国扜弥的太子。扜弥东北与龟兹相接。当年扜弥臣服于龟兹,赖丹就在龟兹做质子。贰师将军征大宛返回时,将赖丹带到长安。汉昭帝即位,重新启用桑弘羊屯田之策,派赖丹为校尉,带领军士回到轮台屯田,扩展至渠犁,连成一片。

赖丹本来是龟兹臣属,如今成为汉朝代表,在逼近龟兹的地方屯垦,龟兹贵族感到不安。屯田就是汉军要控制此地的明确信号。轮台屯田,让轮台成为汉朝的军事基地和经济基地。

汉朝屯田部队再次进驻轮台的同时,匈奴的屯田部队也进入车师。在汉匈关系无法突破的情况下,双方不约而同选择西域。

西域小国纷纷倒向汉朝,乌孙起了关键的示范作用。解忧公主和冯嫽主仆二人,对内帮助翁归靡屯田积谷,发展经济,对外联络西域各国,十分活跃,使乌孙逐渐成为西域数一数二的大国。

匈奴也开始在车师屯田,这不仅可以增加匈奴的战略纵深,积谷聚富,而且向西威胁乌孙,扶持龟兹,切断汉朝与乌孙的联系,可谓一举多得。

匈奴在车师的存在,为龟兹壮胆。龟兹王在贵族姑翼的撺掇之下,派人杀死赖丹,然后上书汉朝谢罪。前文提过,龟兹和楼兰曾倒向匈奴,数次截杀汉朝使团,致使商道经常中断。

常惠率乌孙兵打跑匈奴,封为长罗侯,受命再次出使乌孙,封赏此战中有功的乌孙贵族并犒赏三军。出发前,常惠请示汉宣帝,是否可以顺道讨伐龟兹。汉宣帝没有答应。讨伐龟兹,符合军心和民意,更符合当时实际形势。大将军霍光不同意汉宣帝的决定,暗示常惠便宜行事。

第十章　常惠镇抚西域　　147

封赏十分顺利，乌孙国上下举国欢腾。亲匈奴的贵族不喜欢汉朝的管理，但对汉朝的珍珠玛瑙、丝绸宝货相当喜爱。

常惠带到西域的士兵只有五百人，讨伐龟兹远远不够。常惠决定用皇帝符节征调西域各国的兵马，从龟兹以西各国征调二万人马，从龟兹以东各国征调二万人马，再加上乌孙七千人马，组成三路大军，围攻龟兹。大战一触即发。

三军合围龟兹之前，常惠使者到达龟兹，指责龟兹杀害赖丹之罪。龟兹老王已去世，新的龟兹王是老王的儿子绛宾。绛宾本身不想跟汉朝作对。面对常惠使者的指责，绛宾表示这都是先王在世时贵族姑翼做的坏事，自己并不知情，也没有罪，愿意交出首恶，以消除误会。于是龟兹王亲缚姑翼到汉营请罪。常惠历数姑翼罪状，就地处决。

绛宾也要借此机会对内部进行清洗，为自己顺利向汉朝转向做准备。龟兹同乌孙比邻，是除车师之外，汉朝与乌孙联系的另一条通道。在汉朝进入西域之前，龟兹一直在匈奴的统治之下，龟兹国内倾向匈奴的贵族非常多。

加强与汉朝的关系，和亲是绛宾的一个选项和捷径。在一次宫廷聚会上，绛宾认识了解忧公主的女儿弟史，弟史的风韵使绛宾十分着迷，回国后就派出求婚使节，求娶解忧公主的女儿弟史。不巧弟史已经到长安学习鼓琴。常惠回京复命。

西域迎来一个特别的汉朝使团。解忧公主将女儿弟史送到长安学习鼓琴，学成之后，汉朝派侍郎送弟史归国。使团途经龟兹，龟兹王将弟史留下，再次派人去向解忧公主求亲。这一次，解忧公主答应了这门婚事。

后来，解忧公主上书汉朝，希望让弟史与宗室女子一道入宫侍奉。娶了弟史的龟兹王绛宾很爱妻子，也上书愿意入朝觐见。元康元年（前65），绛宾、弟史夫妻一起赴汉朝觐见。汉宣帝十分高兴，赠送他们一支歌舞团和出行车队，以及不计其数的珍奇异宝。汉宣帝正式册封弟史为公主，赐绛宾夫妇汉朝印绶，龟兹正式纳入汉朝管理序列。夫妻二人在长安滞留一年方归。

这一年，绛宾真正领略了中原文明。归国之后，绛宾仿照中原样式建立宫殿，让龟兹人穿汉服，修筑道路，实行出入传呼、钟鸣鼎食的汉家礼仪。

绛宾死后，儿子丞德即位，称自己是汉朝外孙，在汉成帝、汉哀帝时入朝好几次。

平定乌孙乱局

前文提过郑吉与匈奴的车师拉锯战。郑吉被困车师，汉宣帝于公元前63年派熟悉西域事务的常惠率领驻守张掖、酒泉的部队前往解救。常惠率军驰援，策应车师，匈奴闻知大军将近，不敢再战，匆匆撤离车师。车师之围解后，朝廷没有采纳郑吉加强车师屯田力量的建议，郑吉领军退回渠犁，就此放弃车师，埋下隐患。

元康二年（前64），一个好消息从西域传到大汉朝廷：乌孙王翁归靡决定立儿子元贵靡为太子，希望与汉朝再次联姻，并且举族内附。汉宣帝让公卿大臣讨论。大鸿胪萧望之持反对意见，认为乌孙路途遥远，不可预测的变化太多，很难保证其承诺，不要答应这门亲事。这个萧望之，是开国元勋萧何的第六世孙，是当时有名的大学问家。汉宣帝对乌孙与汉朝联合打破匈奴立下的功劳很满意，决定答应乌孙的求亲，并以解忧公主妹妹的女儿相夫为和亲公主。

神爵二年（前60），长安迎来了乌孙的迎亲使团，共计三百多人。乌孙王派来了代表，太子元贵靡、左右大将、都尉等人都派出代表来迎接相夫公主。

虽然汉朝上下对汉乌和亲有不同意见，但准备工作有条不紊，收到聘礼之后，就为相夫公主配备全套的属官、服务人员，总计一百多人。相夫公主搬到上林苑进行婚前学习工作。

此时日逐王刚刚归汉，汉朝在西域成立了管理机构——西域都护府，郑吉以西域都护的身份统领西域南、北两路。

时间赶上年底。按照汉朝的制度，每年正月是大朝会，也就是朝正月，要举行盛大的庆典，是礼仪最高的庆典活动。在京官员要参加朝拜，各属国君王、侯爷也要在这一天齐聚长安参拜天子。整个长安沉浸在一片喜气之中。正常的朝拜之后，还要举行盛大的娱乐活动。在上林苑平乐观，汉宣帝与民同乐。

盛大的活动结束之后，送亲使团就上路了。使团以长罗侯光禄大夫常惠为主要负责人，持有皇帝符节的使者就有四位，规格很高。送亲使团浩浩荡荡一路来到敦煌。

送亲使团刚刚到达敦煌，得知乌孙王翁归靡已经去世，乌孙贵族迅速立泥靡为新王，号称"狂王"。解忧公主也无能为力，王储元贵靡被晾在一边。

为了辨明真假，常惠一面上书朝廷把相夫公主暂留敦煌，一面飞马亲到乌孙以探虚实。接待常惠的是现任乌孙王泥靡，其他乌孙贵族避而不见。按说此时汉朝在西域的影响力比以前已不可同日而语，但此时乌孙经过几十年休养生息，实力大增，又在对匈奴的战争中验证了自己的实力，信心满满。

长罗侯常惠想以一己之力问罪乌孙，只是尽人事。最终汉宣帝不得不下诏召回相夫公主。这是汉朝对西域外交的一次重大挫败。相夫公主和亲流产，汉朝与乌孙的关系出现了裂痕。而内心失落和担忧的，除了解忧公主，恐怕就是一直想玉成此事的常惠。

后面乌孙发生的故事，前文已有详述，此处不再赘述。

甘露二年（前52），汉宣帝委任冯嫽为持节使者，谒者竺次、期门甘延寿为副使，返回乌孙解决乱局，常惠率队护送。到了乌孙都城赤谷城，常惠亲自向分裂的另一方乌就屠宣读汉宣帝的圣旨，立解忧公主的长子元贵靡为大昆弥，乌就屠为小昆弥。两人都被汉朝廷赐予印绶，乌孙正式成为汉帝国的属国。

至此，和平解决了乌孙内部的事变，一度濒临破裂的汉乌关系又回到正轨，但争夺王位引发的内讧裂痕，还是留下了后遗症。

乌孙局势稳定后，常惠没有急于返回汉帝国，而是率领三名校尉在赤谷城驻扎屯田，监控乌孙局势，成为伊犁河谷屯田的开创者。其间，常惠主持大小昆弥所属部众、疆界、草场划分。大昆弥元贵靡分得六万余户，小昆弥乌就屠分得四万余户。常惠还亲率屯田兵平定几次乌孙翁侯的叛乱。

汉甘露中（前53—前50年），后将军赵充国去世，朝廷失去栋梁。汉宣帝召回常惠，任命他为右将军，接替赵充国的职位，继续掌管对西域各国的外交事务。

初元三年（前46），常惠病逝于长安。常惠从跟随苏武出使匈奴开始，前后在西域战斗四十余年。巧计救苏武，表现了常惠的机智；顺道攻龟兹，表现了常惠的果敢；六次使西域，五次使乌孙，表现了常惠的顽强。常惠是有文字记载到乌孙和西域次数最多的人，他还是走路里程最长的人（当时从长安到赤谷城是八千九百里，加上到达后的活动路程，预计一千一百里，来去两万里，六次共计十二万里，再加一次随苏武出使匈奴，估计两万五千里，总计十四万五千里），是伊犁河谷屯田的开创者。

常惠才是历史上真正的"神行太保"。

第十一章
冯奉世纵横西域

出使途中灭莎车

汉朝的外交官，大多个性刚烈，霸气果敢。持节时，是帝国的外交使臣；持刀时，则为剽悍张扬的将军。冯奉世就是这样一个危险而又令人胆寒的外交官。

莎车是位于西域南路靠西边的一个国家。匈奴、汉朝两强争霸，康居、大宛、乌孙等西域大国虎视眈眈，莎车国要寻找可靠的生路。

莎车老王喜欢解忧公主的小儿子万年，算是看着他长大。老王去世之后，莎车王庭致信汉朝，请求让万年做莎车国王，想在汉朝与乌孙两个大国间求得安稳。

汉朝非常高兴，毕竟万年是汉朝的外孙，又在长安学习多年。当时万年正在长安，于是，汉朝派遣奚充国作为使者，护送万年去莎车登基。

万年是解忧公主的小儿子，从小娇生惯养，在长安染上了纨绔子弟的恶劣习气。万年到莎车登基后，行事妄为，任性残暴，肆虐好杀，莎车人后悔不迭，怨声载道。前国王的弟弟呼屠征发动政变，设计杀死万年，自立为王，还杀死汉使奚充国。

呼屠征投靠匈奴，派兵攻打南疆诸国，逼迫各国一起背叛汉朝。此时汉朝在西域屯田的主力郑吉被匈奴围困在车师城，无力他顾。

事件发生的时候，恰好一队护送大宛等各国客人回国的汉朝使节到达西域，领队的是卫侯使冯奉世。冯奉世出身将门世家，是汉文帝时期冯唐之后。汉武帝晚年时，冯奉世以良家子弟成为一名郎官，在汉昭帝时以功劳累积担任武安县一名官员。三十多岁时，不知什么原因丢了官，开始研读《春秋》和兵法，前将军韩增对他很赏识，上奏朝廷任命冯奉世为"军司空令"。汉宣帝年间，冯奉世随军抗击匈奴，战事暂停之后，复任郎官。可以看出，冯奉世一直不大得志，不过从军这段经历，淬炼了他做事决断、不畏风险的性格。

公元前65年，一直对冯奉世赏识信任的前将军韩增，再次举荐冯奉世为出使大宛的使节，名为卫侯使。冯奉世率团路经伊循城时，正值莎车国发动政变，背叛汉朝。在此屯田的汉朝都尉宋将，向冯奉世一行详细通报。当时，负责西域事务的西域都护郑吉和校尉司马熹，正与匈奴争夺车师，鞭长莫及。如果派人回京禀报，以当时的交通条件，一来二去，可能大半年就过去了。

冯奉世与副使严昌商议后，一致认为，如果不快速制止莎车反叛，任其实力坐大，将危及整个西域。而且，莎车正在去往大宛的路上，挡了冯奉世的路。逢山开道，遇水架桥，冯奉世决定趁莎车反叛势力未稳，给予雷霆一击。

奏明朝廷，请朝廷派兵处置，空费时日，可就靠冯奉世率领的区区一个外交使团，全部人马也就几十人，以此征伐莎车，无异于以卵击石。以皇帝符节征调兵马平叛，那就是矫诏、越权，不仅无功，可能还有罪。但将在外，君命有所不受。冯奉世持节晓谕南疆其他国家，以汉朝皇帝名义征发军队出征讨伐莎车。汉帝国皇帝节符一亮出，西域各国立即派出军队听候调遣，冯奉世组织了一支一万五千人的部队。

冯奉世下令分为南北两路进攻莎车。苍茫寥廓的西域大地上，朔风劲吹，几个汉人率领一支相貌、服饰、装备都不同的混编部队，浩浩荡荡杀向叶尔羌河。外交官变成帝国将军，统率联军，这份勇气和铁血，至今思来，依然令人心驰神往。

莎车大败，莎车王呼屠征自杀。冯奉世割下莎车王的首级，用快马捷报一路示众，送回长安。

汉宣帝特意召见前将军韩增，说："贺将军所举得其人。"将军举荐的人很不错！

局势逐渐安定。冯奉世从莎车王族中选定新的国王，把临时征集来的军队遣返，然后带上使团继续前往大宛。

自从贰师将军远征大宛，大宛同汉朝的关系一直不错。按照约定，每年大宛要向汉朝进献两匹大宛马。此外，双方商旅往来频繁。大宛接待过汉朝不少送客使团，但冯奉世一个数十人的送客使团，居然捎带平灭一国，斩一王，接待这样一个使团，大宛国大费心机。

临别之际，大宛国王赠送冯奉世一匹大宛宝马——龙象。当年为了一匹马，两国大打出手，今天宝马赠英雄。冯奉世在莎车的军事行动，不仅没有破坏西域的安定团结，反而加深了各国之间的了解，增进了友谊。和平是所有人的希望，汉廷不可避免地要承担起维护和平的角色。

冯奉世一行回到长安，汉宣帝龙颜大悦，命朝臣讨论如何封赏冯奉世。朝臣大多认为冯奉世立下重大功勋，应该封赏爵位。萧望之持反对意见，认为冯奉世奉旨出使，却假托皇帝命令，违背旨意征发诸国兵马，虽然有功，但不可作为榜样；若要封赏冯奉世，就开了使节方便之门，他们会以冯奉世为榜样，发动军队邀功求赏于万里之外，所以此例不可开。

汉宣帝听从萧望之的建议，封冯奉世为光禄大夫、水衡都尉，负责管理皇家行官上林苑。

前文讲过，车师国对匈奴非常重要，失去车师，匈奴就无法进入西域的南道和北道，因此匈奴在地节四年（前66）采取进攻郑吉所部屯垦兵的疯狂行动。冯奉世的行动，使南道迅速恢复平静，有力地支援了郑吉的行动，使他可以专心与匈奴争夺车师。

毫无疑问，地节四年（前66）是帝国在西域的关键一年。

平定西羌叛乱

黄龙元年（前49），汉宣帝刘病已驾崩，太子刘奭即位，是为汉元帝。冯奉世做了执金吾。上郡属国归降西汉的一万多名少数民族叛汉，冯奉世立即持节率军追击并歼灭。

不久，典属国常惠去世，冯奉世继任典属国。这是一个负责民族事务的官职，苏武也担任过。过了几年，冯奉世被加封光禄勋（官廷禁卫军司令），负责掌领官廷安全保卫工作。

永光二年（前42）七月，陇西郡（今甘肃临洮）西羌杉姐（乡姐）部落反叛，汉元帝急召宰相韦玄成、御史大夫郑弘、大司马车骑将军王接、左将军许嘉、右将军冯奉世商议。

当时汉帝国连年有灾，庄稼收成不好，长安谷物每石卖二百余文钱，边境郡县每石四百文钱，关东五百文钱。到处闹饥荒，朝廷正在为此忧虑，又遇羌人叛变。

冯奉世说："羌人是在我们境内背叛，如不及时平叛，恐怕无法加威于更远的蛮夷，老臣愿意带兵出征。"

汉元帝询问需要用多少军队。冯奉世回答："我听说善于用兵者，不会两次用兵，不会三次运粮，所以军队不宜长时间地征战在外，而顺从天意的讨伐应该速战速决。过去经常不衡量敌人的情况，而至于军队损失；多次运送粮食，则时间长耗费多，军队的士气低落。现在反叛的贼兵大约三万人，依兵法应加倍调用六万人。而羌人是使用弓矛的军队，兵器并不犀利，可以调用四万人，一个月足以解决。"

丞相、御史以及两位将军认为，现在是收获季节，不能多发兵，以一万人驻扎防守足够。

冯奉世说："不行。国家遭受饥荒，战士、马匹瘦弱，数量也不多，战争用的装备长期废置不修，夷狄各族都有轻视边疆官吏的心思，所以羌族才会首先发难。现在以一万人分守数处，贼兵见我方军队人少，一定不会害怕，战则军队受损士气低落，守则不能救助百姓。如果这样，怯弱的形势显露出来，羌人就会趁机进攻，其他各部族一齐响应，互相煽动起兵，我恐怕汉朝要征发的兵役就不止四万，这不是金钱所能解决的。所以少发军队就会旷日持久，与一战而迅速解决相比，利害差别万倍。"

冯奉世带着一万二千人，以屯田为名，向陇西开进。典属国任立、护军都尉韩昌任偏将，到达陇西，分三处驻扎。任立驻防白石（甘肃临夏西南），韩昌驻防临洮（甘肃岷县），冯奉世驻防首阳（甘肃渭源）。韩昌艺不高人胆大，上来就派校尉率部在前方和羌人争夺有利地形，又另外派校尉到广阳谷营救百姓。羌兵人多势众，韩昌派出的两路军兵都被击溃，两个校尉也被杀死。

冯奉世向汉元帝刘奭上书，再要三万六千人。这次增兵六万人，拜太常弋阳侯任千秋为奋武将军，做冯奉世的助手。冯奉世觉得皇上派人监督自己，连忙上书说，老臣我只想要兵，不想麻烦大将。

汉元帝当时以玺书慰劳冯奉世，同时也责备他说："皇帝慰问领兵在外的右将军，征战在外，非常辛苦。羌人侵扰边境，杀害官吏百姓，违逆天道，所以派遣将军率领军队，依照天意前往诛灭。以将军杰出的材质，带领精锐部队，讨伐不轨的贼寇，有百战百胜的道理。现在居然有临阵不敢攻战的名声，太给汉朝丢脸。是从前不熟悉军事的缘故，还是恩惠没有普及、军纪不明的缘故？我非常奇怪。你上书说羌兵凭仗深山，多小路，不得不多处分兵，占据要害之地，因此必须发动驻防的士兵，才足以解决问题，军队部署已经决定，从形势上看不能再安排大将，我知道了。以前因为将军缺少士兵，不足防守之用，所以调遣附近的骑兵，日夜兼程地赶到，不是为了进攻。现在征发各处军兵，正在火速调遣，前往你处。战争，是凶险的事情，一定会有成功或失败，恐怕策略不事先商定，了解敌情不审慎，所以又派奋武将军。兵法说，大将军出征一定要有偏裨将领，用来耀武扬威、参谋计策，将军又有什么疑虑的？爱护将士，得到军心，决定就不后悔，擒拿敌人一定要彻底，这是将军的责任。至于运输的费用，有专门的官吏负责，将军不必担心。等到奋武将军的兵马到达，一起进攻羌兵。"

同年十月，军队都集合到陇西郡。十一月，冯奉世指挥各路大军一齐向羌兵进攻。羌兵大败，被斩首数千级，残部逃出边境。

战争未决胜负的时候，朝廷征募士兵一万人，封定襄太守韩安国为建威将军。新征发的兵士还未出发，听说羌兵被打败，汉元帝说："羌兵被击溃，受到惩罚，逃出边境，那些休战的将士，多留一些屯田守卫，防守要害之处。"

永光三年（前41）二月，冯奉世回到长安，改为左将军，光禄勋不变。汉元帝赐冯奉世爵关内侯，食邑五百户，黄金六十斤。一年后，冯奉世病故。

第十二章
赵充国屯田安边

护羌校尉设立

羌人是中华民族大家庭中的古老部族之一。古羌人以牧羊著称于世，今甘肃、青海的黄河、湟水河、洮河和大通河一带是古羌人的活动中心。

周朝时，大量羌人融入华夏。春秋战国时期，羌人所建的义渠国，领域包括今甘肃东部、陕西北部、宁夏及河套以南地区，是中原诸国合纵连横的重要力量，与秦国进行了一百七十多年的战争，后为秦国所灭，诸戎逐渐为秦国所融合。居住在甘肃、青海黄河上游和湟水河流域，即今甘肃临夏以西和青海东北部的羌人，仍处于"少五谷，多禽兽，以射猎为事"（《后汉书·西羌传》）的游牧状态。

汉初，游牧在甘肃、青海黄河上游和湟水河流域的羌人，形成数十个不同的部落。匈奴强盛的时候，西征大月氏的大军降服羌人。汉朝攻取河西之后，切断了匈奴与西羌的联系。此时的羌人还没有一个统一的首领。除了先零、封养、牢姐等部落比较大，其他羌人部落都比较小。各部落之间，尤其是几个大部落之间，矛盾重重。

匈奴于元鼎五年（前112），派人前往今甘肃临夏以西和青海东北一带的羌人游牧地，对羌人各部落的首领进行胁迫和利诱，欲联合羌人力量夺取河西，承诺事成之后将河西作为礼物送给羌人，羌人各部可在此地游牧。羌人各部落互送人质，联合起来。这年秋天，联合起来的十万羌人，先后攻占令居、安故等地，并且包围了枹罕。作为联合行动的盟军，匈奴也攻占了五原。

这是大汉军队西进路上遇到的第一个也是唯一的主动军事挑战。

第二年，汉朝集结十万大军，在李息、徐自为的率领下平定羌人的暴乱。羌人并非不堪一击，但汉军进展顺利。汉军收复失地，继续西进，将整个湟水河流域纳入中华版图。羌人联盟终于瓦解，一部分羌人继续向西迁移至西海（今青海湖）、盐池地区，另一部分归顺汉朝。

汉朝一面安置归降羌人，赐封先零部落的首领杨玉为归义羌侯；另一面加紧向湟水河地区移民，为设置郡县做好各项准备工作。羌人被安置在湟水河的南岸，新移民被安置在湟水河的北岸。

鉴于湟水河地区的重要性、游牧族群地区的复杂性，也为了保障河西地区的安全，汉朝在此设立护羌校尉，专门管理羌人事务。

护羌校尉的设置，主要是为了防止羌人部落叛乱，隔绝西羌与匈奴的联系。

在历任护羌校尉的主持下，沿湟水河两岸，广置屯田，修治沟渠，种植五谷，发展畜牧，对西北地区的开发起到了相当积极的作用。

戡定氐人叛乱

汉朝在河西设置护羌校尉，将湟水河以南划为已归降汉朝的羌人各部的游牧区域，不许他们北越湟水河，河北岸安置的是汉朝迁徙过来的移民。汉朝为了方便对河西的经营，在今兰州附近修建金城，以方便部队横渡黄河。黄河在这个地方有个小弯，河水相对平缓，适合摆渡。之后，汉军又在黄河北岸西北方向修建令居，彻底控制黄河渡口。

至此就形成了从长安到西域的东西方交流的通道，即从长安出发，到金城向西越过黄河，经金城郡、武威郡就进入了河西走廊，穿过河西走廊即可到达西域。这条路就是汉朝进入西域的咽喉。如果截断河西，就对西域的汉军形成一剑封喉的效果。

当年霍去病两出河西，造成河西二王归汉，使匈奴人离开河西之地。实际上，在河西的其他游牧族群并没有都被消灭，也没有远涉他乡，汉匈大战时躲到河西走廊两侧的大山和沙漠之中。战争结束之后，汉朝开始向河西移民，这些部落也逐渐返回。所以，河西有羌人、小月氏人、义渠人、匈奴人等。为此，汉朝设立张掖属国专门管理这些游牧族群。

匈奴对羌人唆使、拉拢、利诱的工作一直没有停止。

汉宣帝派光禄大夫义渠安国巡查羌人各部。先零部落首领对义渠安国说，我们生活贫困，居住地水草不好，希望允许我们偶尔北渡湟水放牧，我们肯定不会践踏农田。义渠安国是巡查官，没有权力做出这么重大的决定，但他同意了。

回到长安，义渠安国将此情奏报朝廷。赵充国觉得事情不简单，弹劾义渠安国擅作主张。羌人以汉使许诺为借口，大批渡过湟水河，以此扩大游牧范围，压缩新迁移到湟水河北岸的汉人的生活空间。湟水河北岸各郡县无法阻挡，事情发展验证了赵充国的担忧。

赵充国，字翁孙，陇西上邽（今甘肃天水西南）人，后来迁移金城郡令居。早在公元前99年，赵充国就以假司马的身份，随贰师将军李广利从酒泉郡出塞，进击驻守天山的匈奴右贤王。起初战事顺利，斩杀及俘虏匈奴一万余人，退兵时却陷入匈奴包围。李广利部粮草将尽，将士伤亡惨重。幸亏赵充国率敢死队一百余人，将匈奴包围圈冲出一个口子，李广利率大军紧跟其后，得以逃脱。此役，汉军阵亡十之六七，赵充国受伤二十余处。李广利上奏朝廷，刘彻专门召见赵充国，一边抚摸他的伤疤，一边发出叹息，并封他为中郎。

汉昭帝时，凉州（今甘肃武威）氐人于武都起兵，反叛朝廷。氐人，生活在中国西部地区的一支少数族群，原属西南夷，大多定居于凉、益二州交界处。自武帝平定西南夷，氐人不服统治，常有小规模叛乱。此时，汉帝国的治国理念已由汉武帝时的征伐四方，转变为休养生息，与民休息。十万氐人决定走出深山抢占郡县，据武都自立。

汉昭帝与霍光商议后，拜护军都尉赵充国为讨氐将军，领精骑三万，前去镇压。

年近六旬的老将军赵充国受命后却对霍光说道："我大汉休养生息，匈奴、乌桓尚自虎视眈眈。末将去便去，但求大将军留下三万精骑，用于守边。"

霍光狐疑地道："不用精骑，老将军何以平叛？"

"三万刑徒足矣。"

霍光笑着说："老将军跟随前贰师将军多时，莫非深通囚徒战法……好吧，

▲ 赵充国像

就按你的要求办。"很快，朝廷就从司州各地广发囚徒三万人，拨给赵充国。赵充国给这些囚徒换上装备，略加训练，便率领着前去平叛。

此时武都境内局面已失控。十万氐人披头散发，或持短刀，或持竹矛，横行郡内各县各乡，大小官员们全部挤到郡治主城。赵充国对所率三万囚徒兵宣布，赦免罪人身份，许诺平叛一事若成，各按战功论赏。汉军士气高涨，奋勇上前。叛军不知虚实，只一战便溃散逃去。

初战告捷，朝廷军队顺利入城。郡守率领一众下属迎接赵充国："幸好将军来得及时，若再过半月不到，只怕我等皆亡于叛军之手也。"

赵充国问道："依老夫之见，此叛军多为乌合之众，既无强弓硬弩，也无好盔甲防具，为什么朝廷几次派兵征讨都没能平定？"

郡守说："老将军有所不知。此地位于凉、益二州之要冲，往北去为秦岭，向南去则为岷山。山多地狭，非是可用兵之地。为此，氐人依仗险山恶水，常有叛乱，朝廷每每发兵来讨，也因其巢穴隐秘，难以伤其根本。又兼其民风彪悍，作乱之时，兄唤弟，父叫子，刀枪不惧，箭矢不避，非中原汉人可比也。"氐人利用山大林密、地形险峻的有利条件，与汉朝大军周旋。汉军齐出动，却找不到氐人踪影，分散进击则会被藏在暗处的氐人埋伏。

赵充国在各地放出风声：此次朝廷所派的平叛大将，不过一无能老叟，所用军马不过三万赢兵，极易对付。数日后，叛军闻讯，果然去而复回。赵充国下令城门大开，一万多将士出城迎战。同时召集军中几位急欲立功的死囚，私底下布置，然后让他们随大军一起出城，别有用途。

氐人勇猛拼杀，汉军事先得到赵充国嘱咐，不轻易用强弩，以免杀伤氐人过多。两军交战，手持长矛、长戟的汉军竟然大败。叛军正要乘胜追击，城中鸣金声大起，汉军一窝蜂退进城里。氐人追击到城下，城头上的弓弩手万箭齐发，射杀许多叛军。叛军无法攻下城池，四散退去。

氐王派手下假扮汉人，潜入城中查访统率汉军的老将。不二日，细作回报，说那老将畏惧我军声威，已经率军撤走。

氐王不信："上回一战，氐、汉二军胜负未分，谈何畏惧于我军声威？而朝廷既知我等谋反一事，兴师动众派兵前来，又如何肯无功而返？"

细作回复："开始我也不信。但在城中四处打听，都说那老将年老怯战，不得已接了这个差事。手下兵将多为囚徒，非遵循礼法之人。前日见了我军声势，惊惧不安，竟然连夜率部下撤走，要请朝廷多发援军。"

氐王终于面露笑意："照你这么说，朝廷即使再发精兵前来，往返至少数月，武都岂不是唾手可得？"

"即便汉人有诈，汉军都是步兵。有事我军及时撤走就是，不会有什么损失。"

氐王吩咐氐人各部首领三日后一齐出兵，此战务必攻下主城，防止再有人领兵来救。各部首领个个摩拳擦掌，并劝勉老少族人，等到攻入城中就可以大肆抢掠。

三天后，数万精壮氐人男子蜂拥冲下山，不少妇儿也手拿物件跟随大军前来助威。一时间，叛军纷纷涌至各处城门前，巨木撞门声不绝于耳。城中守军奋力支撑，暂时无虞。

氐王心知守军已无外援，并不着急，任由两军于城下相持。对耗半日，突然有族人从后方跑来，哭喊着："大队汉军已攻上山，山上起火了！"原来是赵充国趁山中空虚，率军上山夺了氐人营寨。

几天前，氐人细作刚一入城，就为汉军得知。赵充国将计就计，自我贬低一番，率军潜出城外远远驻扎。同时，前几日得了密令的几位死囚，趁两军于城外交战时扮作氐人，混入山中已查得氐王居所。赵充国部署，一旦叛军倾巢下山，汉军立即上山夺下氐人大本营。

叛军攻城正急，突然间听到这一变故，立刻撤围而去。叛军退到山下，见山上浓烟滚滚，直冲天际，却并无大火。众人心中稍定，想要强行攻上山，可上山的路已被汉军弓弩手牢牢把持，无法靠近。

双方相持间，赵充国率数千人当先下山，劝氐王归降。

氐王勃然大怒："汉人夺我故地，自择繁华处居住，却将我等驱逐入深山老林间……既已中你诡计，要战就战，何必惺惺作态？"

赵充国率亲兵上前回答："非大汉不容你等，也从未禁止你等出入郡县。若尊驾有意，何不立即率族人出深山，与汉人杂居？"

氐王冷笑："汉人有句话，叫作'非我族类，其心必异'，历任官吏因此仰仗国威,常欺凌我族人。即便能入郡县,无非充作下贱奴仆,动辄惨遭屠戮。今日你杀我等家小,占我驻地可以,休想诳得我率部众束手就擒。"

赵充国叹道:"此实为夷人久不服归化之根本也。"

赵充国下令将擒获的氐人部众全部释放,责令武都郡守四处贴出榜文:氐人愿出深山者,划地一处供其居住、耕种;不愿出者,任由其留居山中。若无谋反、杀人、偷盗等诸事,尊重其习俗,不得干涉。氐王心悦诚服,率众弃械归降。武都郡的叛乱就这样平定。

不久,赵充国率领平叛大军回到长安,见过霍光。

霍光草草看过战报,问赵充国:"叛乱既平定,将军为何不上报斩首人数,由我为你请功?"

"并非我有意隐瞒,实在是没有斩获。"

"那俘获又有多少呢?"

"没有抓到一个俘虏。"

霍光很是吃惊:你既未斩获首级,也没抓到俘虏,却口称叛乱已平,是什么意思?于是又将战报仔细看了一遍,才恍然大悟:"若氐人降而复叛,老将军岂非白走一遭?"

"夷人虽曾属化外,残忍好杀,毕竟是血肉之躯。末将以诚待他,料他也必不有负于我。何况若双方正面厮杀,迁延日久不说,汉军必也有死伤。即便能强行镇压之,数年后其军力稍稍缓和,仍会复叛。"

霍光说:"老将军'不战而屈人之兵',确实高明!"

之后,赵充国又率军抗击匈奴,俘获匈奴西祁王,辅助大将军霍光尊立宣帝刘病已,一步一步做到后将军、少府,封营平侯。

平西羌

西羌并不是单一的族群,是汉朝对当时居住在青海一带的少数族群的统称,大大小小有两三百个部落，先零部落、罕部落、开部落等，都是势力比较大的部落。

元康四年（前62），西域都护府成立的前二年，先零部落与其他部落首领达成协议，互不仇视，彼此交换人质，结立盟誓。结盟之后，羌人横渡湟水河到北岸的势头更加凶猛，河西各县的奏报纷纷飞到汉宣帝处。

汉宣帝刘病已就西羌事询问赵充国的看法。

赵充国说："以前，羌人之所以容易控制，是因为大小部落林立，谁也不服谁，如一盘散沙。三十多年前，西羌曾经背叛朝廷，也和这次一样，先是在内部化解仇怨，然后联合起来进攻令居。朝廷出动大军，历时五六年才平定。之后，匈奴多次引诱羌人，企图联合起来进攻张掖、酒泉，并承诺将来让羌人在那里定居。近年来，匈奴西部地区受到困扰（匈奴在西域被常惠统率的乌孙军击败）。我怀疑这次羌人的行动与匈奴有关，目前看不出动向，但下一步很可能会有大动作，我们应提前做好准备。"

几个月后，羌人首领、羌侯狼何（留在河西走廊的小月氏族群，位于甘肃敦煌阳关西南）派使者到匈奴借兵，企图进攻鄯善国和汉朝敦煌郡，隔断汉朝通往西域的道路。

赵充国认为，狼何是小月氏族，不可能独自制定出此策略，应是匈奴在羌人中展开活动，西羌诸部中的先零部落（青海湖东畔）、罕部落、开部落（罕部落、开部落同在今青海同仁以西）已经和解，订立盟约，等到秋季粮多马肥，必然有变。

赵充国提出两个建议。一是应派出使臣，巡视边塞防御情况，利用羌人各部的矛盾揭露阴谋，掌控行动，可以赶在秋天之前挫败羌人和匈奴的图谋。由酒泉太守辛武贤巡视羌人各部，辛武贤久在河西，对相关事务比较熟悉，又是武将，具有一定的震慑作用。二是趁米价低廉，购入二百万斛粮食，可少花钱增加粮食储备，又可稳定河西粮价。公开在河西大量购入军粮，本身也是示强。

然而，赵充国的建议在执行的过程中完全走样。军粮只购进二十万斛，不仅没有震慑作用，反而表示没有一战的决心，况且没粮也没法打仗。

汉宣帝与朝臣商议后，派义渠安国前去巡视西羌各部落了解情况。义渠是战国时期就融入华夏的羌人的一支。义渠安国身上的羌人血统使皇帝对他格外青睐，可他处理羌人事务的能力并不如人意。

神爵元年（前61），义渠安国到达羌中（今青海东北部）。上一次以宽为主犯了错误，为羌人所乘，义渠安国决定这次实施严厉的措施。义渠安国将先零部落大小首领共有三四十人招来，将其中桀骜不驯的、聪明有智慧的当场斩杀，然后对先零部落发起突然袭击，斩杀一千余人。羌人诸部落大为震惊，本来没打算反叛的部落，以及被汉朝封为归义羌侯的已降羌人首领杨玉等人，联合其他部落，攻打城池，杀死官吏。

义渠安国以骑都尉身份率领二千骑兵进至浩亹（今甘肃永登西南河桥）备战，孤掌难鸣，遭到羌人突袭，损失大量车马辎重武器。义渠安国狼狈逃窜，退到令居，将情形奏报朝廷。

汉宣帝收到奏书，决定出兵平叛。通观满朝武将，没有人比赵充国更有威望为将。可是，老将军毕竟七十多岁了，这是汉宣帝亲政以来首次对外用兵，不容有失。

汉宣帝就派丙吉向赵充国请教谁可领兵出征。赵充国的回答很干脆：没有比我更合适的。至于用兵方略，赵充国说，行兵打仗的事难以预测，我愿赶到金城先了解情况，再向陛下奏报方略。

六月，赵充国到达金城，他的想法是领兵从金城直插西部都尉府。西部都尉府位于今青海海晏，在青海湖边上，北面就是张掖、武威。这样做等于插到羌人背后，引羌人来攻，诱敌深入，然后聚而歼之，同时可以防止羌人与匈奴合流。

若这样，就必须北渡黄河，穿过四望峡。如果羌人守住四望峡，与匈奴合兵攻打张掖、酒泉，就很危险。同时，六月的黄河正是汛期之前，要赶快渡过。

大军陆陆续续集结金城。进城的部队得到命令偃旗息鼓，隐蔽行动。入夜，万籁俱寂，月朗星稀，三名军校带着先遣队摸到河边，跳入黄河，向对岸游去。上岸之后，众人伐树立桩，很快建起简易营寨。这时天也亮了，随后汉军主力坐着渡船次第过河。

扎好营寨之后，羌人散骑姗姗来迟。任凭羌人在寨外如何挑战，汉军紧闭营门，抓紧时间休息。随后派出暗探侦察四望峡的情况。四望峡空无一人，赵充国很容易就到达西部都尉府。将士每天吃饱饭都盼着出去打仗。羌军多次挑战，老将军赵充国却始终不予理睬。

赵充国带兵，经常广撒斥候，行军时一定做好战斗准备，扎营时一定使营垒坚固，作战必有作战计划，绝不心存侥幸。赵充国拒不开战，但撒出去的斥候抓了不少羌军俘虏。俘虏说，各部落首领现在相互责备扯皮，很多人都说，赵将军已快一百岁，用兵如神，现在我们就想一战而死都办不到。

羌人看起来是皆反，可其他各个部落之间有很大不同，罕、开等部落完全被裹挟。在先零造反之前，罕、开部落的首领就派其弟雕库向西部都尉举报。先零造反之后，雕库的很多族人都被裹挟，西部都尉扣留雕库做人质。赵充国到来后，认为雕库无罪，便将其放回，让他转告羌人各部首领，天朝大军只杀有罪之人，犯法者只要能主动捕杀同党就可免罪。按功劳大小赏赐，斩大首领一人赏钱四十万，中层首领十五万，小头目二万，斩女人和老弱者一千，并将所捕杀之人的妻儿和财物全部赐给他。

赵充国打算以威信招降罕、开两部落以及被裹挟反叛的部落，瓦解羌人同盟，破坏羌人的反叛计划，再一举聚而歼之。随后抓来的俘虏验证了赵充国的判断，羌人脆弱的联盟近乎瓦解。

此时，朝廷已征发内地郡国军队，加上武威、张掖、酒泉等边郡人马，有六万人。酒泉太守辛武贤上奏章说："各郡军队都屯扎在南山（祁连山），使北部（祁连山以北）空虚，恐怕难以长久。如今羌人日夜不停地进行侵扰，当地气候寒冷，我军马匹不能过冬，我们在武威、张掖、酒泉的军马超过一万匹，绝大多数都很瘦弱。我认为，可以多加马料，七月上旬携带三十日粮，自张掖、酒泉分两路出兵，合击鲜水（青海湖）之畔的罕、开两部羌人。虽未必能全部剿灭，但可夺其畜产，掳其妻儿，然后退兵，到冬天再次进攻。大军频繁出击，羌人必定被吓破胆。"

赵充国的战略是分化招降罕、开部落，主要攻击先零；辛武贤主张先扫外围，先灭罕、开等部落，最后攻打先零。两种主张的冲突，成为后面赵充国与

第十二章　赵充国屯田安边　　169

整个朝廷交锋的焦点。

汉宣帝将辛武贤的奏章发给赵充国，听取他的意见。

赵充国见到辛武贤的奏章，上奏回复：辛武贤率万余骑兵分两路出击，道路迂回远达千里，每匹马载负三十日粮草，需米二斛四斗、麦八斛，加上行装、武器，必然行动迟缓，根本无法追击敌人。羌人计算出我军进退时间，或骚扰，或急退，追逐水草，深入山林。我军一旦随之深入，羌人立即占据前方险要，扼守后方通路，断绝我军粮道，到时我军进退不能。武威、张掖是北边要塞，我担心匈奴与羌人有阴谋，可能大规模进犯，企图占据张掖、酒泉，断绝大汉和西域的通道，因此不能动用张掖、酒泉的兵。先零为叛逆祸首，其他部落多被胁迫。所以，我的策略是，暂不纠结于罕、开两部落的过失，首先讨伐先零，震慑诸羌部落，他们自会悔过，立场动摇。然后趁势宣布宽大政策，挑选了解羌人风俗的干练官员前往安抚。这才是既能保全部队，又能获取胜利、保证边疆安定的策略。

汉宣帝将赵充国的奏章交给公卿大臣讨论。公卿大臣一致认为：先零兵力强大，又有罕、开部落支援，如果不先击破罕、开部落，就不能进攻先零。

汉宣帝刘病已任命侍中许延寿为强弩将军，任命酒泉郡太守辛武贤为破羌将军，颁赐诏书嘉勉辛武贤的建议，并写信责备赵充国说："赵老将军，你打算到正月攻打罕部落，那时，他们早就收获粮食，藏起妻儿，甚至可能组织上万人侵犯酒泉、敦煌。我们边防守军人少，如果让百姓协同防守，地就没人种了。现在张掖以东地方，粮食已涨到每石一百多钱，就连畜草每捆都达几十钱。运粮运草，百姓不得安宁。你手下一万多人，不趁秋天水草丰足夺取羌人的畜产粮食，难不成想等到冬天进攻吗？那时，羌人蓄足粮食，藏匿山中，仗恃险要，而我军官兵忍受严寒，手足冻裂，这仗还怎么打？老将军你不考虑国家的花费，只想旷日持久征战，而取得小小的胜利，你们带兵打仗的将军，是不是都是这种想法？！现在，我命令破羌将军辛武贤率兵六千一百人，敦煌太守率兵二千人，长水校尉富昌、酒泉侯奉世率领婼、月氏兵四千人，共约一万二千人，携带三十天口粮，在七月二十二日进攻罕部落，沿鲜水（青海湖）北岸而上，距酒泉八百里，距你部一千二百里左右。请将军你率兵选择有利路线向西并进，即使不能会合，也使羌人知道东、北两个方向大军压境，引起恐慌，从内部产生分化。我已命令中郎将赵卬（赵充国之子）率一支人马支援你。目前五星出现在东方上空，中原大利，蛮夷将大败。太白星出现的位置很高，象征敢于深入敌境作战的人大吉，畏惧、不敢深入的人凶险。老将军你赶紧做好出征准备，借天时灭叛贼，必获全胜。不要再犹豫。"

赵充国收到皇帝信件，认为将军带兵在外，军事行动唯一的标准就是衡量是否对国家有利，于是上书请罪，但话锋一转，陈述战略部署的得失利害，据理力争。七月五日，汉宣帝又一次下诏，终于采纳赵充国的意见：只打击首恶先零部落，对其他部落以招降为主。

赵充国率军进抵先零部落的游牧地区。羌人造反之后，进退两难，忽见汉朝大军来到，连车马辎重都不要了，一路狂逃，企图渡过湟水，可道路狭窄，人挤马踏。

赵充国率军缓缓前行，驱赶羌军。有人建议说应加快速度。赵充国说，此为穷寇，不可逼迫太急。缓慢追击，他们只顾逃命；逼迫太急，则可能回身与我们死战。

逃跑的羌人掉入水中淹死数百人，投降及为汉军所杀达五百余人，汉军缴获马、牛、羊十万余头，车四千余辆。

汉军尾随羌人渡过湟水河，来到䍧部落，赵充国再次重申军令：不得焚烧羌人村落，不得在羌人耕地中牧马。䍧部落人听说后，高兴地说：汉军果然不是来打我们的！羌人脆弱的联盟彻底瓦解。首领靡忘派人前来对赵充国说：希望能让我们回到原来的地方。赵充国上奏朝廷，尚未得到回音，靡忘就亲自前来归降。赵充国设宴款待，让靡忘告谕本族羌人归降。汉军的许多将领都说，靡忘是国家叛逆，不能擅自放走。赵充国说，你们心里想的是保全自己，这岂是忠心为国的做法。他坚持让靡忘回去。不久，皇帝诏书来到，命靡忘将功赎罪。后来，䍧部落果然率部来降。

罢兵屯田

羌人反叛指日可平之时，汉宣帝发布诏命，命破羌将军辛武贤、强弩将军许延寿率兵开赴前线，以期十二月与赵充国会合，尽快进攻先零部落，结束战争。

赵充国做出与此相反的判断。此时羌人叛乱基本走到尽头，先零部落还在顽抗，但只是苦撑。赵充国的分化瓦解策略起到奇效，大部分羌人都已投降，即使先零部落也都人心思归。

羌人自反叛以来，时刻防备汉军突袭，没有时间和精力耕种土地。湟水河一役，羌人又丢失了大量牛羊物资，现在连原来耕牧的土地也丢失了。而且远离家乡，缺乏给养，挨饿受冻，战斗力远不如前，已经不断有人逃回家。冬天即将来临，一直到次年三月底，羌人马匹瘦弱，既不敢把妻儿留在其他部族，冒险袭击汉军夺取给养，也不敢将妻儿送还家乡。

赵充国上书阐明意见："军队是用来宣扬皇上恩德、除去祸害的工具，对外的军事行动得当，就是对国内的福祉，所以不能不慎重。我率领的将士以及马、牛的食用，每月用谷十九万九千六百三十斛，盐一千六百九十三斛，干草二十五万零二百八十六石。战争持久不能结束，徭役不止。恐怕其他蛮夷仓促间有难以料想的变乱，乘机而起，成为皇上心病，这不是安定国家的良策。羌人容易用谋略瓦解，难以用军队击碎，所以我愚蠢地认为，直接用军事打击并非善策。我经过调查，从临羌（今青海湟源）向东至浩亹，羌人原来的田地和公田，现在没有开垦的有二千顷以上，其间驿站邮亭多已残破。我之前派部队入山，砍伐大小木材六万多棵，都存放在河流旁。我建议撤回骑兵，剩下的步兵及随从人员，一共一万零二百八十一人，每月需用谷二万七千三百六十三斛，盐三百零八斛，分兵驻守要害地方。等到冰雪融化，将木材顺水流下，就可修缮各地驿站邮亭，疏通沟渠，修整四望峡以西道路桥梁七十余处，一直通到鲜水。农事到来时，每人分田二十亩。到四月后，草木生长，可调集郡里骑兵和属国'胡人'骑兵各一千，到此放牧，同时作为屯田部队的警戒。屯田所得可以补充金城郡，增加积蓄，节省大量费用。现在大司农送来的粮食，足够一万人吃一年。谨呈上屯田及器用账册，请陛下裁决。"

汉宣帝收到赵充国呈上的在羌地撤兵、屯田的奏折，强压怒火，又给赵充国下了一份诏书，询问如果按照计划，羌人叛乱何时才能平定，战事何时才能结束。

赵充国上奏著名的《条上屯田便宜十二事状》："我听说，王师出征，是要以最小损失取得最大胜利。《孙子兵法》上说，两军交战，先要保证自己立于不败之地，等待机会，再一举击溃敌人。羌人习俗与我们礼义之邦大相径庭，但他们也趋利避害，也关心妻儿，也怕死，这些东西都是相通的。现在，羌人已经丧失农田牧场，逃到荒山野地，连栖身之地都找不到，上下离心，很多人早就想背叛。这个时候撤走骑兵，留下一万步兵屯田，正合天时地利，只需静待机会，一年之内就能结束战事。就我所知，羌人正在迅速瓦解，到现在已有一万零七百余人投降。我们继续采取攻心之策，让投降的羌人回家做思想工作，宣扬朝廷的各种安抚政策，前后已派回七十多批降汉羌人。我们经过充分研究考虑，归纳不出兵而留兵屯田的十二个好处：步兵九校，吏士一万人，就地屯垦，既备武事，又耕植五谷，实现威德并重，此其一；此举能阻遏羌人回归其肥饶之地，迫其困顿衰微，诱发内乱，此其二；百姓与军队协同耕作，确保农耕无碍，此其三；军马月粮足支屯田兵一岁所需，废骑兵以减巨额开支，此其四；春日阅兵，循河湟运粮至临羌，既展军威，又示破敌之力，此其五；趁农闲运输木材，修缮邮亭，强化金城防御，此其六；出兵则涉险求胜，而屯田则使叛敌流离风霜之地，饱受寒疾之苦，此谓不战而屈人之兵，此其七；免遭艰难险阻与远追伤亡之虞，此其八；内不失威武之名，外不授敌以可乘之机，此其九；更无忧黄河以南大开、小开部落因惊扰而生变故，此其十；整治湟水区域道路桥梁，贯通鲜水，控扼西域，扬威千里，行军便捷，此其十一；大省军费，预免徭役，以防不测，此其十二。简言之，留军屯田享有十二大利，出兵则失此十二利。"

罢兵屯田有百利而无一害,但朝廷最关心的是什么时候能平灭叛乱,破羌将军辛武贤、强弩将军许延寿等人最关心的是战功。汉宣帝收到赵充国的奏折,召集公卿大臣讨论研究,终于采纳赵充国的意见——罢兵屯田。

汉宣帝展现了一个名君的政治手腕,虽然采纳赵充国屯田的建议,但要先打一仗。这样一方面安抚辛武贤和许延寿等主战派,另一方面也敲打了赵充国。

许延寿出击后,有四千多羌人投降,辛武贤杀敌二千,中郎将赵卬杀敌二千余。与此同时,赵充国招降五千多人。于是,汉宣帝下诏罢兵,只留赵充国屯田。赵充国开垦田地,开渠修路,建驿筑桥,湟水谷地出现勃勃生机。

神爵二年(前60)五月,西羌战乱结束。赵充国上奏说,先零部落不过五万人,前后斩首共七千六百人,投降三万一千二百人,在黄河、湟水河中淹死以及饿死的有五六千人,剩下跟随其首领煎巩、黄羝一起逃亡的不过四千人。现已归降的罕部落首领靡忘等保证,可以擒获这些人,所以请求罢除屯田部队。汉宣帝准奏,赵充国整顿部队返回。

赵充国屯田的地方设立了两个新的县,这就是汉朝对新区的开发模式。先是屯田积谷,有了一定积蓄,接纳移民,然后设立郡县,建立基层管理组织。平羌战役之后就建立了金城属国。

赵充国率军返回长安,好友浩星赐前往迎接赵充国,提醒他说:"现在朝廷里大多数人都认为破羌、强弩二将军率兵出击,多有斩获、招降,才使羌人最终败亡。然而,有见识的人当然知道羌人已到穷途末路,即使不发兵攻打,也撑不了多久,很快就会投降。老将军你见到皇上,应尽量把功劳归于破羌、强弩二位将军,说自己的功劳根本不能和他们相比。"

赵充国说:"我年纪大了,爵位也到头了,争不争这个功对我都无所谓。但如果不实事求是进言,显得自己很谦虚,却是在欺骗皇帝。兵者,国之大事,应当让后人可以效法。我如果不向皇上明白分析军事上的利害,等我死了,还有谁能对皇上说这些?"

赵充国最终按自己的想法奏明皇帝。

汉宣帝接受赵充国的意见,免除辛武贤破羌将军职务,辛武贤任酒泉太守,没有升迁。

同年秋，西羌各部首领将先零部首领犹非、杨玉斩杀，又分别率领煎巩、黄羝所属四千余人归降汉朝。汉宣帝封赏诸羌，开始在金城属国安置归降的羌人。其后，汉宣帝下诏命令保举能够担任护羌校尉一职的官员。赵充国正在病中，五府（宰相、御史、车骑将军、前将军、后将军）共同保举辛武贤的弟弟辛汤。赵充国急得从病床上跳起，上奏说辛汤酗酒任性，不能派他担任护羌校尉，不如派辛汤的哥哥辛临众。此时辛汤已拜受护羌校尉的印信和皇帝符节，汉宣帝听从赵充国建议，收回成命，改任辛临众为护羌校尉。不久，辛临众因病免职，五府再次保举辛汤。果如赵充国所料，辛汤到任后，多次在酒醉之后虐待羌人，把羌人再度逼反。

辛武贤没能升官，上书朝廷告发赵卬泄露宫中谈话。赵卬被捕，在狱中自杀。

甘露二年（前52），赵充国去世，享年八十六岁，谥号壮侯。

赵充国青史留名，成为中国历史上第一位屯田将军。其《条上屯田便宜十二事状》疏文，从驻军防卫、逐斥羌敌、安民务本、节省军需、宣扬威武、修治战略、拖疲叛乱、免受奔波、以逸待劳、安定羌众、控制西域和免除徭役十二个维度深入剖析驻军屯田的益处，全面阐述"留屯田得十二便，出兵失十二利"（《汉书·赵充国传》）的政治、经济与军事策略。"屯田"，即驻军并从事农业生产，此策略作为维护治安的重要手段，实现了兵农合一，对于应对连绵战事、保持地方安宁及减轻百姓负担发挥了巨大作用。

第十三章

王昭君和亲

五 单于争位

汉宣帝神爵二年（前60），虚闾权渠单于病死，他死前没有确立王位继承人，于是郝宿王刑未央准备召集匈奴各王开会，商议立新单于。匈奴国地域辽阔，各王聚齐需要一定时间，其间前单于王后颛渠阏氏，与弟弟左大且渠（官名）都隆奇密谋，欲立与其有私通关系的右贤王屠耆堂为新单于，得到刑未央支持。未经诸王大会商议，屠耆堂被立为握衍朐鞮单于。

程序上有缺失，匈奴各王在心里对握衍朐鞮单于的正当性产生疑问。握衍朐鞮单于生性残暴、多疑，在匈奴内部进行大面积清洗和杀伐，与前单于有关的人全列入清洗的名单，连郝宿王刑未央也未能幸免。

握衍朐鞮单于的行为，引发匈奴内部激烈的派系斗争。匈奴对其辖地的管理分为三部分：单于统率本部居草原之中，统一调度；右贤王管理匈奴西部；左贤王管理匈奴东部，位置略高于右贤王，单于太子常兼左贤王。先单于来自东部，握衍朐鞮单于的部下日逐王先贤掸的父亲原先也是左贤王。握衍朐鞮单于来自匈奴西部，这就等于新单于向整个东部贵族宣战。不久，日逐王先贤掸率部投向郑吉，大大减轻汉帝国在西域的压力。同年，标志着将西域划归中华版图的西域都护府成立。

神爵三年（前59），握衍朐鞮单于又杀死日逐王先贤掸的两个兄弟，让匈奴贵族更加离心离德。握衍朐鞮单于逐步失去控制力。同年，爆发了左奥建王部东迁事件。左奥建王去世之后，握衍朐鞮单于没有任命左奥建王年长的儿子，而是趁机任命自己的儿子。这个任命被左奥建王的部族拒绝，整个部落向东迁移。握衍朐鞮单于派右丞相带领一万人，堵截左奥建王部东迁，右丞相被打败，率残兵败将退回王庭。这是握衍朐鞮单于遇到的第一个挑战。

神爵四年（前58），匈奴东部的姑夕王在乌桓的攻击下损失惨重，握衍朐鞮单于震怒。姑夕王与乌禅幕部联合东部贵族，拥立孪鞮稽侯狦为新单于，这就是呼韩邪单于，由此拉开五单于争位的序幕。匈奴陷入历时数年的内战。

呼韩邪单于起事后，率领数万大军直扑单于王庭。握衍朐鞮单于率兵迎击，双方在姑且水北部接战。还未开战，握衍朐鞮单于的部众不停逃亡，致使其部未战先败。呼韩邪单于兵不血刃，顺利占领单于王庭。

握衍朐鞮单于退向西部，向自己的兄弟右贤王求救。右贤王不愿出兵相救。众叛亲离的握衍朐鞮单于悲愤自尽，部众被呼韩邪单于兼并。

呼韩邪单于进入王庭后，要求西部贵族杀死右贤王，准备对匈奴西部进行清洗。西部左大且渠都隆奇，与右贤王商议，立握衍朐鞮单于的哥哥日逐王薄胥堂为屠耆单于。

随后，屠耆单于率数万大军进攻单于王庭，将呼韩邪单于逐出王庭。

屠耆单于分派右奥建王与乌藉都尉屯驻东方，防备呼韩邪单于的反扑，也随时准备东征。

不久，屠耆单于内部又发生动乱，右贤王的部下呼揭王与唯犁当户，怨恨右贤王，共同诬陷右贤王有不臣之心。屠耆单于也曾是右贤王的部下，借机杀死右贤王一家。过后，屠耆单于感觉上当，又杀死唯犁当户。

呼揭王立即宣布脱离屠耆单于，自立为单于。被屠耆单于派到东方防备呼韩邪单于的右奥建王与乌藉都尉，也分别自立为车犁单于与乌藉单于。

至此，匈奴西部出现四个单于，加上呼韩邪单于，北方大草原上同时出现五个单于。

实力最强的屠耆单于开始讨伐手下叛将：由左大将、都尉率领四万铁骑组成东部集团，防备呼韩邪单于可能的偷袭；其他部队组成平叛集团，屠耆单于与都隆奇分兵两路攻打其他小单于。三个小单于被打得四散奔逃。屠耆单于穷追不舍。

五凤二年（前56），呼韩邪单于的弟弟右谷蠡王领兵偷袭左大将、都尉率领的防备呼韩邪单于的军队，屠耆单于的东方集团被击溃，被斩首、掳掠上万人。获胜的呼韩邪单于没有急于西进，而是以逸待劳，等待屠耆单于东来。果然，屠耆单于得到消息之后，率领六万大军千里跃进，在嫭姑遭遇呼韩邪单于的主力四万铁骑。

这是匈奴历史上最惨烈的自相残杀。此战之后，匈奴的精锐损失殆尽。无论是惨胜的呼韩邪单于，还是兵败自杀的屠耆单于，都无法挽回匈奴真正走向衰亡的态势。从战争本身来说，呼韩邪单于以少胜多，堪称经典。

战争结束之后，匈奴人爆发了大规模的叛逃。作为战争失败的一方，都隆奇率领残部归汉；作为战争胜利的一方，呼韩邪单于的部下左大将父子也率部数万人归汉。匈奴西北部李陵的儿子也卷入纷争，重新推举乌藉都尉为单于。屠耆单于的弟弟聚集数百人竖起大旗，兼并左大且渠的部众，在西部自称单于，这就是闰振单于。在东方，呼韩邪单于的地盘上也出现了一个新单于，这人是呼韩邪单于的哥哥——郅支单于。

又是四个单于，又是一片混战，打到后来，只剩下呼韩邪单于和郅支单于。

五凤四年（前54），郅支单于击败呼韩邪单于，入主单于王庭。至此，五单于争位暂时告一段落，郅支单于这个后起之辈，拥有了匈奴的疆域。

呼韩邪单于决定归顺汉帝国，以求庇护，借此休养生息，与郅支单于再决雌雄。甘露元年（前53），呼韩邪单于派人到汉廷商量归顺一事，随后率众南下，向汉朝边塞靠拢，同时派其子右贤王铢娄渠堂到长安做质，以取得汉朝的信任。

郅支单于得到呼韩邪单于归附汉朝的消息，也派其子右大将驹于利受到长安做质，以示臣服。

汉宣帝欣喜若狂，终于有匈奴单于前来归顺。于是，皇帝立即派车骑都尉韩昌前往五原塞（今内蒙古包头）迎接呼韩邪单于。

甘露三年（前51）正月，呼韩邪单于正式入朝称臣。匈奴人终于迈出进入汉朝管理体制的关键一步。汉宣帝在正阳宫接见呼韩邪单于，以特殊礼仪对待，位在诸侯王之上，赏赐丰厚。

第二日，汉宣帝亲自到呼韩邪居住的地方接他回长安，特意免除跪拜仪式。到了渭桥，围跪在桥下的各国君王和代表，向汉宣帝山呼万岁。汉朝皇帝的威仪和宽宏，终于使这位悖逆的匈奴之王臣服。

呼韩邪在长安住了一个多月，汉宣帝安排他率部属归国。呼韩邪申请定居于光禄塞一带。汉宣帝同意，派高昌侯魏忠、车骑都尉韩昌率军护送呼韩邪，并赠送大量粮草，以帮助匈奴部众渡过难关。到达之后，魏忠率军留下保护单于，防止有人反叛。

至此，江河日下的匈奴帝国正式分裂为南、北二部。南下归附汉朝的呼韩邪部是南匈奴，留在漠北单于王庭的郅支单于部为北匈奴。

郅支单于以为汉朝要进攻，率部向西远走高飞，想在匈奴右地重整旗鼓。同时，郅支单于派出使者联系乌孙小昆弥乌就屠。前文讲过，乌就屠是乌孙王翁归靡与匈奴公主所生，大昆弥元贵靡是翁归靡与解忧公主所生。郅支单于想拉拢乌就屠，就是看中乌就屠是匈奴外孙，有匈奴的血统。可惜，郅支单于只会打小算盘，没有看清当时的局势。乌孙政局动荡之后，乌就屠表示臣服汉朝，被册封为小昆弥，时西域都护府已成立，汉帝国在西域气势正盛，谁会与匈奴结盟？

乌就屠一刀砍了使者的脑袋，送去西域都护府领赏，同时派出八千骑兵攻打北匈奴。乌就屠部虽养精蓄锐，却不是身经百战的郅支单于的对手。八千乌孙骑兵被打得丢盔卸甲，四散奔逃。郅支单于趁兵锋正盛，北上降服乌揭国和丁零，向西攻破坚昆，挟三国兵力，占了乌孙不少土地。值得一提的是坚昆，据说李陵被单于封为右校王之后，就统领此地。若干年后，李陵后代还同唐朝皇帝攀本家。

郅支单于打出了新地盘，边界已到贝加尔湖附近，干脆将王庭设在坚昆。只是这里冰天雪地，环境恶劣。

汉帝国的转折点

黄龙元年（前49），汉宣帝驾崩。

初元元年（前48），汉朝迎来新的皇帝，太子刘奭登基成为汉元帝。

刘奭几岁时就被立为太子，汉宣帝为他选了两位大儒做老师——萧望之和周堪。刘奭自幼就受到正宗的儒家教育，具有深厚的经学修养，言必引经据典。

汉朝自汉武帝起就罢黜百家、独尊儒术，但是那时儒生给人的印象是拘泥于摘章寻句，不通实务，汉武帝在政治上更崇尚法家，汉朝官员大部分以学习文法律令起家。正如汉宣帝所说，汉家制度是以先秦法家治国之道为主，以儒家为辅的混合体，二者相辅相成。

汉元帝即位后，对汉武帝成立的以推广儒学为目的的太学进行扩招，人数增到一千（汉武帝只招收五十人）。每年都对学员进行考核，考试合格就授予相应官职。汉元帝的用人标准变成非儒生不取。至此，汉朝历史翻开了新的一页——全面儒化，延续至此后二千余年。

汉宣帝临终前给刘奭留下三位辅政大臣——乐陵侯史高、太子太傅萧望之和太子少傅周堪。史高是汉宣帝祖母史良娣兄弟史恭长子，也就是汉宣帝的表叔。汉元帝数次接见萧望之，讨论天下大事，治国纲要。萧望之推荐同是儒生的宗室刘更生、侍中金敞共参朝政，一个儒家班底正式形成。汉元帝依靠儒家处理朝政，治理天下，非儒生出身的史高顿有大权旁落之感。

汉元帝多病，不愿理事，又引入了另一股力量——中书令弘恭、仆射石显。中书是给太监专设的职务，是在皇宫里帮皇帝处理各种秘折的官员。中书令和仆射就是这个部门的正副长官。初元二年（前47）弘恭去世之后，石显成为一把手。汉宣帝在位的时候，对他们只给事权，不给实权，用其所长。石显久典枢机，历练得明习文法。汉元帝认为太监在朝廷内没有党羽，值得信赖，因此一切政务委任中书令弘恭和仆射石显。官不大，但是涉及机密，又在皇帝身边，权力逐渐向二人倾斜。攀龙附凤、趋炎附势之徒，聚拢在二人身边，宦官势力就此形成。

由此，外戚、宦官、儒生在朝廷上形成三方鼎立之势。汉元帝作为仲裁者高高在上，置身事外，可以利用朝臣的矛盾，左右逢源，集权柄于一身，操控朝局。但是，汉元帝是没有经过任何历练的文艺青年，他弹琴鼓瑟，吹奏洞箫，谱曲、填词无一不精，在处理外戚、宦官、儒生三方政治博弈中，就显现出了驾驭权力的稚嫩。

儒家班底初具规模，权力就转移到宦官手上，萧望之不甘心。萧望之认为，中书是联系皇帝和臣下的枢纽，应该由士人也就是儒生代替太监在中书的职位。

萧望之对外戚的骄横、贪婪也不满。台面上只有三股势力，萧望之起手就得罪了另两股，使自己变成了少数。

精明的石显迅速与史高达成默契，控告萧望之私下预谋罢免车骑将军乐陵侯史高，挑拨皇家亲戚关系。

汉元帝让弘恭询问萧望之。弘恭和石显回奏汉元帝，萧望之结党营私、诬陷大臣、挑拨皇家外戚关系，并建议请谒者召至廷尉。谒者就是负责传达皇帝旨意的人员。派人把萧望之召至廷尉问话，实际就是送到监狱中。汉元帝居然同意了。萧望之不愿受辱，饮鸩自尽。

鼎立的局面就此被打破，汉元帝成为被玩弄的对象。石显弄权，起了很坏的示范作用，使整个朝堂的官场风气变坏。从此，汉王朝由鼎盛转向衰落。

汉元帝一朝有两个突出的特点：一是重视儒学，全面儒化；二是将宦官的势力引入朝堂，开始汉帝国外戚势力和宦官势力的生死搏杀。西汉亡于外戚，东汉亡于宦官。

陈汤诛杀郅支单于

初元五年（前44），远在西北的郅支单于派使者到汉朝，希望要回做质的儿子，并表示自己愿意内附汉朝。

汉朝接到请示，准备派卫司马谷吉送质子回去。朝中大臣贡禹、匡衡表示反对，认为北匈奴"内附"一说不可信，加之地处遥远，送到边境即可。匡衡，就是"凿壁偷光"的匡衡，日后成为陈汤的死对头。

卫司马谷吉认为，汉朝一直对匈奴质子厚待有加，送到边境就回来，有捐弃不顾的意味，白白浪费十几年的感化恩宠，反让匈奴心生怨恨。送人送到底，即便匈奴杀掉我，也会畏罪远逃，给汉朝带来和平。可以看出，谷吉是个忠义仁厚之人，甘愿以身赴死。这是一种千金之诺，是匹马横行大漠的英雄情怀。

右将军冯奉世认为谷吉说得有道理。于是，谷吉起程上路。谷吉一语成谶。郅支单于接到毫发未损的儿子，将谷吉一行都杀死。两军交战，不斩来使，谷吉慷慨成仁，郅支单于自掘坟墓。

此时，康居派人来请郅支单于。康居是西域大国，在今巴尔喀什湖和咸海之间。同大月氏等国一样，康居不在汉朝西域都护的控制范围内。近几年，康居与乌孙屡有矛盾，双方多次发生冲突，可康居总打不赢。康居希望郅支单于迁到康居东面，替康居打乌孙。康居王和郅支单于为示友好，互为翁婿，各自娶了对方的女儿为妻。

康居王的小算盘是依仗郅支单于的力量，狐假虎威，欺负周边国家。郅支单于这一趟向西迁徙，损失巨大，仅剩三千人马，想在这里休养生息，积蓄力量。出于互相利用的目的，郅支单于借康居士兵多次侵扰乌孙，劫掠牲畜，砍杀牧民。乌孙确实不是匈奴人的对手，被打得连连后退，康居与乌孙接壤处出现近千里的无人区。

不久，郅支单于嗜血残暴的本性显露，杀了康居王的女儿、贵族和居民，甚至将他们肢解，抛尸塔拉斯河中。郅支单于还打算定居康居，便征发康居人修筑城堡，每天至少有五百人在干活，花了两年时间才修好。现在的哈萨克斯坦江布尔有郅支城遗址。

康居国上下后悔不迭。鸠占鹊巢的郅支单于，向附近的大宛等国派出使节，让年年进贡，一时风光无限。

汉朝听说谷吉被害后，先后派出三拨人马与郅支单于交涉，要求归还谷吉等人尸首。郅支单于态度傲慢，羞辱汉使，口是心非地通报西域都护韩宣："居困厄，愿归计强汉，遣子入侍。"（《汉书·傅常郑甘陈段传》）郅支单于说，我现在困居在这穷乡僻壤，正在筹划归附大汉朝，到时候派儿子去做质子。

汉元帝建昭三年（前36），新任西域都护甘延寿离京上任，随行的有西域副校尉陈汤。郅支单于的终结者终于出场了。

陈汤，山东兖州人，家徒四壁，到处向人借钱，乡里邻居都躲着他。不过陈汤很聪明，爱读书，小小年纪就写得一手好文章。当时科举还没出现，贫寒士子想要出人头地，唯一途径就是让社会名流或高官显贵推荐。陈汤怀揣着梦想来到京城，认识了富平侯张勃。

张勃的爷爷是武帝时的酷吏张汤，父亲是宣帝时的重臣张安世。张勃对陈汤的才华很欣赏。

初元二年（前47），张勃举荐陈汤作茂材。茂材就是秀才，东汉时因避光武帝刘秀名讳改为茂材。汉朝没有科举制度，人才选拔除士族世袭外，主要靠推荐：一种叫举孝廉，就是考察品德孝道；另一种就是举茂材，主要看学问文章。茂材数量远少于孝廉，一旦被举荐，就可以任命官职。

陈汤一直想谋取辉煌的前程以便衣锦还乡，父亲去世也没有回去奔丧，这在以"忠孝"治天下的汉朝是大不敬的罪过。被人举报后，司隶追究，认为陈汤品德孝行有问题，张勃也因举荐不实被连累，削减二百户食邑。由于陈汤确有才能，后来又被起用，做了一名郎官。眼见在长安难有出头之日，又不甘岁月蹉跎，陈汤多次请求出使。出使西域，建功异域，有张骞、傅介子、常惠、冯奉世等一批前辈作为榜样，陈汤也渴望改变命运。

建昭三年（前36），陈汤被任命为西域副校尉，随新任命的西域都护甘延寿赴西域上任。对于陈汤来说，蛰伏多年的心，终于迎来了飞翔的时刻。

在随同甘延寿出塞赴任的路上，陈汤细心观察山川城邑，经常登高察看地形地貌。古时没有专业的地图作业，唯一的办法就是记在脑海里。陈汤知道自己出身寒门，养成了"沉勇有大虑，多策谋，喜奇功"（《汉书·傅常郑甘陈段传》）的个性。沉稳勇敢、心思缜密、多谋善断，渴望建功立业，分明是个将才。

甘延寿、陈汤此行仅是走马上任，没有接到征讨郅支单于的任务。况且，西域都护的职责是维护交通线路和屯田安全，军事行动主要由设在车师的戊己校尉承担。

西域境内相对太平，唯一的敌对目标就是盘踞康居的北匈奴郅支单于。到任之后，陈汤经过深思熟虑，对甘延寿建言道："夷狄之人，天性欺软怕硬。西域本来是匈奴的地盘，郅支单于现在名头很大，经常劫掠乌孙、大宛等国，还帮康居出主意欺负其他国家。匈奴哪天灭掉乌孙、大宛后坐大，那些一直向汉朝朝贡的国家就遭殃了。郅支单于勇猛彪悍，杀伐好战，数次获胜，长期姑息，势必成为西域祸患。现在的单于城虽然地处偏远，但据城坚守不是匈奴的长项。

如果我们调发屯垦部队，再从乌孙借兵，一举突袭单于城，到时，郅支单于想跑也没有地方可跑，想守也守不住。"

最后，陈汤给甘延寿点了一把火："千载之功可一朝而成也。"(《汉书·傅常郑甘陈段传》)这是千载难逢的机会啊！甘延寿听出了陈汤的潜台词，同意了陈汤的建议，准备上书奏请皇帝。

陈汤赶紧摆手："不可不可，朝中的家伙只会空谈务虚，我们这等军机大事哪是这班平庸之辈能理解的？他们肯定不会同意。"

甘延寿犹豫不决："我想一想。"

就在此时，甘延寿病倒了，陈汤趁机做主，假借朝廷命令，征调戊己校尉管理的屯田部队和乌孙等国兵力，迅速开往乌垒城集结。

病榻上的甘延寿得知后，大惊失色，爬起来准备制止陈汤。

陈汤按剑大骂甘延寿："大军已经集结，你胆敢阻挠行动？你试试！"

甘延寿只好同意。甘延寿年轻时以良家子弟加入羽林军，精于骑射，投掷石块、登高攀岩都是军中翘楚，皇宫亭台楼阁如履平地，算是身手一流的武林高手。可就是这样一个人，在咄咄逼人的陈汤面前，只得屈尊默许，陈汤的强势霸气可见一斑。

陈汤校场点兵，增加扬威、白虎、合骑三校，汉兵与西域诸国兵共计四万人马。为了对郅支单于形成合围之势，陈汤将部队分为六队，三队取南道翻越帕米尔高原，经大宛，剑锋直指郅支单于居住地——单于新城；自己和甘延寿率三队，取北道经乌孙，直奔康居，杀向单于新城。此时距郅支单于移居中亚近十年，距冯奉世平莎车也近二十年，距贰师将军二次远征大宛六十多年，大汉军队的雄姿早已淡出西域的视野。

起程之前，甘延寿、陈汤派人飞驰长安，向汉元帝"上疏自劾奏矫制"(《汉书·傅常郑甘陈段传》)，自动请罪，汇报矫诏出兵的经过。

旌旗猎猎、铁甲寒衣，一场千里奔袭战的帷幕，在雄阔浩瀚的西域大地上徐徐拉开。

甘延寿、陈汤指挥的北路兵团长途跋涉，刚刚抵达伊塞克湖，就碰到从乌孙赤谷城抢劫回来的康居数千骑兵，领军者是康居副王抱阗。陈汤当即命令汉军攻打康居军，抢回被掠走的四百多名乌孙牧民，送回乌孙大昆弥，牛羊等牲畜就充作军粮。

汉军军纪严整，继续行军，进入康居境内，陈汤严令不得骚扰百姓。陈汤先秘密约见康居贵族屠墨，对屠墨晓以大义，举酒盟誓，提前笼络一批贵族势力。

康居国被郅支单于反客为主，搞得民不聊生，现在见汉朝大军悄然而至，统帅将领又恩威并举，屠墨就把关于郅支的情报和盘托出，还安排舅舅贝色的儿子开牟带路。

第二天，行至距郅支城三十里地之处，陈汤下令安营扎寨。

看到汉军旌旗飘扬，号角连营，郅支单于大惊，遣使来问："汉军怎么跑到这里来啦？"

陈汤说道："单于前边说要归附汉朝，进京朝见天子。我们天子可怜单于蜗居在康居，不忍心让单于受委屈，特意委派西域都护率军来迎接单于和家人。我们不想惊扰周围，所以没有进至城下。"

匈奴使者两头传话跑了几趟，甘延寿和陈汤下了最后通牒："我们为迎接单于不辞辛劳跑到这里，至今没一个有头有脸的人出来见我们，是单于不懂迎客之礼吗？我们远道而来，人困马乏，粮食快耗完，恐怕回不去了。到底怎么办，请单于和大臣商量后决定。"

又过一天，汉朝与西域诸国联军拔营进至距郅支城三里处，排兵布阵，严阵以待。这就是反客为主之计，表现出从容不迫、胜券在握的姿态，对康居和郅支单于是强大的心理威慑。康居部队犹如置身事外地观战，加深了郅支单于对康居的怀疑。

陈、甘二人止足望向郅支城，城外还有一道木头扎成的城垣，上面五彩旗帜竖立，数百名军士披甲立于城头，张弓搭箭，百余骑兵在城下来回驰骋，另有一百多名步兵摆成鱼鳞阵，在操练演习。

这极有可能是流落在中亚地区的罗马兵团雇佣军。这种用圆形盾牌连成鱼鳞形状的防御阵式（可能是古罗马军队的龟甲战阵）和修"重木城"（城外用木料再修一道城墙）的方法，只有古罗马军队采用。学者推测这支军队是古罗马与安息帝国进行的卡雷战役中失踪的那支军队。公元前53年，罗马军事巨头克拉苏远征波斯帝国，罗马军团几乎全军覆没，克拉苏阵亡，只有克拉苏之子率领的第一军团六千多人突围，却神秘失踪。

后来，在甘肃河西地区出现一个叫作"骊靬"的县，古城位于今甘肃永昌。考古学家研究，骊靬遗址的古城墙就是"重木城"，城墙外加固重木。当地村民个子高大，眼窝深陷，头发呈棕色，皮肤呈深红色，至今保留古罗马人斗牛遗风。《汉书·张骞传》颜师古注："犛靬即大秦国也，张掖骊靬县盖取此国为名耳。"骊靬是汉朝对罗马帝国的称呼，当年失踪的罗马第一军团后裔，很可能被陈汤俘虏后遣送至这里，繁衍生息。

这可能是汉匈战争中汉军第一次对匈奴的城市攻坚战，以往都是匈奴攻打汉朝边境城池。甘延寿、陈汤下令擂鼓出击，联军前阵由盾牌手组成，后阵则是弓弩手，阵势严密，踏鼓而行，顿时形成四面围城之势。随着一声令下，箭如飞蝗，矢如密雨，城楼上的披甲守军应声而落，匈奴士兵四散逃命。依托木头外城的格栅，匈奴士兵连续放箭，给联军造成不小伤亡。陈汤命令发射火箭，重木城墙顿时燃烧起来，火光冲天。战斗持续到夜晚，数百名匈奴骑兵向外冲杀，被联军迎头射杀，打了回去。

看着大火熊熊燃烧的外城，听着冲天的战斗呐喊声，郅支单于准备弃城而去，但怀疑康居人怨恨自己，会做内应，加之乌孙等国都发兵帮助汉军，担心自己无路可逃，出城后又返回，打算死守顽抗，期待汉军劳师远征，支撑不了多久。

外城已被烧毁，单于身披铠甲，登上内城城楼指挥，几十个阏氏夫人也引弓战斗，射杀汉军。

联军势不可当，越战越勇。一支箭正中郅支单于的鼻子，血流如注，阏氏夫人几乎全部战死。郅支单于捂着鲜血直流的鼻子，从城楼上下来，骑马奔入王宫。此时已是半夜时分，外城已被烧毁，单于派士兵爬上未被占领的内城墙头，大声向外呼喊求救。

城外，救援而来的康居军队有一万余骑，环城绕行，与城内的匈奴残军呼应，但迟迟不敢进攻联军。深夜时一度攻打汉军营帐，但被击溃之后没有再来。

拂晓时，四面火光再起，联军将士趁机呐喊，一时人嘶马鸣，擂鼓震天。康居军全部撤退。

联军从四面以盾牌为阵，步步进逼。郅支单于仅剩一百余名男女军士退入王宫，垂死抵抗。联军蜂拥而入，郅支单于被一阵乱刀砍死，一名叫杜勋的下级军官斩下郅支单于脑袋。雄霸欧亚大陆北方草原的匈奴王族后裔，落得身首分家的下场。

打扫战场时，汉兵找到两名被关押的汉使，谷吉当年出使时带的书信也被找了出来。战报显示，斩敌一千五百一十八人，生俘一百四十五人，投降一千多人。作为对参战西域诸国的奖励，俘虏全部送给这些国家。

匈奴国力疲弱，人口锐减，难与汉帝国抗衡，丁零、乌桓等部族的崛起，使江河日下的匈奴雪上加霜，内乱分离更是极大地分化、削弱了匈奴的凝聚力和战斗力。远走康居，避免与国力强盛的汉帝国发生碰撞，休养生息，积蓄力量，等待时机再复出，原本是一个不错的策略。但是，郅支单于与康居国反目，失去民心；既没有迅速扩大地盘，也没有建立一块适合游牧族群生存的游牧地，反而建单于城沉溺享受；只知横征暴敛，四处抢劫，得罪周边国家，失道寡助；不懂韬光养晦，再错失汉帝国的宽宥，欺诈自大；没有一点危机意识，觉得远走康居，天高皇帝远，沿途粮草补给困难，汉帝国不值得跑这么远来攻打；丢弃了游牧族群飘忽迅疾、迂回穿插、机动灵活的战术思想，没有把战场安排在辽阔山野之间，而是龟缩单于城据守，在没有援军的情况下，与熟悉城池攻坚战的汉军开打。

战斗结束，甘延寿、陈汤将郅支单于的首级飞马传送长安，同时送去的还有一封捷报："臣闻天下之大义，当混为一，昔有唐虞，今有强汉。匈奴呼韩邪单于已称北藩，唯郅支单于叛逆，未伏其辜，大夏之西，以为强汉不能臣也。郅支单于惨毒行于民，大恶通于天。臣延寿、臣汤将义兵，行天诛，赖陛下神灵，阴阳并应，天气精明，陷陈克敌，斩郅支首及名王以下。宜县头槀街蛮夷邸间，以示万里，明犯强汉者，虽远必诛。"（《汉书·傅常郑甘陈段传》）

与其说这是一封送给皇帝的捷报，不如说是一篇昭告世界的雄文，文采激昂，豪气干云，远非普通文吏所作，估计为陈汤亲自操刀。毕竟陈汤"善属文"，

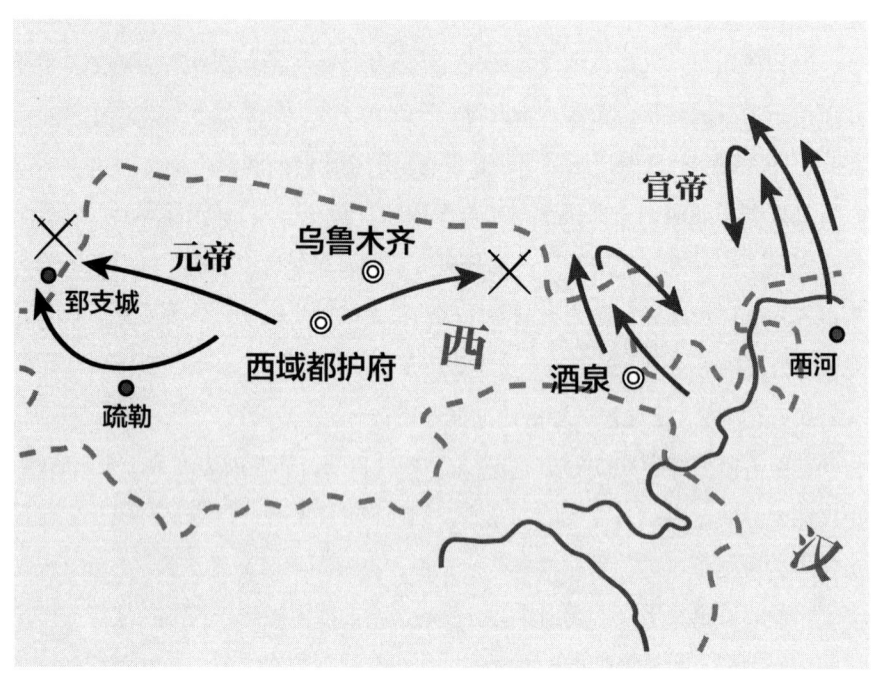

▲ 汉宣帝、汉元帝出击匈奴示意图

写得一手好文章。

随后，陈、甘二人又派使者前往康居王官质问康居王，之后，大军带着康居王的质子凯旋。

甘延寿回到西域都护府，陈汤带着战俘和战利品回到长安，向皇帝敬献。但是，迎接陈汤的不是夹道欢迎的人群，不是歌功颂德的各级官员，而是直属司隶校尉的监察人员。

陈汤回军时带回许多缴获的财物，但缴获的财物大多没有依法上交。司隶校尉是直属皇帝的政府监察人员。"巫蛊之乱"时，好多人被诬陷下狱，汉武帝设置了这个临时职位处理相关事宜。后来这个职位保留，主要负责对各地官员的监察工作。司隶校尉发文书给陈汤必经之路上的官员，要求逮捕陈汤部官兵。

陈汤立即上奏："臣下同官兵一同诛杀郅支单于，幸亏把他们消灭，军队万里之外得胜归来，应有使者在路上迎接犒劳。现司隶逆其道而行，逮捕官兵审查，这是为郅支单于报仇啊！"

汉元帝接到陈汤的奏书，下令一律放行，命令沿途郡县箪食壶浆，出力劳军。

甘、陈二人此次出军，兵行万里，斩帅夺旗，可是也犯了大忌——矫诏，就是假传圣旨。石显、匡衡认为："甘延寿、陈汤假托皇帝命令，兴师动众，有幸没有被诛杀。如果再封爵位赐食邑，以后奉命的使者就会争相冒险，惹起事端，给国家带来灾难，这个头不能开。"

建昭五年（前34），呼韩邪单于再次请求参加朝正月大会，要到长安觐见，目的就是和亲，请求做汉朝的女婿，加强汉匈之间的关系。这也是建昭四年（前35）春北匈奴郅支单于被传首长安、示众十日后带来的又一效应。

呼韩邪单于的行为，让汉帝国大部分朝臣看出诛杀郅支单于的现实意义，汉元帝内心赞赏甘延寿、陈汤的功劳，但无法驳斥匡衡、石显的意见。

陈汤贪婪、傲慢，甘延寿曾得罪过石显。早先石显想将姐姐嫁给甘延寿。但是，甘延寿歧视太监，没有同意。现在石显抓住了机会报复。

刘氏宗亲刘向仗义执言，上书说："郅支单于监禁杀害使者和官兵数以百计，事情沸沸扬扬于外国，损失威望，失去别人的敬重，各位大臣都为此忧愁。陛下发怒想诛杀他。西域都护甘延寿、副校尉陈汤秉承圣明的旨意，倚靠神灵保佑，统率百蛮的君主，带领有城镇之国的军队，出生入死，进入无人能到的地方，才踏平康居，攻破五道城墙，拔下歙侯的旗帜，斩下郅支单于的首级，悬扬旌旗于万里之外的地方，远播威名于昆山之西，洗刷谷吉的耻辱，建立卓越的功勋，万夷畏惧屈服。呼韩邪单于看到郅支单于已被杀，又喜又怕，向风慕义，驱驰前来，稽拜表示归附，愿意守护北藩，历代称臣。他们建立了千年的功业，保证了万代的平安，群臣中功勋没有比他们更大的。往昔周朝大夫方叔、吉甫为周宣王诛杀猃狁而使百蛮归顺。《诗经》上说：车马喧喧，有如雷霆，既显贵又诚信的方叔，征讨猃狁，蛮荆也因畏惧威力而来臣服。《易经》上说：消灭敌人首领的人值得表扬，因为他可以获得更多不同族类的人。这是赞美那些诛杀罪魁祸首，使其他不愿顺服的人前来归顺的人。现在甘延寿、陈汤诛杀带来的震动，即使是《易经》上所说的消灭首领，《诗经》上所说的有如雷霆也比不上。评论大的功绩应不计较小的过错，推举绝美的东西应不顾小的瑕疵。《司马法》上说赏赐军队不超过一个月，希望立功的人快速得到他们行善事的报酬。这是重视战功、重用人才的缘故。吉甫回去后，周王赐给他丰盛的东西，《诗经》上说：吉甫因为被宴请，所以很高兴，他受到了那么多祝福，是因为他从镐地回来，功劳同日月一样长久。千里之外的镐地还认为遥远，更何况万里之外，他们的辛勤到了极点！甘延寿、陈汤不仅没有受到赏赐的回报，反而因义无反顾而取得的功劳受到委屈，长期受挫于刀笔小吏。这不是奖励有功之人、鞭策士兵的方法。以前齐桓公先有尊周的功劳，后来又有灭项国的罪责，君子就以功劳来掩盖过错而隐讳他所行的错事。贰师将军李广利损失五万人的部队，花去亿万费用，经历四年劳苦，只获得三十匹骏马，虽然斩下宛王的首级，也不足以补偿耗费，而且他自己的罪恶也很多。孝武帝认为到万里之远的地方去征讨敌人，不应计较他的过失，就封拜两侯、三卿、二千石的官职爵位给一百多人。现今康居国力强于大宛，郅支单于的号令重于宛王，他们杀害使者之罪大于大宛留住马匹的罪，而且甘延寿、陈汤与贰师将军相比，功德胜于他百倍。常惠、郑吉这些人仅仅跟随别人做了一些微不足道的事，尚且裂土封爵。所以说武功和辛勤劳苦大于方叔、吉甫，将功补过又优于齐桓公、贰师将军，他们所做事情的功劳又高于安远侯、长罗侯，但大的功劳没有得到表彰，小的过失却到处传布，臣深为痛惜。应及时解除悬案，让他们自由出入，免罪不究，给予宠信，封授爵位，用以奖励有功之人。"

刘向的奏书谈古论今，旁征博引，情真意切，一举说服汉元帝。汉元帝终于表态，甘、陈二人有功无过。但是，只能尽量压低奖励的规格。丞相匡衡和中书令石显据理力争，封赏等级一路下降。最后，汉元帝封甘延寿为义成侯，陈汤为关内侯，食邑各三百户，加赐黄金百斤，并且分别晋升为长水校尉和射声校尉。

汉成帝刘骜即位后，丞相匡衡上奏道："陈汤以二千石官员的身份奉命出使，不待请命就行事于蛮夷中，不严格要求自己以为部下的榜样，反而盗取从康居夺得的财物，警告官员不要再重新验证边远地区的事。即使事在赦免以前，还是不适合当官。"陈汤因此被免官，削去爵位。

几年后，西域都护段会宗受到乌孙人的围攻，段会宗派人请求朝廷尽快发兵援救。丞相王商、大将军王凤及百官讨论数日仍无结果。王凤说："陈汤很能谋划，熟悉外国情况，可以把他叫来问问。"汉成帝立即召见陈汤。陈汤在攻击郅支时落下风湿病，两臂不能屈伸，入见汉成帝时，汉成帝先下诏不用行跪拜之礼，直接看段会宗传回来的紧急求救奏书。

陈汤推辞说："将相九卿都是贤才，通晓事理，小臣衰弱多病，不足以策谋大事。"

汉成帝听出他话中的怨气，说："国家有急事，你就不要推让了。"

于是，陈汤就西域形势向汉成帝仔细分析："臣下认为这件事不值得忧虑。一般情况下，五个乌孙兵相当于一个汉兵，其兵器原始笨重，弓箭也不锋利。如今学习汉兵器制作技巧，有了较好的刀、箭，但仍可以三比一来计算战斗力。围攻的乌孙兵马不足以战胜段会宗，陛下尽管放心。即使发兵去救，轻骑平均每天可走五十里，重骑平均才三十里，根本不是救急之兵。"

陈汤推算日期后说："现在那里的包围已经解除。不出五天，一定会有好消息。"

过了四天，果然军书报回，说乌孙兵已解围。

大将军王凤通过这件事，深感陈汤经验丰富，大有用处，奏请汉成帝起用陈汤，任他为从事中郎，军事上的大事都请他做出决断。陈汤严明法令，采纳众人的意见办事，颇有将帅风范，但他又经常接受别人的贿赂，终被罢黜。

后来，被陈汤得罪过的朝中大臣向汉成帝密告："陈汤散播谣言，惑乱百姓，危及朝廷。"

于是，陈汤被发配到河西走廊与西域交界处的敦煌。不久，敦煌太守上奏："陈汤以前亲自诛杀郅支单于，在西域诸国威望很大，不适宜接近边塞。"汉哀帝刘欣就下令把陈汤流放到安定。后来，汉哀帝又下令让陈汤回到长安。最后，陈汤病逝于长安。

陈汤死后几年，终结西汉王朝的王莽执掌朝政，感激陈汤帮助过自己，又想讨好皇太后王政君，就以讨伐郅支的功劳尊称汉元帝庙号为高宗，加封甘延寿之孙甘迁一千六百户，为陈汤追加谥号为破胡壮侯，封陈汤之子陈冯为破胡侯，陈勋为讨狄侯。

陈汤的一生，波澜壮阔，惊险曲折，跌宕起伏，令人掩卷哀叹！

昭君出塞

陈汤诛杀北匈奴郅支单于的副产品，就是南匈奴呼韩邪单于向汉朝求亲，王昭君出塞和亲。

陈汤诛杀郅支单于前，归附汉朝的呼韩邪单于所部在长城之外已处于半定居的状态，政治上自成一体。汉朝除给予生活物资的帮助，并没有改变其生活习性。随着部落人数恢复，定居地附近生态遭到严重破坏，猎物捕捉殆尽，恢复实力的匈奴人越来越想回到那广袤的大漠。

汉元帝初元二年（前47），汉朝派遣督骑尉韩昌、光禄大夫张猛（张骞之孙，有四分之一匈奴血统）出使匈奴。这次出使有两个目的：一是送呼韩邪单于的质子回部落，二是再次打听谷吉一行的下落，顺便安抚呼韩邪单于。

二位使者看到的情景使他们亦喜亦忧。呼韩邪所部人丁茂盛，实力有很大增强，自卫不成问题，但同时对汉朝也是一个威胁。当初，呼韩邪南下称臣，汉朝完全可以兼并匈奴，封其为侯，取消单于名号，在名义上汉朝对单于所部的行动就会有一定的约束力。可汉朝将呼韩邪部作为一个整体安置在长城边，帮助他们休养生息，恢复元气。现在呼韩邪单于想走，汉朝连名义上的约束力都没有。韩昌、张猛经过仔细考虑，决定与单于结盟，盟约的内容是："自今以来，汉与匈奴合为一家，世世毋得相诈相攻。有窃盗者，相报，行其诛，偿其物；有寇，发兵相助。汉与匈奴敢先背约者，受天不祥。令其世世子孙尽如盟。"（《汉书·匈奴传》）

呼韩邪求之不得，一纸盟约，给了南匈奴一个天大的保护伞。

但韩昌、张猛越权了。使节没有这种权力，此时结盟对汉朝也没有好处，为汉匈今后关系的发展埋下了一颗定时炸弹。汉朝认为呼韩邪单于部是汉朝的属国，送回质子是为了让匈奴感恩，再结盟约就等于改变了双方的关系。

不久，呼韩邪单于率部北归王庭，散处草原各地的匈奴人纷纷归附。数年过去，双方两不相扰，相安无事。突然间，郅支单于被传首京师，汉军万里远征，显示出强大的力量。呼韩邪单于感到了危机，明白双方力量悬殊，汉朝就像一座大山，横亘在匈奴的面前，无法逾越。

汉元帝建昭五年（前34），呼韩邪单于再次请求参加朝正月大会，要到长安觐见汉朝皇帝陛下。呼韩邪单于此行的首要目的就是和亲，通过和亲变成亲戚，以此加深汉匈之间的关系。

汉元帝将宫女王昭君赐予呼韩邪单于。不是和亲，而是赐婚。待嫁的不是公主，而是宫女王昭君。为了庆祝双方再结姻亲，汉朝改元竟宁元年（前33），取边境安宁之意。

呼韩邪单于将王昭君当作公主对待，封王昭君为宁胡阏氏。宁胡者，安定匈奴也。这也是有记载的汉朝和亲公主得到的第一个封号。呼韩邪单于把这桩政治婚姻做大、做好，让所有人都知道汉匈和亲，两国关系良好。

呼韩邪单于已是风烛残年，于两年后即建始二年（前31）辞世。请求归汉

▲ 王昭君像

不得，王昭君再嫁呼韩邪的儿子雕陶莫皋。这桩政治婚姻结出了硕果，为北部边境赢来几十年安宁，促进了民族友好和文化交流。王昭君在匈奴生有一男两女，其后代在匈奴很尊贵，这是后话。

呼韩邪单于临终之前选择继承人。呼韩邪单于总共有十几位夫人，其中最尊贵的、最受重视的是两姐妹，姐姐是颛渠阏氏，妹妹是大阏氏。匈奴单于传承的习惯，一般是单于最尊贵夫人的长子立为太子，也可由单于根据意愿指定太子。呼韩邪单于的颛渠阏氏，是单于的贤内助，为单于生育了两个儿子，老大叫且莫车，老二叫囊知牙斯。其妹妹大阏氏为单于生养了四个儿子，老大雕陶莫皋、老二且糜胥（二人比颛渠阏氏的长子且莫车年长），还有老三咸和老四乐（二人比颛渠阏氏的二儿子囊知牙斯小）。

呼韩邪单于原本打算立最喜欢的儿子、颛渠阏氏的长子且莫车为继承人。

颛渠阏氏劝呼韩邪说："经过这么多年动荡，匈奴的国脉就像游丝一样悬着，在汉朝的帮助下匈奴才稳定下来，此时，匈奴需要的是能稳定人心、强有力的男子汉，且莫车还是一个孩童，难负重望。匈奴实在禁不起折腾，应该立大阏氏的长子雕陶莫皋为太子。"

但是大阏氏对呼韩邪单于说："且莫车虽然年龄小，可有那么多大臣可以辅佐他处理政务，现在舍贵立贱，会造成国家不稳。"

经过五单于争位的大动荡，匈奴人终于明白团结的重要，草原深处也有妻妾和睦、父慈子孝、兄友弟恭的和谐场面。

建始二年（前31），呼韩邪单于传位于雕陶莫皋，是为复株累若鞮单于。呼韩邪单于规定了一个传位原则——兄终弟及。十一年后，雕陶莫皋死前遵从约定，传位给弟弟、大阏氏的二儿子且糜胥，是为搜谐若鞮单于。又过了八年，颛渠阏氏的大儿子且莫车终于成为车牙若鞮单于。且莫车死后，颛渠阏氏的二儿子囊知牙斯继承单于位，是为乌珠留若鞮单于。囊知牙斯死后，大阏氏的三儿子咸继位，是为乌累若鞮单于。

单于之位有序传承，保证了呼韩邪单于对汉朝友好政策的延续。昭君出塞之后，汉匈之间得享五十余年太平，原因之一是汉朝实力强大，原因之二是呼韩邪单于与汉朝和睦的政策得以延续。

第十四章

汉匈的拉扯

西域都护段会宗

汉宣帝神爵二年（前60），为了管理统一后的西域，汉帝国在乌垒城建立西域都护府，正式在西域设官、驻军、推行政令，开始行使国家主权，这就是《汉书·傅常郑甘陈段传》所称"汉之号令班西域矣"，西域从此成为大汉领土不可分割的一部分。

西域都护府的主要职责是监督、镇抚西域各国，总理各项事务。比如，协调西域各国间的矛盾和纠纷，制止外来势力的侵扰，维护西域地方的社会秩序，确保丝绸之路的畅通。都护统管着大宛以东、乌孙以南三十多个国家，西域各国自国王以下各级官员皆佩汉印绶，以确认是汉朝官员。西域都护是大汉朝廷派遣管理西域的最高军政长官，郑吉为第一任西域都护。

汉元帝初元元年（前48），汉廷做出战略调整，撤出在乌孙的屯田部队，同时在车师故地建立新的屯田基地。汉朝在乌孙赤谷城附近共有三校屯田士卒，总计三千余人，是当年常惠平定乌孙大小昆弥之乱带去的汉军北军精锐。随着乌孙局势稳定，朝廷认为再在乌孙驻扎如此多部队已无必要。此时北匈奴已被陈汤部诛灭，南匈奴呼韩邪部南下向汉朝称臣。

紧接着，大汉朝廷又派出戊、己校尉统领北军精锐，在车师故地屯田。戊、己两校尉的部队来自汉朝禁卫军北军，两校尉麾下，应有汉军六千人。车师故地是游牧族群进入西域的门户，是当年汉匈反复争夺的主战场，也是战略要地。屯田车师，就切断了游牧族群与西域的联系，屯田也有加强防卫的作用。这是汉朝为预防万一所做的战略前瞻性安排。

西域都护府与屯田的戊、己两校尉分处两地，遥相呼应。一旦有变，都护可凭借皇帝授予的节杖调兵遣将。至此，汉廷管理西域的布局基本完成。

陈汤远出康居诛灭北匈奴之后，都护府的威望如日中天。西域南北两路天下太平，各国间没有直接的武装冲突，矛盾冲突能在都护府的调解下和平解决，诸国内部派系的纷争，也可由都护府出面协调解决。一时间，商人行旅络绎于途。

汉元帝竟宁元年（前33），段会宗以杜陵县令的身份，被三公、太傅和大将军等联名推举为西域都护、骑都尉、光禄大夫。段会宗上任伊始，帮助乌孙大昆弥稳定部众。前任都护韩宣曾建议朝廷撤掉星靡，星靡是解忧公主的后代，朝廷没有同意。段会宗上任的时候，乌孙情况更加糟糕，部众不服、叛乱、逃亡者很多。星靡去世之后，段会宗辅立星靡之子雌栗靡，使大昆弥逐渐走向安定。三年任期，段会宗赢得西域各国的普遍尊重。

汉成帝建始元年（前32），乌孙小昆弥乌就屠去世，立长子拊离代为小昆弥。拊离代继位没多久，就被暗杀。拊离代的儿子安日是当然的继承人，但安日只有十几岁，一些贵族声称安日不足以担当大任，希望拥立拊离代的弟弟日贰继承王位。双方相持不下，请都护段会宗主持公道。

段会宗没有直接协调谁做小昆弥，而是着手调查拊离代的死因。所有证据指向拊离代的弟弟日贰暗杀了哥哥拊离代。日贰和支持他的贵族担心事情败露，罪责难逃，就造谣安日杀父自立，同时煽动手下乌孙部众，说段会宗处事不公，包庇凶手。乌孙人跟着日贰包围段会宗的驻地。

段会宗身边没有多少部队，情急之下，向朝廷发出求援信，希望调动敦煌或西域各国的部队救援。前文提过，汉成帝接到段会宗的求援信，立即召集大臣商议，最后召陈汤前来咨询。陈汤分析了西域的形势，说不必担心，段会宗会自行解决。

事情的发展果如陈汤所料，段会宗送出求援信后，又派舌辩之士到乌孙人中进行辩解和游说。靠谣言聚集起的乌孙人，随着真相大白瞬间瓦解，日贰流亡康居。

段会宗立安日为小昆弥，帮助安日安定部众后卸任回国。

逃到康居的日贰一直是都护府的追捕对象。继任都护廉褒的重要任务之一，就是抓捕日贰。廉褒一方面派出使节向康居交涉，一方面将己校尉的屯田总部向西移到距康居较近的姑墨，进行作战准备。若交涉无果，就等待机会出兵康居，武力抓捕日贰。

康居毕竟是西域强国，不在汉朝都护府的管辖范围内，双方的关系也是商热政冷。小昆弥安日担心夜长梦多，派出乌孙贵族姑莫匿等三人前往康居，在康居王面前痛哭流涕，痛骂小昆弥安日残暴无德，对他们进行残酷迫害，希望康居王能收留。康居王收留了三人，原因同收留日贰一样，作为同汉朝讨价还价的筹码。遇见故乡人，日贰丧失了警惕性，被姑莫匿等人刺杀。

汉成帝阳朔四年（前21），西域各国联合上书，希望汉朝再次派出前都护段会宗出镇西域。这是一个标志性的事件，说明设置西域都护府这种管理模式，已被西域人民认可和接受，具体贯彻执行朝廷对西域政策的西域都护，受到西域人民欢迎。此时段会宗离开西域整整九年，年逾花甲，尽管还没有辞官养老，也只是在朝廷上出谋划策，运筹帷幄。可是为了国家利益，为了不辜负西域人民的期望，老将军抖擞精神，再次出征。

段会宗再次担任都护，轰动整个西域。所到之处，各国国王都派遣子弟郊迎数十里。乌孙国小昆弥安日，竟然走了千里之遥，亲自赶到龟兹来迎接。这份情谊真是难以言传。

段会宗的能力、人品无可挑剔，更重要的是，他代表了中原文化的感召力。西域都护府设立以后，汉朝在西域的影响力与日俱增，西域人民从汉朝体会到了与众不同的先进技术、先进文明、优秀文化，以及高水平的道德标准。西域最早是匈奴领地，匈奴抽税取富，给西域带来奴役、压迫和杀戮，而汉朝带来了安定、财富和平等。

段会宗到任没多久，就收到康居王太子派人送来的一封信，内容是康居太子保苏匿将带万余人来降。这在汉朝和康居的关系史上，是一个相当震撼的事件。

当年张骞初到西域，就是康居派出翻译把他护送到大月氏。丝绸之路打通之后，双方之间的商业往来频繁，但政治关系一直没有发展。有时康居还是汉朝进军西域的主要障碍之一。贰师将军征大宛、陈汤讨伐郅支单于，康居都与汉朝作对，但都在关键时候罢兵。事后双方继续进行商业往来。现在，康居太子保苏匿率众来降，确实出乎所有人意料。

西域都护无权决定，要上奏朝廷，请令定夺。朝廷派卫司马去迎接保苏匿。

朝廷的想法很简单，卫司马前去把人接来，勉励一番，安排一片耕牧区。

卫司马到达都护府后，言谈之中流露出一些为难情绪。为了给卫司马保驾护航，段会宗派出戊己校尉的屯田士兵随同前往。卫司马见到保苏匿的部众，看到一大片不见尽头的兵马，顿生恐惧，命令保苏匿的部众相互捆绑后再过来相见。保苏匿听到卫司马的话，大失所望，立即率部离去。汉朝唯一可能在康居国揳入一颗钉子的机会，就这样消失。此后，汉朝再无法对康居形成吸引力。

段会宗三年任期满后回到长安，有人追究他擅自调动戊己校尉之事，最终以赎罪得以减免。后来，段会宗被拜为金城太守，因有病未上任。

汉成帝鸿嘉元年（前20），段会宗再次被征召出使西域。同年早些时候，小昆弥安日遇刺身亡，乌孙贵族之间互相猜疑、指责，国内混乱。汉廷再次征召段会宗以左曹、中郎将、光禄大夫身份前往乌孙平定内乱。

大昆弥雌栗靡和小昆弥安日相继继位以后，大小乌孙和平共处，相安无事。这一时期，乌孙人口急剧增加，可以与老王翁归靡治理下的乌孙媲美。安日的遇刺是一个突发性的事件，史书没有明确记载原因，可能与安日派人暗杀叔父日贰有关。

事件发生之后，小乌孙局势混乱。当务之急是尽快确定小昆弥的人选，以稳定局面，安定形势。段会宗立安日的弟弟末振将为新的小昆弥，安抚了乌孙贵族和百姓，平息了乌孙国的内乱。

局势只稳定了一年，乌孙再次陷入内乱。末振将继任小昆弥之后，野心勃勃，煽动仇恨，宣称大昆弥要吞并小昆弥所部，以激起内部同仇敌忾之情来统一乌孙。

汉成帝鸿嘉二年（前19），末振将派贵族乌日领向大昆弥雌栗靡诈降。雌栗靡是解忧公主的第四代嫡系子孙，为人勇健刚毅，待人谦和宽容。大昆弥雌栗靡，没有同本部贵族商量，也没有禀报都护府，坦然接受乌日领，终为乌日领所害。

整顿大小乌孙的重任，不可避免地又落在了段会宗的身上。

汉成帝元延元年（前12），汉廷一方面将小昆弥在长安的质子收监入狱，同时派遣中郎将段会宗前往西域，与都护共同整顿大小乌孙。首要之务，一是立大昆弥，二是处理末振将。

解忧公主的孙子伊秩靡，也就是雌栗靡的叔父，被立为新的大昆弥。大乌孙的形势很快稳定。

可是如何处理末振将，就要大费周折。刺杀雌栗靡以后，末振将十分恐惧，躲进府邸，轻易不出府门，前后门都有重兵守卫，戒备森严。

朝廷要求将末振将抓捕到案，交给廷尉审讯，然后根据大汉律法明正典刑。只有这样才能杀鸡骇猴，彰显大汉威仪。到达赤谷城后，段会宗迟迟没有进行抓捕末振将的行动，因为派兵前去抓捕末振将，可能引起百姓恐慌，造成更大混乱，不利于以后乌孙局势的稳定。

大昆弥手下的翕侯难栖，自告奋勇，潜进末振将的府邸，将末振将刺杀。段会宗就此奏报朝廷，为难栖请功。同时，段会宗与都护协商，立安日之子安犁靡为小昆弥，小乌孙的局势很快安定。

可是，朝廷严令段会宗将祸首明正典刑，末振将已死，就将末振将之子番丘抓捕正法。这样做主要是表明一种态度，对公然挑衅，汉朝要坚决予以回击。

小乌孙不再枕戈待旦，如果派大军前去擒番丘，可能番丘闻讯就逃跑了。段会宗把大军留在垫娄地，亲选三十名精弩兵，飞马来到新小昆弥驻地。

小昆弥和小乌孙贵族没有任何防备，段会宗召出番丘，斥责说："末振将擅自诛杀公主的子孙，很遗憾我没能亲手将他斩杀，现在我奉命来杀你。"

段会宗手刃番丘之后，对乌孙属官说："我只带了三十个人，你们随时可以将我们杀死，但是大宛王和郅支单于的头现在还在长安城挂着，你们看着办。"

言毕，段会宗上马离去。小昆弥的属官惊得目瞪口呆。

汉成帝元延二年（前11），段会宗回到长安，被赐爵关内侯。

文忠攻罽宾

西汉成立西域都护府之后，控制范围在鼎盛时期包括费尔干纳盆地的大宛国，汉朝势力范围由此与印度河流域和中亚地区属于印度文明板块的罽宾、贵霜接壤。罽宾是中亚古国，在今兴都库什山以南阿富汗境内喀尔布河流域。古希腊人称喀尔布河为 Kophen，罽宾是其音译。西汉的时候，罽宾的具体面积有多大，史书没有记载。这个地方是一个战略要地，是连通中亚、南亚、西亚的战略要道。

罽宾曾被来自欧洲东南部马其顿的亚历山大大帝征服，其后属希腊巴克特里亚王朝（大夏）统治。公元前2世纪，塞种人的一支越过兴都库什山，占领喀尔布河流域，取代希腊人成为当地统治者，建都于循鲜城（修鲜城，在今斯利那加附近），此即汉代之罽宾。

塞种人据说是原先居住在今伊犁河一带（汉朝乌孙国领地）的游牧族群。早先，匈奴人进攻生活在河西走廊的大月氏人，大月氏战败。为躲避匈奴侵扰，大月氏一路向西迁徙来到这里，赶走居住在这里的塞种人。之后，乌孙人联合匈奴打败大月氏，在此建国。战败的塞种人一路南下，来到克什米尔地区。

《汉书·西域传》记载："罽宾地平，温和，有目宿、杂草、奇木、檀、槛、梓、竹、漆。种五谷、蒲陶诸果，粪治园田。地下湿，生稻，冬食生菜。其民巧，雕文刻镂，治官室，织罽，刺文绣，好酒食。有金、银、铜、锡，以为器。市列。以金银为钱，文为骑马，幕为人面。出封牛、水牛、象、大狗、沐猴、孔爵、珠玑、珊瑚、虎魄、璧流离。它畜与诸国同。"张骞出使西域的时候派副使到过罽宾，双方的联系就是那时建立起来的。随着丝绸之路开通，罽宾成为西域南路去印度的一个重要支点。在西域南路，从今新疆皮山转向西南，穿过中间的大石山县度（山名，今阿富汗兴都库什山），就到达难兜，再往西南就是罽宾。从今新疆皮山到县度，距离不远，但山路险峻，崎岖难行。史书记载，其中要路过大头痛山、小头痛山，还有赤土、身热之阪，这些地方会使人身体发热，没有人色，头痛呕吐，驴马牲畜都是这样。又有三池、盘石阪，道路狭窄之处只有一尺六七寸，长的有三十里。山险谷深，行路的人，骑马的和步行的相扶持，用绳索相连引，走二千多里才到县度。牲畜坠入山谷还未跌到底就粉碎了，人坠入山谷连尸首也收不回来。就是这样，也没有断了双方商人的往来。

罽宾距离长安有万里之遥，距西域都护府也有六七千里。当时统治罽宾的是塞种人建立的王朝，国王叫乌头劳，在汉昭帝、汉宣帝年间经常袭杀汉使，抢夺使节携带的各种汉朝物品。

乌头劳去世之后，其子派使者向汉朝谢罪。说是使者，其实就是商人。说是谢罪，其实是为了取得好感以便通商。汉朝开始对周围属国的贸易，形成了一种朝贡体制：属国使者携带物品（礼品）到中央政府朝贡，中央政府再回赠其远超过朝贡礼物价值的货物，用这种方式完成一次不对等的物物交易，以此彰显中央王朝的天朝上国风范。民间贸易也是一种通商方式。

汉朝怨恨罽宾，但汉元帝还是派出以关都尉文忠为首的使节，护送罽宾使者回国。君命难违，关都尉文忠再不愿意也得去。文忠挑选了数百名精锐弩兵，还准备了大量绳索。

在罽宾国都循鲜城，文忠一行受到了罽宾王的盛情款待，在循鲜城畅游了三天。原来，罽宾王遇到了麻烦。汉使文忠一行的到来，给了罽宾王一个夸耀自己功德的机会。尽管如此，文忠还是从罽宾王讲话的语气、眼神和周围的气氛感觉到了一种死亡的威胁。

就在这时，文忠的驻地来了一位神秘的客人——希腊人建立的容屈国的王子阴末赴。容屈国已被塞种人灭国，阴末赴希望汉使能够出手救万民于水火，除掉罽宾王。双方对斩杀罽宾王达成共识。

文忠一行，在罽宾盘桓了不止一年，冬季大雪封山时，寸步难行，不可能当年去当年回。文忠有足够的时间运筹帷幄，组织领导这次反对塞人暴君的行动。史书没有记载具体过程，我们知道的是，他们内外联合，采取突然袭击，一举斩杀罽宾王。文忠还帮助阴末赴建立了新的国家，立阴末赴为王，颁发汉朝印绶，名义上汉朝领有罽宾。

好景不长，汉元帝年间出使罽宾的汉使赵德，与阴末赴闹翻。史书没有记载原因，想必双方对各自的身份有不同的理解与解读。阴末赴囚禁赵德，杀害副使以下七十余人。

双方交恶之后，阴末赴向汉朝派使谢罪。汉元帝干脆绝域不通，断绝一切外交往来，将所谓罽宾使者送到县度，让他自己回家。这也是汉朝能使出的最严厉的手段。

汉成帝时，罽宾王又派使者来到汉朝。说是使者，确确实实就是商人。实际执掌朝政的王凤接受武库令杜钦的建议，仍派出护送使团，最远只送到了西域都护府管辖内的皮山。既然不能以德报怨，更不能以怨报怨，就以直报怨。

西汉江河日下

竟宁元年（前33）五月，汉元帝刘奭驾崩。六月，十八岁的皇太子刘骜继承皇位，是为汉成帝。刘骜的母亲王政君被尊为皇太后。

汉元帝晚年有废太子的打算，想改立宠妃傅昭仪之子、定陶恭王刘康（汉哀帝刘欣之父）为太子。时汉元帝病卧后宫，傅昭仪及定陶恭王刘康，常在榻前侍奉。皇后王政君和太子刘骜却难得见上皇帝一面。王政君和刘骜忧心忡忡，一筹莫展。外戚史丹凭借宠臣身份直入寝殿探病，趁寝殿中只有汉元帝一人时，伏在床前，声泪俱下地为太子求情。汉元帝优游不断，见史丹泣不成声，大为感动，表示不会废黜太子。史丹连连叩头请罪。汉元帝接着说："我的病恐怕不会有好转的可能，希望你好好辅佐皇太子，不要辜负我的重托！"

虽然有惊无险，此后太子及王政君仍是如履薄冰。汉成帝继位后做的第一件事，就是封自己的大舅王凤为大司马、大将军、领尚书事，集军政大权于一身。不到一年工夫，汉成帝的五个舅舅都赐爵关内侯，五年以后又于同一日封侯，有了封地。没有封侯的只有早亡的王曼，就是日后终结西汉王朝的王莽的父亲。

汉成帝登基之后，用明升暗降的办法任命汉元帝时的权臣石显为长信中太仆，使其离开权力中心丧失实权。丞相匡衡和御史大夫张谭等人联名上书，揭露石显及其党羽过去的罪恶。石显被免官逐回家乡，死于中途，其走卒纷纷被免官。汉元帝重用太监，形成宦官集团，致使石显弄权。汉成帝则重用外戚，形成外戚集团，致使王凤专权，王莽篡权。

如今在朝中掌权的外戚势力，由三组人物组成。其一是汉成帝的老丈人，许皇后的父亲车骑将军许嘉。其二以汉成帝的舅舅王凤为首。其三是左将军、丞相王商，与王凤不同族。王商的父亲王武是汉宣帝的舅舅，堂兄王接曾任大司马车骑将军。这是当时唯一能与王凤相抗衡的一支外戚。王商在政坛上稳步高升，有家族背景，也因其政治识见和能力。

第一个出局的是汉成帝的老丈人，得了些好处和一个荣誉职衔，许嘉退休回家养老。

王凤是皇太后王政君的哥哥，被汉成帝拜为大司马、大将军、领尚书事，执掌朝中大权。史家评价王凤骄横豪奢。王凤手下有一文一武两个心腹——太中大夫谷永和大将军武库令杜钦。

杜钦出身富贵人家，是好学高材，但一只眼睛残疾，当不了官。王凤的父亲同杜钦的哥哥关系很好，王凤钦慕杜钦才学，掌权之后把他网罗到大将军府做了武库令。

谷永则是主动投靠的。谷永是被郅支单于杀害的汉使谷吉的儿子，当时是一个管祭祀和礼仪的小官。汉成帝建始三年（前30），西南地区爆发山崩，次年春天有陨石从天而降，天灾异象不断。皇帝召集群臣寻找原因，商议对策。箭羽和炮弹纷纷射向王凤。作为首辅的王凤，在朝堂根基不稳，要承担更多的责任，被驳得体无完肤。关键时刻，谷永从浅说到深，从上说到下，从古说到今，从天上说到人间，从三皇五帝说到当今天子，旁征博引，滔滔不绝，最后归结出一个天人感应的结果——皇帝无子，皇太后无孙子，江山后继无人，所以天降灾异，要选良家女子充实内宫，早生贵子。这个结果皇帝很需要，立刻采纳。结果皆大欢喜。

王凤随即让杜钦照着上了一篇奏折。很快，谷永就被任命为光禄大夫，成为汉成帝左右手。

自此，汉成帝将处理朝政的大权交给王凤，王凤大权独揽，党同伐异。外朝诸臣，唯王凤之马首是瞻。中央政府和地方政府布满王凤党羽，郡国的守相、各州的刺史都出自王凤之门，形成了王凤专权的局面。

河平四年（前25），王凤姻亲琅邪郡太守杨肜辖境频发灾害，丞相王商派人查办，王凤找王商说情，王商不予理睬，上书奏请罢免。奏章石沉大海，汉成帝不批复。王商一击不中，王凤立即展开反击，嗾使频阳人耿定上书，指控王商与其父的奴婢通奸，以及王商妹妹与人淫乱，奴仆刺死她的奸夫。汉成帝认为不能据此罢免丞相。王凤坚持将此事移交司隶校尉彻查。

之前皇太后王政君想让王商的女儿入宫为妃。王商的女儿恰好生病，王商也不愿女儿入宫，便奏言女儿有病，不能入宫。如今王商见自身难保，便改变主意想让女儿入宫。

王商尚未设法让女儿入宫，恰好发生日食。在古代发生日食，说明朝廷失政，上天谴告。太中大夫张匡上书，请求向近臣陈述日食发生的原因。汉成帝派左将军史丹接见张匡，张匡趁机数落王商"罪行"。史丹将张匡之言转述汉成帝，汉成帝仍不信。王凤坚持要惩办王商，汉成帝迫于压力，于四月二十日下诏切责王商，免除王商丞相之职。王商愤恨难抑，罢官三天后吐血而亡，谥号"戾侯"。王商死后，王凤把王商家里任京官的子弟统统贬出京师，唆使心腹上书请求褫夺王商袭封的侯爵。但汉成帝仍然让王商的儿子王安袭爵。

阳朔元年（前24），刘氏宗族刘向小儿子刘歆得到推荐，汉成帝非常仰慕，要拜为中常侍。可侍从坚决劝说汉成帝征求大将军王凤的意见，汉成帝只有作罢。同年，汉成帝的弟弟、定陶恭王刘康来京城朝拜，汉成帝表达希望将来刘康继位，准备留刘康多住一段时间。正赶上日食，王凤借机把定陶恭王赶回郡国。

汉成帝也试图提拔担任过自己老师的张禹，以达到平衡。登基伊始，汉成帝就任命张禹为光禄大夫、领尚书事，与王凤同领朝纲。河平四年（前25），又任命张禹为丞相。张禹认为凭自己的实力与王凤抗衡，无异于以卵击石，几次请求退休，明哲保身，最终躲开是非之地。

两年后，王凤走到人生尽头，汉成帝彻底摆脱失去权力的郁闷。

阳朔三年（前22），汉成帝任命王氏兄弟中的王音为大司马、车骑将军，主持朝政。此时天下承平、四海大安。还未继承帝位的时候，汉成帝沉湎酒色，登基之后建造霄游宫、飞行殿和云雷宫享乐。汉成帝有个男宠张放，史书记载其少年殊丽，性格"开敏"，平日里"与上卧起，宠爱殊绝"。汉成帝提拔张放为中郎将，两人经常出外游玩，汉成帝还假称是张放的家人。朝臣不满，太后王政君将张放流放。汉成帝不堪思念之苦,多次召张放回京团聚,之后又迫于压力把张放放逐,"故常涕泣而遣之",还"玺书劳问不绝",千里传递书信。绥和二年(前7),汉成帝驾崩,张放"思慕哭泣而死"(《汉书·张汤传》)。

汉成帝最初专宠许皇后二十年,生了一儿一女,皆夭折。王氏集团担心无嗣,让汉成帝恩宠六宫。许皇后色衰,汉成帝宠爱班婕妤。班婕妤生下一子,数月夭折。班婕妤美而不艳,丽而不俗,又博通文史,知书达礼,把侍女李平进献给汉成帝。李平得宠,被封为婕妤。汉成帝说:"当初孝武帝的卫皇后也从微贱而起。"因此赐李平姓"卫",她就成了卫婕妤。

鸿嘉元年(前20),汉成帝开始微服私访,不是体察民情,而是斗鸡、走马,寻芳逐艳。一次,汉成帝遇到了赵飞燕。成语"环肥燕瘦"中的"燕瘦",就是这位赵飞燕。赵飞燕和妹妹赵合德一并进宫,得到汉成帝的宠爱。汉成帝曾经感叹:"吾老是乡矣,不能效武皇帝求白云乡也。"(《说郛》)"是乡",就是赵合德的怀抱,温柔之乡。

其后,又有数次灾异现世,刘向、谷永皆归咎于许皇后。于是,许皇后的椒房掖廷用度被减省,连皇帝的面也见不上。许皇后的姐姐、平安侯夫人许谒,用巫蛊诅咒后宫有孕的妃子,被赵飞燕揭发,许谒等人被处死,许皇后被废黜,后来被赐死。

汉成帝要立赵飞燕为后,孝元太后王政君劝阻,说赵飞燕出身卑贱,不适合做皇后。淳于长穿针引线,说服王政君。将赵飞燕的父亲封侯,赵飞燕便可与皇帝门当户对。

永始元年(前16),汉成帝立赵飞燕为皇后,晋赵合德为昭仪,又把昭阳殿赐给赵合德一人居住。为了感谢淳于长斡旋之功,汉成帝赐淳于长关内侯,不久又封为定陵侯。

汉成帝令工匠在皇宫太液池建造了一艘华丽的御船,叫"合宫舟"。一天,汉成帝带着飞燕一同泛舟赏景,赵飞燕穿着南越所贡云英紫裙、碧琼轻绡,轻歌《归风送远》之曲,翩翩起舞。汉成帝令侍郎冯无方吹笙助兴。舟至中流,狂风骤起,险些将身轻如燕的赵飞燕吹倒,冯无方扔掉乐器,拽住皇后的两只脚不肯松手,赵飞燕继续歌舞。此后,宫中流传"飞燕能作掌上舞"的佳话。

▲ 赵飞燕像

赵氏姐妹，专宠十年有余，但两人皆无子嗣。宫中有个叫曹伟能的女官，怀上了汉成帝的孩子，临产时，赵合德命中黄门田客拿着诏书毒死曹伟能，取走婴儿。后来嫔妃许美人怀孕，汉成帝暗中派御医探视，又送给许美人三粒名贵的养身丸药，做保胎之用。许美人生下儿子，赵合德大闹一场，汉成帝将孩子从许美人处要过来，孩子就不明不白地死了。

绥和元年（前8），汉成帝册封定陶恭王刘康之子刘欣为皇太子。

终结西汉王朝的王莽，此时已迈入仕途，一直小心翼翼。

王莽生于汉初元四年（前45），父王曼，兄王永。姑姑是孝元皇后王政君。王莽少年时，其父兄先后去世，其家是皇太后兄弟中唯一没被封侯的，只能眼看着别人富贵。当时，王氏家族是权倾朝野的外戚家族，王家先后有九人封侯，五人担任大司马，族中之人多为将军列侯，生活侈靡，声色犬马，互相攀比。唯独王莽生活简朴，为人谦恭，勤劳好学。王莽师事沛郡陈参学习《论语》，言行举止是典型的儒生做派。王莽服侍母亲及寡嫂，抚育兄长的遗子，行为严谨检点。对外结交贤士，对内侍奉诸位叔伯，十分周到。

王凤临终前几个月，一直是王莽端茶送药，衣不解带地照顾。王凤嘱咐皇太后、皇帝，要好好照顾王莽。同王莽一道照顾王凤的还有淳于长。淳于长的母亲是王政君的妹妹。同年，王莽被封为黄门郎，不久又升为射生校尉。在做黄门郎的时候，王莽认识了以后成为其主要智囊的刘歆。

永始元年（前16），王莽的叔父成都侯王商上书汉成帝，愿将自己的封邑转封给王莽，实际上就是给王莽请封。当世名士陈汤等人，都给王莽写推荐信。五月，王莽受封新都（河南新野）侯、骑都尉、光禄大夫侍中（皇帝侍卫近臣）。

王莽的表兄、王政君的外甥淳于长先于王莽步入仕途，善于阿谀奉承，受汉成帝信任，很快升为卫尉，掌管皇宫禁卫，成为九卿之一。这时执掌朝政大权的大司马王根准备退休，很多人认为淳于长应继任大司马。淳于长暗中为接替担任大司马做好了准备，给不少人封官许愿，而且淳于长与被废皇后许氏私通。王莽秘密搜集淳于长这些罪行，告知叔叔王根，王根要王莽告知王太后。王太后让汉成帝罢免了淳于长。淳于长死在狱中。

绥和元年（前8），王根病重，举荐王莽代替大司马之位，总理朝政。王莽

▲ 赵合德像

身居高位，克己不倦，招聘贤良，所受赏赐和邑钱都用来款待名士、门客和平民，生活更加俭约。朝野名流都称赞王莽，他的名声甚至超越其大权在握的叔伯。一次，王莽的母亲生病，王公贵族的夫人蜂拥前来探视。接待她们的是一位穿着平常的女性。起初大家以为是奴仆，一谈之下才知道是首辅大人的夫人。

绥和二年（前7）二月，刘骜夜宿未央宫，翌日准备接见辞行的楚思王刘衍和梁王刘立。晨起，刘骜刚刚穿上裤袜，衣服还没披上身，忽然身体僵直，口不能言，动弹不得。三月丙戌日，汉成帝在赵合德的怀抱中，暴死于长安未央宫，事后王太后"治问皇帝起居发病状"（《汉书·外戚传》），赵合德畏罪自杀。

刘欣登基，是为汉哀帝。时王氏专权，刘氏宗亲岌岌可危，刘欣提拔老师师丹为左将军，领尚书事，与大司马王莽同领朝纲。绥和二年（前7）四月，哀帝的祖母傅太后、母亲丁姬奉太皇太后王政君的诏命来到长安。随即，汉哀帝尊父亲定陶恭王为恭皇，尊定陶太后傅太后为恭皇太后，母亲丁姬为恭皇后，一大批亲戚被提拔成高官，封成侯爵。

王家执掌的大权开始转移，傅太后与丁皇后的家族开始得势。王莽卸职，隐居于封国新都，闭门不出，安分谨慎，其间他的二儿子王获杀死家奴，王莽逼王获自杀，得到世人好评。王莽隐居新都期间，官吏和平民都为王莽鸣不平，要求他复出。汉哀帝重新征召王莽回京城侍奉太皇太后王政君，但没有恢复其官职。

汉哀帝一家在与王氏家族争夺朝政大权时，大获全胜，但刘欣逐渐发现，权力完全转到了祖母傅太后的手里。傅太后的侄子傅迁侍奉在太后左右，为人奸邪，汉哀帝要把他免职，遣送回家。傅太后不同意。丞相孔光和大司空师丹劝说傅太后，傅太后坚决不同意。汉哀帝无奈。此后，刘欣被折磨得心力交瘁。

元寿二年（前1）六月，汉哀帝驾崩，终年二十六岁，并未留下子嗣。太皇太后王政君来到未央宫，收回传国玉玺，下诏朝中公卿推举大司马人选。群臣纷纷举荐王莽，只有前将军何武与左将军公孙禄表示反对。两人互相推举对方，以示对王氏专权不满。不久，王政君诏命王莽再任大司马，录尚书事，兼管军事令及禁军。

九月，王莽拥立汉元帝刘奭之孙、中山孝王刘兴之子、九岁的刘衎即皇帝位，是为汉平帝。王莽代理政务，得到朝野的拥戴，政治野心逐渐暴露。先是逼迫太皇太后王政君赶走王立，之后拔擢依附顺从他的人，诛灭触犯怨恨他的人。王莽主动巴结儒者大司徒孔光。孔光是三朝元老，深受朝野敬重，但为人胆小怕事。王莽一边主动接近和拉拢他，引荐他的女婿甄邯担任侍中兼奉车都尉，一边以王政君的名义逼孔光为自己宣传，利用孔光上奏的影响力充当自己排除异己的工具。王莽逐渐培植党羽，以堂弟王舜、王邑为心腹，用亲信甄丰、甄邯主管纠察弹劾，平晏管理机密事务。王莽平时表情严肃，想获取利益的时候，只须略微示意，党羽就会上奏，然后王莽磕头哭泣，坚决推辞，以此对上迷惑，对下掩盖野心。

汉平帝元始元年（1），大臣向太皇太后上奏，王莽"定策安宗庙"的功绩与霍光一样，应该享受与霍光相等的封赏。王莽上书表示，他是与孔光、王舜、甄丰、甄邯共同定策的，希望只奖励他们四人，以后再考虑他，多次推辞太皇太后诏令。大臣不断建议，王莽假意推辞再三，接受了"安汉公"的称号，但始终拒绝接受二万八千户食邑的俸禄。此外，王莽与亲信升任"四辅"之位：王莽为太傅，领四辅之事，孔光为太师、王舜为太保、甄丰为少傅，位居三公上。"四辅"大权独揽，除了封爵之事，政事皆由"安汉公、四辅平决"（《汉书·王莽传》）。

王莽首先建言对诸侯王和功臣后裔大加封赏，然后封赏在职官员，增加宗庙的礼乐，使百姓和鳏寡孤独都得到好处，对平民士人推行恩惠政策，再次博得朝野好感。其次建言王政君带头过俭朴的生活，自己贡献钱百万、田三十顷救济百姓，引百官效仿。遭遇水旱灾害，王莽只吃素食，不用酒肉。元始二年（2），全国大旱并发蝗灾，青州百姓流亡。王莽带领二百三十名官员献出土地住宅，按照人口分配给灾民，并派遣使者灭蝗。百姓将捕杀的蝗虫送交官府，官府用石斗量出蝗虫后按数付钱。百姓家资不满二万，以及受灾郡县家资不满十万的，免交租税。病人安置在富人按官方要求捐献的邸舍房屋中，进行医治。死亡六人以上的家庭丧葬钱五千，死四人以上的三千，死二人以上的二千。撤销皇家在安定的呼池苑，改为安民县，建起官署与住房，招募平民迁居，由县官发给口粮，分配房屋土地与用具，借犁、牛、种等。长安城中也为灾民建了一千套住宅。大司徒司直陈崇上表赞颂王莽的功德，说他可与古代圣人相比。

王莽将汉平帝的母亲卫氏及其一族封到中山国，禁止他们回长安。王莽长子王宇担忧汉平帝日后报复，极力反对，王莽不听劝谏。王宇与其师吴章商议，命妻舅吕宽持狗血洒于王莽住宅大门，以此为异象劝说王莽将权力交给卫氏。王莽将王宇逮捕入狱后毒杀，借机诛杀卫氏一族，逼死敬武公主、叔叔梁王刘立等朝中政敌，震惊朝野。王莽又令人把此事宣传为自己大义灭亲、奉公忘私，写成赞颂文章分发各地，让官吏、百姓都能背诵这些文章，记入官府档案，把这些文章当作《孝经》一样来教导世人。

元始三年（3），王莽立长女王嬿为刘衎的皇后（孝平皇后，后改封黄皇室主）。

元始四年（4），王莽加号宰衡，位在诸侯王公之上。王莽奏请建立明堂、辟雍、灵台等礼仪建筑和市、常满仓，为学者建造一万套住宅，网罗天下学者和有特殊本领的几千人至长安，大力宣扬礼乐教化，得到儒生拥戴。先是四十八万余百姓，以及诸侯、王公、宗室上奏请求加赏于安汉公王莽，再是公卿大臣九百人请求为王莽加九锡。于是，朝廷赐予王莽象征至高无上礼遇的九命之锡。接着，王莽为了制造太平盛世的景象，派"风俗使者"八人到各地考察，回朝后赞颂天下太平，彰显王莽宣扬教化之功。还通过重金引诱的政策，使匈奴遣使来归顺朝贺，王莽遂成为官民心中治国平天下的贤良圣人。

匈奴击乌桓

西汉朝廷内斗的同时，匈奴在不停地试探。

前文说过，段会宗率三十人杀死番丘。当时作为同谋的末振将的弟弟卑爰疐，非常害怕，带领部众八万人向北而去。卑爰疐北依康居，欲借兵吞并乌孙大小两昆弥，未果。大小昆弥更加依靠都护府，乌孙就此三分。康居不会为卑爰叀火中取栗。卑爰叀也不是真投降康居，只是引援自重。南面是大小昆弥，背后有都护府，卑爰叀被压迫在这个狭小的区域，东面的匈奴右地就成了卑爰叀攻击的对象。

从呼韩邪单于南下归汉算起，草原上没有刀兵已经四五十年。现在匈奴兵强马壮，卑爰叀部被单于斩杀数百人，掳去近千人和大批牛羊。战败的卑爰叀向匈奴送出质子称臣。匈奴单于将卑爰叀向匈奴送质子称臣一事上报。如果汉廷允许，匈奴与汉朝的臣属关系就发生了变化。汉廷很快派出使节，声明两方同为汉朝的属臣，不允许打仗，更不能互相入质称臣，勒令单于限期把质子送返。

汉平帝元始二年（2），在西域屯田的戊己校尉徐普发现了一条新路，可从车师后王国直通玉门关。此时戊、己两校尉已合二为一，驻节高昌壁。高昌壁故城在今吐鲁番市附近，火焰山下。从高昌壁到玉门要经过白龙堆，徐普发现的新路直达玉门，不必经过白龙堆。白龙堆是一片绵延百里的土丘群，环境险恶。这条新路，从敦煌出玉门，沿库鲁克塔格北，经当时的高昌壁，到达车师后王国。这条路民间一直在用，只是官方不知道，徐普想把它变成官道。但这条路介于车师后国与匈奴南将军管辖地之间，需要车师后国国王姑句配合勘查地界，上报朝廷。

车师后国国王姑句委婉地拒绝配合徐普的工作。都护府有明确规定，沿路国家要免费供应往来汉使费用。新路就在车师后国附近，无疑会增加车师后国的负担，加大对车师后国的束缚。徐普将姑句关入狱中，车师后国王妃股紫陬花费钱财，动用关系，让姑句逃出牢狱。一家人飞马离开高昌壁，直奔匈奴。

西出阳关，遇到的第一个西域国家（部落）就是婼羌。婼羌四处游牧，居无定所。汉平帝年间，邻近的赤水羌逐渐强盛，两个部族之间爆发兼并战争。婼羌逐渐处于下风，经常向都护府求救。婼羌首领去胡来王唐兜，向都护但钦求救。都护府驻节在轮台，距离婼羌的游牧地有数千里，信使往来也需要时间。但钦到任不久，没有积极营救，去胡来王唐兜对都护充满怨恨。

唐兜率残部千里迢迢奔到玉门关前，想入关内附，吃了闭门羹。守关将军没有权力放人进来，必须奏报朝廷。这个过程需要时间。唐兜不再内附，转而投向匈奴单于。

接连发生的事件，使汉廷吃惊。匈奴单于坦然接受的态度，是公然的挑衅。主政的王莽派出中郎将王昌出使匈奴，斥责匈奴，索要叛逃的两王。对于使者的质问，单于理直气壮、振振有词，拿出当年的约定做挡箭牌：外国投降匈奴的，不在当年汉宣帝与呼韩邪单于的约定内，是可以接受的。西域各国佩汉朝印绶者，属于汉朝属国，与康居、大月氏等截然不同。可汉使没有从这方面批驳单于，而是提到汉朝对匈奴的续绝存亡之恩，痛斥匈奴忘恩负义。单于叩头请罪，亲自把二叛王送到边界，交给前来接收的中郎将王萌。都护府大会西域各国，将二叛王斩首示众。

王莽秉政，借此余威换约，收回汉宣帝颁布的前约，重新颁发规定——凡是汉人、乌孙人、西域诸国领汉印绶者及乌桓人逃入匈奴者，匈奴一律不得受降。王莽的新规严厉许多，变成了单方面的义务，最重要的是取消了汉匈以长城为界的规定。这次汉朝对匈奴的强势压制，是西汉处理汉匈关系的回光返照。

由于王莽施行新政，加强对属国的管理，有人将匈奴征收乌桓皮布税一事上奏。

乌桓当时聚居在上谷到辽东一带，半耕半牧半定居，汉武帝元狩年间就设立了护乌桓校尉。乌桓与汉朝贸易往来密切，乌桓首领也凭借对互市的控制大发其财。匈奴也通过与乌桓进行交易，获取生产、生活资料，势力渗透进乌桓，并向乌桓征收一种皮布税。估计是匈奴盛产牛羊及其他动物毛皮，严重缺乏布匹，匈奴与乌桓的互市贸易中，布匹—毛皮的交易量巨大，乌桓王从中获取惊人利润，匈奴单于也分一杯羹，就强行收取皮布税。

皮布税由来已久，汉朝一直不干涉。如今为了彰显王莽权威，朝廷严令禁止收取皮布税。禁令由护乌桓校尉单方面传达到乌桓，不得再向匈奴交纳皮布税。乌桓自然欢天喜地。单于不知禁收皮布税一事，派使者前来催要皮布税，陪同前往的还有匈奴商贾。乌桓告诉匈奴使者，天子有令，不用再交皮布税。匈奴使者将乌桓首领捆绑倒悬毒打，乌桓首领兄弟杀死匈奴使者及官属，没收其牛马、妇女。匈奴商贾逃回匈奴，报告单于。

单于震怒，派遣左贤王大举出兵乌桓，击溃乌桓部众，掳走妇女老幼千余人，要乌桓拿牛马、兽皮等来赎。匈奴出兵侵扰汉朝的属国，这在呼韩邪单于以来是首次。

护乌桓校尉一方面立即将事情上奏朝廷，等候朝廷裁决，另一方面赶紧赎回乌桓部众。乌桓被掠者之亲属二千余人持财物、牲畜前往赎人，匈奴单于收下赎金后放人。汉朝内部无力追究，不了了之。这一切说明当时西汉帝国江河日下，一直在北方草原韬光养晦的匈奴，经过长期休养生息，实力得到了很大恢复。

王莽谋攻匈奴

元始四年（4），王莽为了显示自己威加海内、四海归心的功绩，派中郎将平宪携带银帛，劝说西羌各部献地、内附。平宪来到西海（今青海湖）地区，以金钱财物劝说卑禾羌首领良愿献地内属。良愿等人慑于武力，又贪图财币，配合平宪等人完成任务。

平宪上奏朝廷："西羌人愿意把水草肥美的鲜水海（青海湖）、允谷（大允谷，今共和等地）、盐池（今茶卡盐湖）等环湖地区献给皇帝，自己到更偏远、更贫瘠、更险要的地方为汉廷守边。"

王莽又奏报太皇太后王政君，谓当时全国已有东海、南海、北海郡，请在良愿等所献地区设西海郡。准奏后，元始四年（4）冬设置西海郡，治龙夷（又名龙耆，在今青海海晏三角城），并在环湖地区设置五县归西海郡管辖。时西海郡设修远、监羌、兴武、军虏、顺砾五县，以后屡经废建。西海郡的设置，使汉帝国西部疆域深入青海西部草原。王莽建立西海郡后，增立新法五十条，违犯者强行迁徙西海地区。被迫迁徙的百姓数以万计，引起强烈不满。

两年后，王莽居摄元年（6），西羌豪酋庞恬、傅幡等兴兵攻打西海郡，企图夺回水草丰美的环湖地区。西海太守程永弃城逃走，后为王莽所杀。羌人占领西海郡。次年，王莽遣护羌校尉窦况击破西羌，收复西海郡。后王莽篡位称帝，爆发绿林、赤眉起义，卑禾羌人趁机夺回故土。

元始五年（5），汉平帝得了重病，王莽当着文武百官的面祷告，祈祷上天让自己替汉平帝得病。十二月，汉平帝还是驾崩了。

汉平帝无后，王莽在刘氏宗亲中找到两岁的幼童（孺子）刘婴，立为皇太子。太皇太后王政君已八十多岁，无法再垂帘听政，根据群臣的意见，让王莽代理天子朝政，称假皇帝，臣民称王莽为摄皇帝，王莽自称予，改元居摄。

王莽势力如日中天，引起以刘氏宗室为主的反对派的反抗。居摄元年（6），安众侯刘崇率领百余人进攻宛城失败。第二年九月，东郡太守翟义起兵，拥立严乡侯刘信为帝，通告各地，长安以西二十三个县的"盗贼"赵明、霍鸿等人造反。王莽日夜抱着孺子婴在宗庙祷告，模仿《大诰》写了一篇文章，说将来一定将皇位归还孺子婴，同时派王邑率兵攻破翟义部。王邑得拜步兵将军。

王莽扫清障碍之后，称帝之心浮现。当时符命层出不穷，如"求贤让位""汉历中衰，当更受命""天告帝符，献者封侯"等，王莽大加利用，献符命的人皆得丰厚赏赐。

初始元年（8）十二月，王莽逼王政君交出传国玉玺，接受孺子婴禅让，称帝，是为新始祖。改国号为新，改长安为常安，称始建国元年。

汉末以来，政治腐败，朝廷奢华无度，地方搜刮盘剥，豪强地主大量兼并土地，使得百姓流离失所，生活困苦，经济凋敝。王莽执政以来，采取了一系列缓和社会矛盾的政策，但始终未能在根本上解决问题。王莽信奉儒家思想，认为天下要恢复到孔子宣称的"礼崩乐坏"前的礼治时代，才能实现政通人和，因此当上皇帝后，企图通过恢复周礼制度治国安天下，于是推行新政，史称"王莽改制"。

王莽在始建国元年宣布的政策是，将天下田改名"王田"，以王田制为名恢复井田制；奴婢改称"私属"，与王田均不得买卖。其后屡次改变币制，更改官制与官名，把盐、铁、酒、铸钱及山林川泽收归国有。但是，这些政策只求名目复古，与实际情况相违背，而且推行手段欠妥，遭到激烈反对。诸侯、公卿、平民因违反法令而受重罪处罚者不计其数，加剧了社会动荡。

王莽开始国内改革的同时，对各属国关系进行调整。汉朝的王爷、侯爷，一律改为公；四夷僭号称王者，皆更为侯。秋天，王莽派出五威将帅十二位，到各地进行巡回宣传，展示王莽代汉的祥瑞、符命，强调王莽代汉的必然性、正当性，同时给汉朝的王爷、侯爷以及周边属国的国王更换新朝印信。

五威将帅王骏一行六人的任务，是颁发新的印信给乌珠留若鞮单于。新的印信与旧的有着本质不同，颁发人变成了王莽新朝，玺也变成了章。自秦开始，玺为王者独有，章则为臣下专用。

王骏到达匈奴，犒赏单于，向单于通报王莽承接天命，建立新朝。在宴会上，王骏拿出新章——"新匈奴单于章"，换走了汉朝颁发给单于的"匈奴单于玺"。单于接受新章，就表明认可不再为王，而是新朝臣属的新关系。宴会后，右帅陈饶担心单于及其部属索要旧玺，立刻将旧玺毁掉。果然，单于对新章不满意，要求返还旧玺，但旧玺已毁。

回途中，王骏一行在左犁汙王咸的驻地发现被匈奴掳来的乌桓人。王骏马上勒令左犁汙王咸转告单于，要送这些乌桓人回家。乌珠留若鞮单于震怒，但还是派右大且渠蒲呼卢訾率领匈奴将士万余骑，送乌桓人回家。沿外长城一路向东，勒兵朔方等汉关城下，是浩浩荡荡的匈奴骑兵。单于一直在试探汉朝的底线。

匈奴的示威行为很快就传遍了草原，最受触动的是车师后国现任国王须置离。前文说过，因为新路问题，车师后国国王姑句一家逃到匈奴。后来，王莽遣使责匈奴西域，不得收留姑句，单于交往姑句，王莽命令西域诸王斩姑句示众。如今，须置离打算借机率众投降匈奴。时王莽将甄丰封为右伯，管理新朝的西部，包括西域。甄丰准备巡视西域，还没出行，须置离已开始制造声势——右伯到西域，一定经过车师后国的新路，右伯及其随从人员一定庞大无比，迎来送往的任务必定艰巨，花费不菲，小国无法承担。须置离这么一宣传，车师后国人心浮动。

当年汉朝立须置离为新国王，也提拔了车师后国内两个亲汉的部族首领，分别任命为车师都尉和车师后城长，所以，还没等须置离谋定而动，戊己校尉刁护就得到消息，将须置离披枷上镣，押往西域都护但钦驻地埒娄城。车师后国百姓跪于路旁，哭声不绝于耳。

须置离到了埒娄城，被但钦杀死。须置离的哥哥辅国侯狐兰支，带领两千余人，赶着牲畜告别家园，再次投入匈奴的怀抱。匈奴不顾王莽新规，接纳了车师人。在乌珠留若鞮单于的许可下，狐兰支和匈奴南将军率军攻入车师，杀死车师后城新首领，打伤西域都护司马。这是汉匈停战之后发生在西域的第一个局部冲突事件。

于是，谣言四起，军士一夜数惊，传言匈奴大军将至，扫荡西域。重病中的戊己校尉刁护为了防备匈奴可能的袭击，分配陈良、终带、司马丞韩玄和右曲侯任商等官员分头驻守，做好战斗准备。平时耀武扬威的这几个家伙，听说要打仗，聚到一起商议："现在西域各国相继反叛，匈奴又要大举入侵，我们可要大难临头了。干脆把校尉杀了，一起投奔匈奴？"几人一拍即合，当夜闯入校尉府，除女人小孩外，将刁护和四个儿子、其他男性亲属全部杀死，裹挟二千多军民投降了匈奴南将军。韩玄、任商被留在南将军驻地；陈良、终带被送至单于王庭，乌珠留若鞮单于任命二人为乌贲都尉。

整个事件暴露了朝代交替过程中出现的混乱，今后一段时间内许多事情的发生都与此有关。戊己校尉府的崩溃，打乱了中央王朝管理西域的整体部署，西域都护府事实上成为一支孤旅。西域的门户大开，匈奴可以自由进入西域了。

乌珠留若鞮单于数次在单于王庭宴请陈良等人，了解新朝的具体情况。随后，乌珠留若鞮单于给匈奴南将军右伊秩訾下达作战命令，兵发西域。西域各国和西域都护府的安全受到严重威胁。

王莽的对策，不是修复与匈奴的关系，而是采取分化政策。王莽派遣立国将军孙建等十二位将领，率三十万大军，分六路出塞。同时派出使臣，携带大量财物到边境，准备将呼韩邪单于的十五个子孙都封为单于，同时增设侯爵、将军之位。王莽还在名称上贬损匈奴，称"匈奴"为"降奴"，改"单于"为"服于"。

匈奴单于震怒，打出尊汉反莽的旗帜，派军进入云中。边境局部冲突和战争陆续发生，单于下令手下诸王尽可侵扰汉地，雁门、朔方等边郡太守被杀。

戊己校尉部属投匈奴之后，戊己校尉府名存实亡，数千士卒散乱各处，汉朝在西域的主要军事力量不复存在。王莽新朝也没有任何恢复戊己校尉府的举措。流散的车师后国人逐渐回到故地，匈奴南将军右伊秩訾的部众经常出现在西域。

从车师再往西走，就是焉耆。焉耆西南四百里，就是都护府所在地。王莽新朝时期，在西域的军事力量只剩下西域都护府一两千军马，可能更少。这些人马就像暴风雨中的一叶扁舟，随波逐流，身不由己。

新朝大军屯兵边境，没有进一步的行动，说明中原王朝实力削弱，西域各国压抑已久的称霸热情又蒸腾升起，表现最积极的就是亲近匈奴的焉耆。

焉耆在西域是一个中等国家，在汉朝进入西域以前，处于匈奴的强力控制之下。焉耆国早已无法忍受西域都护但钦，都护府治下的万顷良田，也使焉耆垂涎。始建国五年（13）冬，焉耆发难，杀死西域都护但钦。但是，新朝大军集结在汉匈边境，进退不得，无力用兵西域。

此时，匈奴乌珠留若鞮单于病死，生前安排儿子苏屠胡本接位。这种安排有悖呼韩邪单于的诏令"兄终弟及"，在主事大臣右骨都侯须卜当（其妻伊墨居次云是王昭君长女）的支持下，呼韩邪单于的儿子咸被立为乌累若鞮单于。乌累若鞮单于继位后，向新朝示好，送回从西域叛逃到匈奴的陈良等二十七人。王莽对二十七人施以火刑。

新朝的各路大军一直向北方边塞集结，但一直没有到齐，不敢出击匈奴，徘徊边境数年，徒耗钱粮。军队纪律散乱，将士疲惫，军无斗志，骚扰、祸害边民的事不断发生。天凤元年（14），北部边境又发生大饥荒，五原、代郡等地尤其严重，边民或逃亡到内地沦为奴仆，或揭竿而起。一仗未打，王莽将三十万大军撤回。

天凤元年（14），伊墨居次云提出与王昭君侄儿和亲侯王歙会面的请求。王莽派遣王歙及其弟弟展德侯王飒前往匈奴，与伊墨居次云会面，以示对新单于的祝贺，并献上黄金、衣被等珍贵礼物。四年后，伊墨居次云与须卜当之子须卜奢出使长安，王莽将庶女陆逯公主许配须卜奢。在伊墨居次云夫妻的积极斡旋与共同努力下，汉匈关系显露出一丝和缓的迹象。

天凤三年（16），王莽派遣五威将军王骏、新任西域都护李崇、新任戊己校尉郭钦以及左帅何封西出玉门，希望恢复西域秩序。此时，焉耆攻杀都护但钦，龟兹西部小国姑墨攻杀附近温宿（今新疆温宿）国王，兼并土地，西域南路的疏勒蠢蠢欲动。王莽新朝需要一场战争来证明自己在西域的存在。

王骏率领大军一万人，恢复戊己校尉府，给新任戊己校尉郭钦留下五千兵力后，率领剩余部队继续西行。到达西域都护府，王骏拿出符节征调西域各属国兵马，准备讨伐焉耆。莎车、龟兹等国共出兵七千余人，尉犁、危须也派人马随行，共计两万余人。

王骏传令戊己校尉郭钦，约期讨伐焉耆，东西对进，在焉耆的员渠城会合。王骏兵分数路，亲率一路先行，焉耆军在王骏进军途中设伏。王骏不知不觉进入焉耆口袋，只听一声呐喊，四面涌出无数焉耆兵。王骏身中一箭，一头栽下马。姑墨、尉犁、危须等军临阵倒戈，进攻新朝军，新朝军全军覆没。

接着，傍晚时分，焉耆军对李崇、龟兹联军的临时营地进行偷袭，李崇率领余部且战且走，天明才摆脱。李崇放弃都护府，跟随龟兹余部退向龟兹，后来又退往莎车国，苦苦支撑。1928年，考古人员在今新疆新和玉奇喀特一带，发现李崇的印章。

西进的郭钦部抄了焉耆后路。郭钦到达焉耆的时候，焉耆部队还没有回来，郭钦捣碎焉耆营寨，之后引兵回到戊己校尉府。戊己校尉郭钦和左帅何封取得胜利，但势单力孤，无法抵抗匈奴和焉耆的联合进攻，只好率军撤回敦煌。

第十五章

东汉北征

刘秀建立东汉

王莽登基，不仅没有解决西汉末年以来土地兼并及流民问题，反而兴师动众，大兴土木，大大加重百姓的赋税、徭役负担。天凤元年（14），王莽发吏民二十万征句町，因军粮不能及时送到前线，大量士兵罹患疾病，三年多就死亡几万人。人祸加上天灾，使土地荒芜，物价腾贵，米价由汉文帝时的每石数十钱涨至二千钱。到王莽末年更达到每斛米价值黄金一斤。国库耗费殆尽，无法拨款赈灾，王莽无计可施，派人教流落关中的饥民"煮木为酪"。

始建国三年（11），各地百姓苦于新莽政权频繁的征发，相继弃城郭流亡为盗，并州（今山西大部及河北、内蒙古一部）等边境地区尤甚。天凤二年（15），五原（今内蒙古包头市西北）、代郡一带百姓不堪北征士卒骚扰，数千人起事，捕盗将军孔仁历时一年多才平定。天凤四年（17）以后，天下越发动乱，各地人民纷纷起而反抗。瓜田仪在会稽长洲（今江苏苏州）率众起义，坚持数年之久。琅邪海曲（今山东日照）妇女吕母为被县宰冤杀的儿子报仇，率众攻破县城，处死县宰，自称将军，出没于海上，其势力迅速发展到数万人。吕母是中国历史上出现的农民起义第一个女领袖。天凤五年（18），东海（今山东郯城北）人力子都率众起义，队伍迅速发展到数万人，活跃于徐州等地，王莽遣使者发郡国兵击之，不能克。北方出现数十支起义军，著名的有铜马部、青犊部、上江部、城头子路部等。南方有张霸在南郡（今湖北江陵东北）的起义、羊牧在江夏（今湖北云梦）的起义、秦丰在南郡的起义、王州公在庐江（今安徽庐江西南）的起义。这些义军少则数千，多则数万、数十万，活动范围往往跨州连郡。

在国都附近"三辅"地区，小股起义不可胜数。地皇二年（21），王莽置捕盗都尉官，令执法谒者追击长安中，建鸣鼓攻其幡，而使者随其后。

遍布全国的起义军中，两支队伍成为农民起义的主流，这就是南方绿林军和北方赤眉军。英雄刘秀也在这时脱颖而出。

刘秀是汉高祖刘邦的九世孙，出自汉景帝子长沙定王刘发一脉，刘秀先祖遵行"推恩令"的原则而从列侯递降，到他父亲刘钦这一辈，只是济阳县令这样的小官员。元始三年（3），刘钦去世，九岁的刘秀和兄妹成了孤儿，回到原籍枣阳春陵白水村，依靠叔父刘良抚养。刘秀勤于农事，其兄刘縯好侠养士，经常取笑刘秀，将他比作刘邦的大哥刘喜。

地皇三年（22）十一月，"光武遂（从宛）将宾客还春陵"（《后汉书》），会同刘縯，打着"复高祖之业，定万世之秋"的旗号，于春陵正式起兵反莽。

地皇四年（23）二月，绿林起义军立刘玄为帝，是为更始帝，改年号为更始。五月，刘縯攻下昆阳（今河南叶县），围攻宛城（今河南南阳）。步兵将军与司徒王寻征调各郡兵马四十二万，随军带上虎、豹、犀牛、象等猛兽，在洛阳会合，进攻只有八千守军的昆阳。刘秀建议由王凤、王常率军防守昆阳，自率十三名勇士突围而出招来援军，与守城军队内外夹攻。王寻被杀，王邑逃走，到洛阳时只剩下几千人。三个月后，义军又攻下洛阳。

九月，绿林军攻入长安，王邑等王莽亲信率部死守未央宫，败退至王莽栖身的渐台。王邑的儿子、侍中王睦想脱掉官服逃命，王邑将他喝住，父子二人共守在王莽身边，最后被杀死。混乱中，小商人杜吴杀死了王莽，校尉东海公宾就问王莽的尸身何在，杜吴说在"室中西北陬间"。公宾就斩下了王莽的首级。更始帝将王莽的首级悬于宛市，数十名军士争相分解王莽尸体，百姓"共提击之，或切食其舌"（《汉书·王莽传》）。王莽的头颅被后来历代皇室收藏，直到西晋惠帝元康五年（295），洛阳武库遭大火，才被焚毁。

建武元年（25），刘秀登基建国，仍然使用"汉"的国号，史称后汉，刘秀为汉世祖光武皇帝。同年十月，刘秀定都洛阳。

建武元年（25）至建武六年（30）初，经过近六年东征西讨，刘秀基本控制除陇右和巴蜀之外的广大中原之地，基本上统一东方。此时，在西南巴蜀有公孙述建立的政权，陇西有隗嚣的割据势力，河西走廊有窦融的五郡联盟。

建武七年（31）春，窦融率部归顺刘秀，并率河西步骑数万与后汉大军东西夹击陇西的隗嚣政权。

窦融，汉文帝皇后窦皇后之弟窦广国的七世孙，扶风平陵（今陕西咸阳西北）人。王莽掌权时，窦融担任强弩将军司马，随大司空王邑镇压东郡太守翟义的反抗，参加过昆阳之战，王莽加封他为建武男，赏赐黄金千斤。但王莽被杀，窦融率军投降更始皇帝刘玄。刘玄起初任命窦融为巨鹿太守。窦融认为"天下安危未可知，河西殷富，带河为固，张掖属国精兵万骑，一旦缓急，杜绝河津，足以自守，此遗种处也"（《后汉书·窦融列传》），要选择河西作为栖身之地。窦融高祖父做过张掖太守，祖父辈也有人做过护羌校尉，现在一个堂弟做武威太守，窦家在河西的渊源非常深。河西地富民强，张掖属国的战斗力非常强。河西也利于割据，东有黄河天险，控制黄河渡口就可以闭门自守。

窦融获得张掖属国都尉的官职，立即带领全家老小赴任。此时河西情况危急，地处匈奴、西域、羌人之间，依靠中央政府的支援才得以固守，现在更始政乱，河西失去中央支援。于是，窦融把酒泉、张掖、金城、敦煌、武威五郡联合起来，打败羌人进攻，安抚了西域。河西民风质朴，窦融为政宽和，内地百姓为躲避战乱，纷纷来到河西，窦融的实力迅速增强。

窦融召集河西五郡豪杰在张掖开会。当时流行谶纬，大家认为刘秀符合预言中的提示，而且刘秀土地最广、甲兵最强、号令最明，统一中原是早晚的事。窦融等人决定归顺刘秀。

此时在刘秀和窦融之间还隔着割据陇右的隗嚣政权。刘秀对窦融非常重视，双方多次书信往来。刘秀每次都仔细推敲窦融等人的心理，争取把话说到他们的心坎儿上。隗嚣也在游说窦融，刘秀的信往往击中隗嚣要害，窦融认为"天子明见万里之外"，坚定了归顺刘秀的决心。

窦融断绝和隗嚣的关系，出兵击败臣服隗嚣的羌人先零部落，上书刘秀要求与汉军共同进攻隗嚣。刘秀南征北战十多年，所有地区几乎都是靠武力征服的，现在窦融的河西五郡远来归义，这说明刘秀能够德服远方。

建武八年（32）春，汉军将领来歙率军二千，秘密从番须、回中，袭占略阳，威胁隗嚣所据冀县（今甘肃甘谷）。隗嚣集中精锐反攻略阳，数月未克。闰四月，刘秀利用隗嚣顿兵坚城、士卒疲惫之机，进兵高平第一城，窦融也率河西步骑数万前来会师。汉军分路挺进陇山，招降瓦亭守将牛邯等隗嚣大将十三人。属县十六，军队十余万皆降，略阳围解。隗嚣率残部逃奔西城。汉军占领天水郡。适值农民军余部复起，京师骚动，光武帝赶回洛阳。

十一月，汉军将领岑彭水灌西城，隗嚣部将王元、行巡、周宗率蜀援军五千人赶到，从高地反击，汉军措手不及，王元等突入西城，迎隗嚣入冀。时汉军补给困难，粮食已尽，各部被迫退出陇西。隗嚣收拾残部，又夺占陇西数郡。

建武九年（33）正月，隗嚣病死，部众拥立其少子隗纯为王。

建武十年（34）十月，中郎将来歙等大破隗纯于落门，其将王元奔蜀，隗纯与周宗投降。

自此，陇西和河西走廊始统一于东汉帝国的大旗之下。

隗嚣有两个对后世产生重要影响的部属——班彪、马援，顺应潮流归顺刘秀后，大有作为。

班彪，扶风安陵（今陕西咸阳东北）人，出身汉代显贵和儒学之家，少年时即以才名卓著。西汉末年，班彪为避战乱来到天水，依附隗嚣，想劝说隗嚣归依刘秀，作《王命论》感化隗嚣，未能如愿。后来，班彪来到河西，被大将军窦融聘为从事，又劝窦融支持光武帝。

马援，扶风郡茂陵县（今陕西兴平）人，三国时期马超的先祖。

东汉时期，游牧于河西的羌人，影响东汉王朝对河西走廊的管理和对西域的经营。当地居民迁移到塞内武威郡，西边金城被羌人占领。隗嚣被灭，刘秀派来歙驻守陇西凉州一带，封马援为太中大夫，协助来歙。来歙向汉光武帝上书，说陇西羌人之祸，马援可定。

建武十一年（35），刘秀任命马援为陇西太守。马援派出三千步骑，攻击位于临洮的先零羌人，斩杀几百名羌人，俘获上万头马牛，八千多羌人向马援投降。

几万羌人聚集在一起到处抢劫，还在险要之处驻扎，以防备汉军。马援和扬武将军马成率军发起进攻。羌人将妻儿和粮草辎重都转移到允吾谷，汉军探听到消息，马援派兵偷偷走小路，袭击羌人的大营。羌人又将妻儿和粮草辎重都转移到唐翼谷中。马援还是袭击大营。羌人不再往山谷中躲藏，而是把人马驻扎在山上,想居高临下对付汉军。马援先派一部分士兵从正面向山顶进发,而后派出几百名骑兵绕道到羌兵后面,天黑时边放火边击鼓大声呼喊,羌人又被击溃,留下几千颗人头之后逃走。马援小腿被箭射穿,下令回军。汉光武帝给了很多赏赐,马援全部分给手下将士。

很多大臣觉得金城处于偏远的西边,附近都是羌人的聚集地,路途遥远,盛产盗贼,不如放弃。刘秀犹豫之际,马援上书说:金城以及附近的地方,被羌人占领过,可城池大多数完好无损,适合防守。那里土地肥沃,水利灌溉方便,可是一块宝地啊,如果把那里让给羌人,我们就会有接连不断的麻烦,所以不能放弃。刘秀赞同,下令派武威太守传达旨意,让原来金城迁移过去的居民都回金城,朝廷会保障他们的生活,之后,三千多金城人搬了回去。马援又上书请求派去新的地方长官,帮助修缮城池,修建水田,开展农业生产,很快百姓就安居乐业。马援还派当地羌人富豪杨封出塞传达朝廷旨意,说服塞外羌人,让他们与塞内羌人结好。

建武十三年(37),武都附近参狼羌人和塞外羌人部落联合,杀死朝廷派去的官吏,发动叛乱。马援率领四千人马平定叛乱。羌人占据了山头的有利位置,马援没有强攻,先让部队驻扎,然后切断羌人的水源,还在附近水草足的地方派兵看守。没过几天,山顶的羌人就带领几十万户人逃往塞外,一万多人投降。

羌人之乱总算结束了,这对陇右的百姓是件大好事,特别是马援将军还在陇右做太守。每次手下有闲杂事情来请示,马援就说,这些事情是长吏管的,不要找我,但如果有大户欺负百姓,或羌人作乱,再来找我。一次,邻县百姓因纠纷聚众斗殴,大家以为羌人又造反了,赶紧向马援请示,要求关闭城门并发兵讨伐。马援正跟朋友喝酒,听到报告之后哈哈大笑,让来人安心回去。事情平息以后,众人对马援心服口服。

马援与其他东汉开国功臣不同,大半生都在安边战事中度过,实现了马革裹尸、不死床箦的志愿。

匈奴插手中原事务

光武帝建武五年（29），窦融想尽办法归顺刘秀，暂时还无法与刘秀东汉军兵合一处之时，西域莎车国的使者到达河西。

王莽掌权时，西域诸国有的反叛，有的归附匈奴。但有一个西域国家一直不肯向匈奴低头，这就是莎车国。

莎车位于丝绸之路南道要冲，今新疆塔里木盆地西缘莎车、叶城一带，东界塔克拉玛干沙漠，西邻帕米尔高原，南傍喀喇昆仑山。境内河渠纵横，水草充足，宜牧宜农，是西域诸国中的富庶地区之一。

莎车国王延，西汉元帝时在长安长大，仰慕中原文明，继位后嘱咐儿子世代尊奉汉朝。延参考西汉典章制度，治国有方，国力强盛。天凤五年（18），延死，子康继位。

莎车王康按照父亲遗愿，继续维系与中原王朝牢固的关系。康率领邻国抵御匈奴，为滞留西域的都护将士及家属提供保护，还给河西五郡联盟的大将军窦融写信，询问中原情况，陈述思慕汉朝的心情，希望早日恢复西域同中原的联系。窦融以天子名义封莎车王康为莎车建功怀德王和西域大都尉，在名义上管辖西域五十五国，希望借助莎车的力量施加影响、控制西域。

得到敕封，莎车国王便得到了尚方宝剑，代行汉天子之命，野心在莎车王心中逐渐升腾、燃烧。此时的匈奴也想趁中原大乱时插手中原事务，这也给莎车国在西域施展拳脚提供了绝佳的机会。

安定卢芳就是匈奴单于的切入点。

卢芳是安定郡三水县（今宁夏同心东）人，住在左谷（三水县有左谷、右谷），声称姓刘。他说，当初匈奴浑邪王归降汉朝，浑邪王的姐姐被汉武帝立为皇后，生三个儿子。后来发生江充之乱（巫蛊之祸），太子刘据被诛，皇后被连坐而死。二儿子叫次卿，逃到长陵（今陕西咸阳附近）。小儿子叫回卿，逃到左谷。再后来,大将军霍光立次卿为帝,并打算把回卿接回长安。回卿拒绝,就在左谷定居,生子孙卿,孙卿生子文伯。文伯就是我,我就是汉武帝的亲曾孙——刘文伯。

卢芳这个故事在民间有广泛的影响,他由此成为安定一带的名人。卢芳这个故事有两个要点:第一个是强调自己是汉室后裔,第二个是强调自己有匈奴血统。

王莽末年,卢芳和三水属国的羌人、胡人一同起兵,建立武装。更始帝入主长安的时候,卢芳就归顺朝廷,被封为都骑尉,让他镇守安抚安定郡以西地区。更始帝刘玄战败被杀后,天下又混乱无主,三水地区的豪杰商议后认为,卢芳是汉帝之后,可以承宗庙之重,就立卢芳为上将军、西平王。

卢芳为了巩固自己的势力,想与西羌、匈奴和亲。当时的匈奴单于是乌累若鞮单于的弟弟舆,称为呼都而尸道皋若鞮单于,说:"从前匈奴和汉朝本就互约为兄弟。只不过后来匈奴衰落,呼韩邪单于归附了汉朝,汉朝也因此派兵保护,匈奴世世代代向汉朝称臣。现如今汉朝衰落,刘氏宗族前来归附,我也应当拥立他,让他尊奉我。"

呼都而尸道皋若鞮单于,于建武二年(26)初派遣句林王率领数千精骑,将卢芳接到匈奴,同时接去的还有卢芳的哥哥卢禽、弟弟卢程。随后,单于立卢芳为汉帝。卢程以中郎将的身份被派回安定管理当地事务。为了保证卢程的安全,单于还派去大量匈奴卫队。

卢芳既然是汉人的皇帝,就应该到汉地称帝。最理想的地方自然是河西。而且,控制河西之后就切断了中原与西域的联系,对单于今后经营西域是一个重要的支持。但是,河西这个地方有窦融。在窦融的治理下,河西走廊已是一个坚固的堡垒,匈奴的势力根本无法渗入。

刘秀的战将彭宠在东北方渔阳(今北京密云西南)发起叛乱,于是,单于把目光转到与彭宠相邻的五原、朔方一带。当时五原有李兴、随昱势力,朔方有田飒势力,代郡有石鲔、闵堪势力,他们控制着五原郡,但没有形成统一的组织,每股实力都不大。这些地方比较偏远,背靠匈奴,又可以与彭宠遥相呼应。中原势力一时半会儿顾及不到,正是卢芳秣马厉兵的大好场所。卢芳在塞内有了一席之地，单于也就得到了稳定的物资基地。

建武四年（28），匈奴单于派遣无楼且渠王进入五原塞，与李兴等结亲，告诉李兴打算让卢芳回汉地做皇帝。

建武五年（29），李兴、闵堪等率军到单于王庭迎接卢芳。十二月，卢芳和李兴入边塞，在九原县建都。卢芳一登基就攻城略地。有了匈奴的支持，卢芳由西向东，一路攻杀，把五原、朔方、云中、定襄、雁门等收入囊中，要与彭宠连成一片。现在，两人之间就剩下代郡、上谷。

之后，卢芳和匈奴军队继续侵扰北方的边境地区，战果不大，只是牵制了汉军进攻彭宠部。

彭宠败亡后，刘秀派出大司马吴汉等人讨伐卢芳，匈奴出兵助卢芳击退东汉军。建武六年（30），卢芳在西部的势力到达上郡、安定一线。

建武六年（30），单于终于等到了久违的汉使。这一年，汉光武帝刘秀派遣归德侯刘飒出使匈奴。这是刘飒第二次出使匈奴。更始皇帝的时候，刘飒就作为使节到过匈奴。当年先贤掸归汉之后，被封为归德侯，刘飒就是他的后代。

刘飒的这次出使，带回了匈奴前来探路的使者，还带来了匈奴对于汉匈关系的意见：汉室复兴我也出了大力，应该以我为尊。刘秀无法坚决回绝，只好给予模糊的回应。

刘秀派出中郎将韩统再次出使匈奴，希望恢复以前的关系。

此时的卢芳，不得不面对越来越严酷的现实，虽然有匈奴的支持，可手下将领对他的命令阳奉阴违。建武六年（30），卢芳的将军贾览率领骑兵击杀代郡太守刘兴。同年十二月，东汉将领冯异击败贾览以及匈奴奥日逐王。北地郡、上郡、安定郡全部归降东汉。

建武七年（31）冬，卢芳诛杀五原太守李兴兄弟。卢芳的朔方太守田飒、云中太守桥扈恐惧，各自献郡投降东汉。光武帝命他们留任原官职。

建武九年（33）六月，东汉大司马吴汉率领王常、杜茂等四位将军，统军五万余，在高柳县攻打卢芳部将贾览、闵堪。匈奴派兵救援，东汉军未能取胜。匈奴继续烧杀掳掠。刘秀命朱祜驻屯常山郡、王常驻屯涿郡、破奸将军侯进驻屯渔阳郡，任命讨虏将军王霸担任上谷郡太守。

建武十二年（36），匈奴进攻东汉边境，居住在上谷、渔阳外部的乌桓也加入进攻行列，主要是劫掠财物，而非攻城略地。

这一年，刘秀平定了最后一个割据势力——盘踞在四川的公孙述，天下基本平定。

这一年到次年初，卢芳出兵攻打云中郡，与大将贾览长期领兵在外，留守九原的随昱趁机胁迫卢芳归汉。卢芳看大势已去，于建武十三年（37）二月，丢弃辎重，率领十几位亲随逃入匈奴地区。卢芳滞留匈奴多年后病逝。

卢芳部众全归随昱所有。随昱来到洛阳投降，光武帝任命随昱为五原太守，封为镌胡侯。随昱的弟弟随宪被封为武进侯。

匈奴插手中原统一事务，没有获得任何好处，又将目光拉回东汉帝国暂时无法顾及的西域。

莎车称霸西域

建武九年（33），莎车王康去世，弟弟贤继位。贤逐渐改变父兄的政治主张，开始武力扩张，企图称霸西域。建武十年（34），贤攻破小国拘弥和西夜，杀死国君，立康的两个儿子为国王。建武十四年（38），莎车国王贤与鄯善国王安一同遣使向东汉进贡，请求派出西域都护以安定西域。这是中原王朝自王莽之乱后和西域的第一次往来。

东汉刚刚建立，对内经济秩序和社会秩序都有待恢复，对外在河西有逐渐强大的羌人不时反叛，东北方有正在崛起的鲜卑人，北方有老对手匈奴，还能有精力顾及西域吗？对于莎车和鄯善的请求，刘秀坚决地谢绝。使者怏怏不乐地离开长安，返回西域。使者带回来的消息，并没有使莎车国王贤感到震惊。汉朝，实力确实衰落了。使者回来描述的情景，与贤的父亲当年描述的长安大不相同。东汉朝经济凋敝，人口大幅度减少，今天的洛阳远没有当年的长安热闹。此时北部草原，正经历几百年难遇的连年干旱，草地枯黄，人畜缺水少食，匈奴只能勉强影响西域北路的部分国家。西域北路的各国也同匈奴的情况差不多，真正兵精粮足的也就是自己这位汉朝西域大都尉。

莎车王贤意识到自己这个汉朝西域大都尉应该有所作为，再派使者前往洛阳，请求汉朝派出西域都护使。建武十七年（41），刘秀在洛阳接待莎车使节。对于派出都护的请求，刘秀左右为难。时任大司空的窦融向刘秀建议，赐莎车王贤西域都护印绶，理由有二：一是莎车国一直忠于汉室；二是让莎车王任西域都护，不费一兵一卒就可收复西域。

刘秀同意，下令颁赐西域都护的印信、绶带给贤，还赏赐车辆、旗帜、黄金、锦绣等物。

莎车使者返回至敦煌时，敦煌太守裴遵上书："夷狄不可以假以大权，又令诸国失望。"（《后汉书·西域传》）于是，刘秀诏令收回莎车王贤的西域都护印信、绶带，改为颁赐汉大将军印信、绶带。莎车使者不肯，裴遵强行夺回。这种出尔反尔的做法，让莎车王贤心生怨恨。随后，贤把一个儿子送到匈奴做质。然后，贤假冒汉朝西域都护的名义，向西域各国颁发照会，称贤不仅仅是莎车王，而且是西域各国的单于。

贤开始向西域诸国征收重税，还多次攻打龟兹等不服从的国家，西域各国彻底沦为附庸。

建武二十一年（45），车师前国、鄯善、焉耆等十八个国家偷偷地派王子入侍汉廷，进献宝物，哭诉遭遇，恳求东汉朝廷派出西域都护。

当时，匈奴频频骚扰上谷、中山一带，乌桓、鲜卑则在东北侵扰边境，西部羌人也在蠢蠢欲动，显然不是入主西域的最佳时机。刘秀再次以中原初步安定、北方异族还没有归顺为理由，拒绝出兵西域，并把各国送来的人质又送回去。

西域诸国质子走到敦煌，经过商议，想出了一个缓兵之计。他们请敦煌太守裴遵呈送公文，说：希望留下我们的人质，然后告诉莎车，汉朝的都护不久就会西出边关，命令莎车暂停军事行动。裴遵请示朝廷，刘秀批准了。可实际上，刘秀没有向西域派都护的意思，西域诸国派到汉朝为质的王子在敦煌滞留一年也没等到新都护。

第十五章　东汉北征

莎车王贤得知汉朝不派都护，坚定了称霸西域的信念。

贤选中的第一个打击对象就是鄯善王安。贤命令鄯善王安关闭通往两关的汉道。鄯善王知道这是莎车王贤在为开战寻找理由，于是，鄯善王安以逸待劳，等着远道而来的贤。激战之后，鄯善王安成为第一个，也许是唯一在贤手下成功逃走的西域国王。

同年冬，贤再次发兵攻打西域北路的龟兹，斩杀龟兹王，将龟兹纳入麾下，立自己的儿子则罗为龟兹王。龟兹这个西域的庞然大物轰然倒下。

鄯善王安再次上书汉朝："请允许我再次派世子入朝，请求皇上派遣西域都护。"并说朝廷若不派出都护，西域诸国还要受匈奴压迫。言外之意，朝廷再不派出都护保护各国，这些国家又要归附匈奴了。

刘秀还是没答应，回复说爱莫能助。这就是东汉与西域"三绝三通"之"一绝"西域。

鄯善、车师等国再次依附匈奴，寄希望于匈奴的威名对莎车王还有一定的震慑力。此时的贤在西域南路大开杀戒。

妫塞王以为离莎车遥远，并不惧怕莎车国，杀掉贤派去的使者。贤非常生气，发兵攻破妫塞国，杀死妫塞王。妫塞国离莎车太过遥远，不方便贤直接统治，贤就扶持妫塞国贵族驷鞬为王，取得了很好的效果。过了一段时间，贤担心则罗年少，不好统治，就把龟兹分为龟兹、乌垒两国，将驷鞬改任为乌垒王，重新任命妫塞贵族为妫塞王。几年以后，龟兹人奋起反抗，杀死了则罗、驷鞬，归附匈奴。

有一年，大宛国因为进贡的赋税减少，贤非常生气，亲自统领军队进攻大宛。大宛王自知不敌，开城投降，贤带他回到莎车国，派拘弥国王去治理大宛。拘弥国与康居国不和，多次交战，所以拘弥王在大宛干了一年多，就逃回拘弥。贤只好让大宛王重回大宛，但要求他每年要按期、按量地进贡。

贤又派于阗王去治理骊归国，让于阗王的弟弟当了新的于阗王。

过了一年多，贤感觉各国都想背叛自己，就将拘弥、姑墨、子合、于阗等国的国王召集到莎车，一并囚杀。这些国王被杀的国家不再设立国王，而是由贤直接派将领去镇守。但这些将领残暴毒虐，百姓十分痛恨。

从光武帝建武二十二年（46）到汉明帝永平二年（59）十四年间，贤攻破八个国家，确立了自己在西域的霸主地位。

南北匈奴

北部草原上的匈奴又开始内部分裂。呼韩邪单于离世时，遗嘱"兄终弟及"。从呼韩邪单于去世的建始二年（前31），到建武二十二年（46）呼都而尸道皋若鞮单于（名舆）去世，呼韩邪单于的子孙都遵守规则，死后将单于位子传给弟弟，将儿子送到长安为质。

呼都而尸道皋若鞮单于即位后，按照"兄终弟及"的继承顺序，应当将王昭君的儿子伊屠知牙师封为左贤王，因为左贤王是下一任单于继任者。舆想让儿子继承单于位子，就杀死了伊屠知牙师。前单于乌珠留若鞮单于的儿子比，对叔父舆的做法不满："兄终弟及"，舆死后应该伊屠知牙师继承；子承父位，应该他来继承，他是前单于乌珠留若鞮单于的儿子。

建武二十二年（46），呼都而尸道皋若鞮单于舆去世，舆的儿子左贤王被立为乌达鞮侯单于。没到一年，乌达鞮侯单于就死了，单于位子传给了舆的弟弟蒲奴单于。比心中的怨恨再次加深。

蒲奴单于即位不久，匈奴遭遇严重的旱灾和蝗灾，人员和牲畜大量死亡，比派出密使，携带匈奴地图投降汉朝，被蒲奴单于派出监视他的两名骨都侯觉察。

骨都侯向蒲奴单于密报的时候，比的弟弟就在蒲奴单于的大帐里，听到这个消息，比的弟弟派出亲信快马加鞭，将消息告诉了比。比得到消息，立即率领四万骑兵围堵在骨都侯的返程路上，想杀掉这两个告密的骨都侯。骨都侯深知比的勇猛，没敢正面交锋，立即逃回并向蒲奴单于请求援兵。蒲奴单于亲率万余名骑兵，前去征讨比。看到比的四万军队后，自知无法取胜的蒲奴单于无奈班师。

比的力量，在此次征讨过程中显露无遗。匈奴崇尚实力，建武二十四年（48）春，匈奴八部大人共同开会商议，册立比为新单于。至此，执行了七十多年的"兄终弟及"制度宣告结束。比认为当年祖父呼韩邪单于依附汉朝才使匈奴安定，想效法他祖父。于是，比给汉朝皇帝上书："愿意永远做汉朝的屏障，防御北方匈奴入侵汉朝。"刘秀权衡一番，接受了比的请求。

比和他的大臣，自认继承呼韩邪单于的遗志，希望恢复并继续沿用祖父的单于称号。于是，建武二十四年（48）冬，比自立为呼韩邪单于，他在历史上还有另外一个称呼——醯落尸逐鞮单于。至此，匈奴再次分裂成南北两支，北边以蒲奴单于的势力为主（占匈奴人的多数），南边以醯落尸逐鞮单于的势力为主，《后汉书》从此时开始，正式称呼他们为北匈奴单于和南匈奴单于。蒲奴单于是舆的儿子，所以比和蒲奴单于属于堂兄弟关系，他们的祖父呼韩邪单于和他们的叔祖父郅支单于是亲兄弟，此前也是水火不容，投靠汉朝的呼韩邪单于寿终正寝，远走康居的郅支单于于建昭三年（前36）被汉朝派出的大将陈汤和甘延寿杀死。

不到八十年，匈奴再次陷入兄弟纷争局面，再次出现南、北单于向汉朝派出使者，求得汉朝政府支持的情景。

比（下称"比"为南单于）即单于位的第二年，建武二十五年（49），得到汉朝支持，南匈奴实力大增，南单于派遣弟弟左贤王莫，率领数万大军进攻蒲奴单于（下文称为北单于），接连打败并俘获北单于的弟弟，然后攻下北单于王庭，生擒数万北单于士兵、数千头马匹、数万头牛羊。南单于大军咄咄逼人，为了避让和保存势力，北单于往北退却数千里。眼见北单于接连退却，北单于两位重臣率领三万部众南归，归顺南单于。南单于没有被胜利冲昏头脑，再次向汉朝派遣使者，"奉藩称臣，献国珍宝，求使者监护，遣侍子，修旧约"（《后汉书·南匈奴列传》）。

汉朝抓住时机，决定将南单于迁到塞内。南单于王庭设在西河美稷，也就是今内蒙古准格尔旗纳林北。设置常设机构，协助南单于工作，实际是对南单于起监督作用。同时，南匈奴各部分配到北地、朔方、五原、云中、定襄、雁门、代郡等地。随后，刘秀动员迁入内地的原边境各郡居民迁回原郡，开始汉匈混居的全面同化过程，通过文化影响、生活融合最终同化南匈奴。

进入塞内的南匈奴，戴上了刘秀的紧箍儿，但解决了安全问题，全面切断了北匈奴与汉朝的联系。北匈奴与汉朝只剩下河西这一狭小的沟通窗口。北匈奴面临政治、经济双重的绝境。

北匈奴在建武二十七年（51）被拒绝一次的情况下，第二年又派出大队人马前来请求和亲。为了表示诚心，还说希望下次能够带领西域各国代表一起来拜见皇帝。

汉朝直截了当地戳穿北单于的把戏。毕竟一旦谈及和亲问题，汉朝与南单于的关系立马就陷入危机；至于率领西域各国代表一起觐见皇帝的事，这就是自抬身价。但是，汉朝没有将北匈奴和汉朝交往的大门堵死，而是留了一扇窗户。和亲的路是彻底被汉朝封死了，北匈奴基本上处于一个进退失据的尴尬境地，也不可能对汉帝国继续进行侵扰抢掠，以补充放牧之外所必需的生活物资，只有整体向西迁移，重新回到西域，建立一个能补充基本生活物资的基地。

北匈奴回到西域北路，扶持被莎车灭国的龟兹重新立国。随着北匈奴的进入，莎车王贤的势力被逐出西域北路，随之而来的就是匈奴势力在西域重新回归。

西域各国开始用审视的目光看待贤这个西域单于。从龟兹回到北匈奴的怀抱开始，贤再也没能回到西域北路。在北匈奴的威慑下，贤退回西域南路。其间，莎车、北匈奴小心翼翼地维持着在西域的平衡。莎车控制南路，北匈奴控制北路，如今，莎车和北匈奴都不具备独吞西域的实力。

西域南路开始动乱。此时的莎车王贤，成为魔鬼的代名词，多少西域君臣躲在暗处谩骂他，腹诽他，诅咒他，他成为西域诸国共同的敌人。首先发难的是于阗。

当年莎车和于阗有过一场恶战，于阗战败投降。莎车王贤派大将君德镇守于阗，拘押于阗许多贵族为质。执掌于阗大权的莎车大将君德，暴虐失德，于阗百姓非常痛恨他。永平三年（60），于阗部族首领都末兄弟共杀君德。另一名部族首领休莫霸，与汉人韩融一起杀死都末兄弟，自立为于阗王。休莫霸又联合拘弥国，将莎车势力清除到皮山（西域古国，后被于阗吞并）以西，并攻

第十五章　东汉北征　239

杀镇守在皮山的莎车大将。西域南路进入两王争霸时代。

随后，莎车、于阗进行了两场大战。

莎车王贤派太子、国相，率诸国兵二万人攻打休莫霸。休莫霸率军迎战，莎车兵败走，死伤万余人。贤不甘心失败，又征发诸国兵数万人，亲自上阵攻打休莫霸，又被休莫霸打败，死伤大半，狼狈逃回莎车。将在谋不在勇，兵在精不在多，于阗有多谋善断的汉人做军师，战力已非昨日可比。

休莫霸挥兵直取莎车，想尽快结束战争。坚城之下，强弩之兵，休莫霸中流箭身亡，失去主帅的于阗大军带上国王的遗体回国。于阗军队退走了，但喊杀声并未停歇。原来，就在于阗军队攻城的同时，西域各国连同匈奴自发赶来攻城，战斗一度呈现胶着状态。

于阗相国苏榆勒提议，推举休莫霸的侄子广德为新国王。又一位英雄登场了。即位后的广德一边安排叔父的丧事，一边派出弟弟、辅国侯仁率领重新整合的人马，再次杀向莎车。惊魂未定的贤，望见滚滚西来的于阗大军，颓然歪倒在城墙上。他明白，只要于阗重新加入战斗，莎车的陷落是迟早的事。贤赶忙派出使臣，携带大批珍宝美女向各路诸侯一一谢罪。贤请于阗退兵的优厚条件多达四个：一是将被莎车扣押多年的广德的父亲放回，二是将自己一个貌若天仙的公主嫁给广德做妃子，三是送给于阗大批赔款，四是两国结为亲密兄弟。

于阗及各路诸侯相继退出战场。经历这次失败，莎车在西域的霸主地位已成往事，镇守别国的将军或被杀，或叛逃，或回国，贤的西域霸主梦从此破灭。此后，本性难移的贤加重本国赋税，扩大军队数量，期望重续过往的辉煌，使莎车民不聊生、怨声载道。

莎车国宰相且运及其死党，给于阗王广德写了一封信，表示愿做于阗的内应。广德收到信件，立刻率领本国及属国三万兵马杀向莎车。

站在城头的贤，派出使者质问广德："我还你父亲，给你妻子，你还来进攻我，到底为了什么？"

广德回应："您是我妻子的父亲，已经很久没有见面，愿各带两名随从在城外结盟。"

贤征询相国且运的意见。当贤将信任的目光投向相国的时候，贤的命运已经被定格。他一直疑心很重，但从未怀疑过这位精干而悫厚的重臣，他走到哪里，都会把这位相国带到哪里。

且运慢吞吞地说："广德是您的女婿，我没有听说有女婿害丈人的。"

看到贤的眼里还残存着一丝狐疑，且运又追加了一句："我也没有听说有丈人不敢见女婿的。"

这显然击中了贤那颗从不服输的心。

于是，贤下令备马准备出城。带着满心的狐疑、莫名的焦虑，以及两个贴身侍卫，在相国且运目光的护送下，贤离开莎车城，去与自己的女婿相会。没有人知道贤在这一刻的真实想法，没有人知道贤是否感觉到了危险的来临。

城门咣当一声，关闭了，吊桥哗啦一声，拉起了，贤的心也飞到了九霄云外。贤踏出了城门，迎接他的当然不是会盟，而是绳索。于阗军进入莎车都城，贤的家属及亲信都做了阶下囚。

一年后，贤连同被俘的妻儿老小共上百人，被广德秘密屠杀。被杀的前夜，风吹散了漫天的乌云，月亮像一个逃犯一样，又被抓回夜空这个牢房。牢房里的贤，在梦里见到了自己的父亲延和哥哥康，父亲和哥哥责备了他。其实他没有任何理由觉得冤屈，想想横死在自己刀下的众生有多少，他就没有必要后悔，因为这就是一个霸主的命运。

此时莎车已沦为于阗附庸，做广德内应的原相国且运，被立为莎车国新国王。

永平四年（61），北匈奴得知于阗王灭了莎车，派遣五将，征发焉耆、尉犁、龟兹等十五国兵共三万余人，围攻于阗。广德自知无法抵抗匈奴联军的进攻，率部投降，并送太子到北匈奴做质，约定每年纳贡。北匈奴遂罢兵。

紧接着，北匈奴废除莎车王且运，立一直在北匈奴做质的不居征为新的莎车国王。

自此，北匈奴重新控制整个西域，又有了和汉朝抗衡的资本。

汉匈重开战

永平十五年（72），汉明帝刘庄登基已十五年，汉帝国经过三十五年休养生息，民富国盛。歌舞升平之际，耿秉看到了帝国潜在的危机，屡次上书汉明帝请求北伐匈奴。

耿秉是将门之后，其叔父就是刘秀爱将耿弇。耿秉平时喜好将帅用兵谋略。因为父亲耿国的功勋而被任用为郎官，屡次上书谈论军事。曾认为中原空虚消耗，边疆不安定，问题就出在匈奴。用战争消灭战争，是有盛德的君王的方法。汉明帝已有心北伐，心中赞同他的意见。永平年间，汉明帝征召耿秉到宫中，询问他前后所奏的有利国家的谋略，拜任他为谒者仆射，于是耿秉被汉明帝宠信。每次公卿集会议事，汉明帝都带耿秉上殿，询问边疆之事。

汉明帝召集耿秉、窦固和太仆祭肜、虎贲中郎将马廖、下博侯刘张、好畤侯耿忠等人，召开御前会议，共同商议攻打北匈奴的方略。

耿秉说："从前匈奴有游猎部落的援助和其他少数族群的依附，所以不能制服。汉武帝时得到武威、酒泉、张掖、敦煌河西四郡及居延、朔方，匈奴便失去富饶的养兵之地，断绝了羌、'胡'关系，势力范围只剩下西域，西域不久也依附汉朝。所以，呼韩邪单于到边塞请求归属，乃是大势所趋。如今的南匈奴单于，情形与呼韩邪单于相似。但匈奴能同我们对抗到今天，还能保持战术上的攻势，就是因为有西域的物资支持。没有西域的后勤保障，北匈奴就什么都不是，困也困死了，所以还是要断其右臂。按照西汉的经验，若要切断匈奴与西域的联系，就要控制车师。"但是，控制车师还不够，形势有了新的变化。伊吾（今新疆哈密西）进入了耿秉的视野。出玉门关东北方向就是伊吾，经伊吾可以到达车师前国和车师后国。北匈奴呼衍王部就驻牧于伊吾，向南直接控制汉朝通向西域的咽喉，向东可以直接威胁河西诸郡。呼衍王的铁骑积极一点儿，汉朝与西域的联络就中断了。再积极一点儿，河西各郡白天都不敢开城门，百业萧条。耿秉计划的第一步，就是先攻击天山北麓的地区，控制伊吾，然后进军车师。之后，根据匈奴的反应决定下一步的方向。也就是引匈奴来攻，以逸待劳。

汉明帝对他的建议表示赞许。

但是，有大臣认为："如今先进攻天山北麓，匈奴必定集合部队救援，我们还应当在东方分散匈奴兵力。"

最后形成下面的结论——兵分四路出击匈奴。理由是要分散北匈奴的兵力，防备北匈奴全力救援伊吾。这与耿秉的计划大相径庭。张开五指打人，哪有攥起拳头有力？

永平十五年（72）十二月，汉明帝任命耿秉为驸马都尉，窦固为奉车都尉，骑都尉秦彭为耿秉副手，耿忠为窦固副手，全都设置从事、司马等属官，出京屯驻凉州。

永平十六年（73）二月，汉明帝派太仆祭肜与度辽将军吴棠率领河东、河西的羌人部队和南匈奴单于部队共一万一千骑，出高阙塞；派窦固、耿忠率领酒泉、敦煌、张掖三郡郡兵和卢水的羌人部队共一万二千骑，出酒泉塞；派耿秉、秦彭率领武威、陇西、天水三郡募士和羌人部队共一万骑，出张掖居延（今内蒙古额济纳旗东）塞；派骑都尉来苗、护乌桓校尉文穆率领太原、雁门、代郡、上谷、渔阳、右北平、定襄七郡郡兵和乌桓、鲜卑部队共一万一千骑，出平城塞，一同讨伐北匈奴。

汉军的动向很快就被北匈奴的游骑发现，北匈奴各部全部撤走。

祭肜这路，听取南匈奴王的建议，以为大军抵达涿邪山，结果没发现匈奴，引兵撤退。

来苗这路，进抵匈河水一带，这里的北匈奴大军全部北撤。

耿秉大军出居延之后，追击北匈奴六百余里，进抵三木楼山，无功而返。

四路军队，三路徒劳无功，只有窦固一路一万二千联军出酒泉塞，直扑天山，遇上抱着侥幸心理不肯撤走的北匈奴呼衍王。一场混战，窦固军斩首一千多级。北匈奴撤退，窦固军追到蒲类海（今新疆巴里坤湖），攻取了伊吾城。窦固设置了宜禾都尉，留下一部分士卒屯田，另派班超率三十六名随从进入西域，打通了西域南路。窦固凯旋后，加位特进（荣誉职位，朝会时位置仅次于三公）。

窦固是开国功臣、大司空窦融的侄子，妻子是刘秀之女刘中礼，后来承袭父亲显亲侯的爵位。刘庄即位后，窦固升为中郎将，秩比二千石。这样，窦固既是贵戚、驸马，又有爵位，还是朝廷高官。

永平初年，窦固曾以监军身份跟随将军马武平羌。后来刘庄打击贵戚，窦固受家族其他不法堂兄弟连累，被禁锢在家中十几年。刘庄决定征北匈奴，才起用窦固。因为窦固有作战经验，曾跟随伯父窦融在河西多年，熟悉边疆事务。

永平十七年（74）十一月，窦固再次领兵西出玉门，直奔车师。现在，窦固已成领兵总管，耿秉等人都受他节制。

当年夏天，东汉明帝下诏出兵，等到准备停当，兵出车师的时候，已经白雪皑皑。大军从昆仑塞（今甘肃安西附近）出塞，在蒲类海一带遇上猫冬的北匈奴白山部，将他们打得四散奔逃。随后，大军兵锋直逼车师前国、车师后国。

现在汉军大营在车师前国、车师后国的东面，天山脚下。天山南面是车师前部，在今新疆吐鲁番一带，都城在交河城。天山北面是车师后部，在今新疆奇台一带，都城在务涂谷。前部、后部之间相距五百里。车师在西汉时就是汉匈争夺的主战场，最后被一分为八——车师前国、车师后国以及山北六部。这些年不知怎么演变，两国关系加强，车师前王就是车师后王的儿子。

窦固认为，后部山高路险，这个季节不利行军，应先攻前部。部将耿秉的意见是先攻后部，打败父亲，儿子不攻自下。

窦固是主帅，意见不统一时，理应主帅说了算。可是耿秉是个暴脾气，争执间起身，拱手说："我先走一步。"耿秉径自带着自己的部队攻打车师后部。窦固只得下令全军跟进。

车师后王派军迎击，不堪一击，被斩首数千级，其余四散奔逃。后王打开城门，亲自迎接汉军。远远看见耿秉骑马过来，后王摘下王冠扔在地上，扑上前抱住耿秉的马腿请降。耿秉将他拎到窦固跟前正式投降。车师前王赶紧主动请降，一切如耿秉所说。耿秉风头出尽，窦固被逼跟在他的后面，好在窦固并未与耿秉生出芥蒂。

降服车师，战前的既定目标基本完成。随后，窦固留下屯田部队，大军撤回。

当时班超已经平定鄯善、于阗、疏勒三国，窦固向朝廷汇报后，重新设置西域都护和戊己校尉。汉明帝准奏，以陈睦为西域都护（驻节地没有详细记载，应该是在焉耆境内）；以司马耿恭为戊校尉，驻扎在车师后国金蒲城（金满城，在今新疆吉木萨尔北二十五里破城子）；以谒者关宠为己校尉，驻扎在车师前国柳中城（今新疆鄯善西南鲁克沁）；再加上前一年留在伊吾屯田的宜禾都尉，这样东汉王朝在西域北路就有了四个据点。

至此，在窦固统率大军的打击下，北匈奴势力退出西域，西域与汉朝断绝联系六十五年之后，再次连通。这就是东汉与西域"三绝三通"之"一通"。

但是，北匈奴主力没有被消灭，给这几个据点以后的活动留下了隐患。一旦匈奴大军来临，各个据点必将被分割包围，只有自保之力，绝无相互救援之能。

第十六章
耿恭与疏勒城之战

金蒲城之战

汉军控制伊吾、车师一线，匈奴与西域的联系基本中断，匈奴必然会反击。但是，耿恭和关宠的部队少得可怜，只有数百人。谁也不会想到，耿恭会在云谲波诡的西域创造出人间奇迹。

耿恭的爷爷耿况，王莽时期为上谷太守，在长子耿弇的劝说下归顺刘秀。耿况有六个儿子，分别是耿弇、耿舒、耿国、耿广、耿举、耿霸。耿氏一门跟随刘秀南征北战，为东汉复国立下汗马功劳。其中耿弇战功最为显赫。

耿恭是耿广的儿子，参加收复车师的战役，因战功卓著被任命为戊校尉。耿恭从小慷慨多谋，有将帅之才。史家下笔凝练，惜字如金，关于耿恭的出生时间及少年逸事，只有二字——"少孤"，意思是童年丧父。

从东汉开国到建安末年，耿氏家族共产生大将军二人，将军九人，卿十三人，娶公主者三人，列侯十九人，中郎将、护羌校尉及刺史、二千石数十百人，成为东汉豪族。但耿恭没有以军武世家子弟的良好出身在军队里谋得一个好前程，而是接受好友刘张的邀请，做了一名司马。

耿恭以司马身份在西域的战功，史书没有记载。连主帅窦固的战功都不过是寥寥几笔打发，更不要说当时默默无闻的耿恭。但是，耿恭肯定立下了不凡的战功，因为战后他就被任命为戊校尉。

窦固率领大军撤回中原，东汉留在广袤西域的力量只有可怜的五个据点。

第一，西域都护陈睦，率两千人的都护府直属部队，屯驻西域中部焉耆国境内，主持西域全局。

第二，军司马班超，率三十六人使节团，屯驻西域南北两道之交通枢纽疏勒国（今新疆喀什，不是西域北路的疏勒城），维持西域南道秩序。

第三，己校尉关宠，率数百人的屯田部队，驻扎车师前国之柳中，扼塔里木盆地通往天山的咽喉。

第四，宜禾都尉率数百人的屯田部队，驻扎西域门户伊吾城，扼敦煌通往天山的咽喉。就战略意义而言，伊吾只有在考虑由西域攻入河西走廊的时候才有价值。

第五，戊校尉耿恭，率数百人的屯田部队，驻扎车师后国之金蒲城，牢牢卡住天山通往北匈奴的咽喉，与关宠互为奥援，防备匈奴侵入西域北道。

所有人中，班超和耿恭的局面最不利。班超部只有三十六人。耿恭驻守的是战略位置，注定了只要匈奴卷土重来，想吞下西域这块肥肉，耿恭就会是要被拔掉的钉子。

耿恭率部驻防金蒲城，迅速与乌孙取得联系，重新恢复汉乌一度中断的盟友关系。乌孙大昆弥见到汉使，非常兴奋，立即派使者进献名马，遣子入侍，还把汉宣帝当年送给解忧公主的器物一起送回。

永平十八年（75）三月，塞外西域寒冬肃杀。窦固大军班师的烟尘还未消散，匈奴人就迫不及待地杀向西域。北单于命令左鹿蠡王率领二万铁骑攻打车师，车师后王安得很有骨气，一边抵抗，一边向耿恭求援。耿恭接到安得告急信，派遣司马率领三百士兵前去救援。习惯游牧狩猎的匈奴人围点打援，三百名援兵在半路上被围，全部战死。匈奴军队大败车师军队，国王安得战死。

匈奴军队继续进军，朝耿恭驻守的金蒲城奔袭而来。盟友和部下用鲜血和生命换来的宝贵的几天时间，耿恭没有浪费。短短几天内，耿恭派军吏范羌单骑南下求援，并预做了大量涂有毒药的箭镞。耿恭深知自己兵微将寡，与乌云一样压过来的匈奴骑兵直接对战，无异于以卵击石，唯一的选择只能是凭城据守。

金蒲城规模不大，地势平敞，全部将士上到城头迎战也很难抵挡匈奴的凌厉攻势。耿恭命令士兵使用箭头涂有毒药的箭，张开弩机，严阵以待。当匈奴第一拨攻城部队进入射程，耿恭让士卒大声警告："我们有汉家神箭，中箭者伤口必有怪异。不相信的，就来试试。"

左鹿蠡王觉得汉军虚张声势，大手一挥，开始攻城。耿恭下令放箭，顿时，矢如飞蝗，从天而降，匈奴人倒下一大片。匈奴士兵中箭的伤口，血流如注，如沸水蒸腾，根本就止不住。

匈奴士兵心头大震，即便没被一箭射死，中箭处也异常难受，最终难逃一死。匈奴军队形散乱，攻城速度明显下降。匈奴军队的第一拨攻击被遏制。

恰在此时，一阵暴风雨突然而至。耿恭下令打开城门，率军迅速出击。匈奴士兵被大雨浇得乱了阵脚，想不到几百人居然敢出城打两万人，当场溃败，损失惨重。匈奴兵连连惊呼："汉兵神，真可畏也！"（《后汉书·耿恭传》）

金蒲城之围暂时解除，但耿恭的心依然悬着。匈奴骑兵不会轻易撤走，肯定还会伺机杀回来。斥候报告的一个消息让耿恭有了主意，金蒲城东面的疏勒城，地势险峻，居高临下，旁边涧道有水，易守难攻。这个疏勒城，不是班超待的西域南路疏勒国，不是后来唐代的疏勒镇，而是一座汉军修筑的小型要塞，在今新疆奇台半截沟麻沟梁。

五月，春回大地，天气转暖，耿恭果断下令放弃金蒲城，转移驻防疏勒城。这个决定非常正确，避免了全军覆没，但耿恭即将迎来一场艰苦而惨烈的保卫战。

坚守孤城

进驻疏勒城后，耿恭积极整军备战，修缮城池，还从车师后国招募了数千名民兵。果不其然，刚进入七月，左鹿蠡王就率领匈奴骑兵再次杀来。耿恭调整策略，趁匈奴部队远道而来，还没摆好阵势，就带领部属快速出城冲杀。匈奴猝不及防，阵形大乱，丢下一堆尸首四散奔逃。

击退匈奴大军后，疏勒城军民士气大振。

左鹿蠡王慢慢反应过来，疏勒城守军大部分是临时招募的。扎下营帐，左鹿蠡王又指挥匈奴兵开始围攻疏勒城。首战得胜，士气旺盛，疏勒城守军英勇抗击，箭矢、滚石、檑木、火油纷纷攻向匈奴兵。

匈奴人习惯辽阔草原上的奔袭作战，城池争夺是短项，疏勒城地势险峻，城池坚固，匈奴人发动好几次攻击，还是没有得手。左鹿蠡王坐不住了，率部绕道疏勒城的水源麻沟河上游，筑堤截流。

得知城中水源被匈奴人切断，城里的水只够支撑十日，耿恭下令在城中打井。可是，往下打了十五丈，还是没有水冒出。几天下来，疏勒城中积水告罄，官兵饥渴难耐，从马粪中榨取汁水，润一润焦裂的嘴唇。七月，正是酷暑时节，"吏士渴乏，笮马粪汁而饮之"（《后汉书·耿恭传》），短短十一个字，包含的是怎样一种绝境求生的坚韧意志和虽死不降的铮铮铁骨。

城外，匈奴人还在不断袭扰。左鹿蠡王胸有成竹，扳着手指头算出汉军开城投降的日子。每天都有人死去，耿恭来到井边，郑重地对不出水的井下拜，奇迹出现。

《后汉书》记载："恭仰叹曰：'闻昔贰师将军拔佩刀刺山，飞泉涌出；今汉德神明，岂有穷哉。'乃整衣服向井再拜，为吏士祷。有顷，水泉奔出，众皆称万岁。"耿恭仰天长叹道："我曾经听说以前的贰师将军李广利在率军出征时，用佩刀捅刺山体，竟有飞泉涌出。今我大汉有神明护佑，岂能把我等困死？"耿恭把身上的战袍整理好，神情肃穆，对深井恭敬祭拜，祈祷神灵护佑守城将士。奇迹果真出现了，过了一会儿，泉水汩汩冒出。所有将士瞪大了眼睛，鸦雀无声，反应过来之后，呼号狂啸，山呼万岁。

或许，这个故事是后人为凸显耿恭守城的困厄、坚韧编造的，但是，没有谁不愿相信这个故事。

有了水，汉军士气大振。耿恭命令士兵将泉水挑上城头，戏水嬉闹，众人兴高采烈地喝了个饱，有人站在城头用水和泥修补城墙，还有人朝匈奴人泼水。左鹿蠡王和匈奴士兵远远望见，目瞪口呆，认为天上神灵在帮汉军，只好撤兵。

看着左鹿蠡王和匈奴骑兵无功而返腾起的漫天烟尘，耿恭知道，匈奴人还会回来。可是，范羌到关内求的救兵，怎么还没有来？

北匈奴自三月出兵，从春天折腾到冬天（十一月），还是打不下疏勒城，但匈奴并非一无所获。六月，反水的焉耆和龟兹两国，进攻西域都护陈睦驻地，陈睦阵亡，全军覆没。另一支北匈奴部队，穿过车师古道，将关宠围困在柳中城内，班超也被叛军围困在疏勒国。八月，已无实力反抗的车师后国投降匈奴，与匈奴军队合流，再次包围耿恭驻扎的疏勒城。东汉军在西域的力量几乎不复存在。耿恭近乎孤立无援。

左鹿蠡王发誓拿下耿恭和疏勒城。这场惊天地泣鬼神的孤城保卫战，注定要在中国军事史上占据一席之地，战事的惨烈、胶着，令史书一改洗练简约、留其概要的传统，浓墨重彩，不吝细节，生动地刻画了这场战事。

战事开始时，车师后王安得的夫人是汉人后裔，偷偷让人给耿恭送去粮食，还把匈奴人的情报透露给耿恭。这次，左鹿蠡王部围攻疏勒城好几个月，仍未攻下。

但是，城内一个最可怕的现实终于出现——粮食没了！这场战争变成了一场精神与意志的较量，疏勒城的将士开始吃一切能吃的东西。先是吃战马——除非万不得已，任何士兵都不会吃掉像伙伴一样的战马，可是现在没有其他选择了。然后，城里除了人类以外的动植物——从老鼠、蜘蛛到草根、树皮，所有能被塞进嘴里的东西全被吃了。为了生存，每个人都无比坚韧、勇敢和无所畏惧。接下来怎么办？弓弩上用动物筋腱做的弦和盔甲上的皮革等，都变成了食物，统统煮了吃。吃下去，活下去，守下去——有的人在作战中死去，更多的人饿死了，但没有一个人动摇，他们眼里依然有光芒，英烈之气直冲霄汉。

减员不可避免，耿恭清点人数，只剩下几十人。左鹿蠡王知道耿恭已经山穷水尽，深感敬佩，希望能招降。左鹿蠡王向耿恭承诺："如果投降，单于将封将军为白屋王，并把女儿嫁给你。"

耿恭要求匈奴派使者来谈，单于欣然答应。耿恭所部居然在城墙上杀死了北匈奴使者。左鹿蠡王接到禀报，立刻下令增加围城人马。即便这样，还是未能拿下疏勒城。

范羌去了那么久，怎么一点消息都没有呢？耿恭极端痛苦，杀伐决断、尔虞我诈之后，依然看不到一点点希望。寻常军士可以依靠军官，军官可以依靠作为长官的他，可他耿恭能依靠谁呢？但是，为了军人的荣誉与忠诚，他必须活下去，守下去。

疏勒城的热血

耿恭孤守疏勒城这段时间，天下形势发生了巨大的变化。

永平十八年（75）八月，东汉明帝驾崩，太子刘炟登基，是为汉章帝。之后办丧事，等待一切搞定、政局稳定下来，已是十月底。这个时候，关宠的求救信才被提到议事日程。

以司空第五伦为代表的一群文官认为，不该救。他们的意见是，万里之外，这么长时间过去，耿恭等人八成早已全部死亡了；更何况，兵马未动，粮草先行，大军行动需要很多钱；这一年洛阳以及徐州、豫州等地发生大旱灾，这么多大事都还顾不上，西域那点儿小事能不管就不管。

校书郎杨终直接说："北征匈奴，西开三十六国，频年服役，转输烦费。又远屯伊吾、楼兰、车师、戊己，民怀土思，怨结边域……愁困之民，足以感动天地，移变阴阳矣。陛下留念省察，以济元元。"（《后汉书·杨终传》）兴师动众地控制西域，耗费如此多人力物力，却没什么实际好处，当地百姓也不抬举汉军，不如撤军。

这种观点非常典型，代表了一股守旧的力量，完全不是为国家考虑，只不过害怕自己那点小利消失。他们是既得利益派与守旧派的混合，却偏偏自诩大义，这群人改变了历史的轨道，让中下层爆发的锐意进取被缓缓地压制。

司徒鲍昱辩驳道："今使人于危难之地，急而弃之，外则纵蛮夷之暴，内则伤死难之臣。诚令权时后无边事可也，匈奴如复犯塞为寇，陛下将何以使将？"（《后汉书·耿恭传》）我们自己要求这些为国尽忠的军人远征西域，现在打了半截，把人扔那儿不管，实在太不厚道了。对外是纵容残暴的匈奴，对内是伤了忠臣良将的心。现在不救他们，以后匈奴卷土重来，谁都知道陛下您不厚道，还会为您效命吗？我们绝不能自折羽翼，放弃自己的英雄。

十一月，汉章帝下旨，出兵援救塞外的勇士。等到准备停当，已经是第二年初。

建初元年（76）正月，以酒泉太守段彭为首的汉军在柳中会齐，一部去接关宠，其他的围攻交河城。汉军突至城下，匈奴人一哄而散，只留下车师人。车师很快再次回到汉军旗下。战斗的胜利却没有给汉军带来任何喜悦，柳中传来的消息使汉军备感沉闷。关宠及其部众已全部战死，虽然这是意料之中的事，可对士气仍有不小的冲击。

对于是否到疏勒城去救援耿恭，汉军将帅颇感踌躇。作为统军主帅的段彭，现在考虑的不是能否解救疏勒城被围困的汉军，而是手下这七千人能否安全回家。此时大雪封山，军中多数将领都认为耿恭已经殉国。而且，救援耿恭需要翻越冰雪覆盖的天山，冰天雪地里行军的伤亡，必将远多于能拯救出来的耿恭所部人数。

关键时候，范羌表现坚决——一定要去！范羌终于争取来了两千人。人性的光辉，恰恰就在这些看似徒劳而无益的举动之中。

救援部队历尽艰辛，终于来到疏勒城下。史书没有记载他们看到疏勒城时候的感受，可以推测，他们应该是毕生难忘。北匈奴仓促撤退后，疏勒城在严冬中变成了死神的艺术品。城下，城里，到处都是死尸，这些人死去以后，终于可以获得永恒的宁静。而活着的人，长期的饥饿折磨得他们形容枯槁，就像一具死尸，但仔细看，就会发现他们的眼睛里依然有光芒闪烁，把范羌一行人当作进犯的敌军，准备继续坚守城池。那一刻，所有救援人员都知道，这些人会一直坚守，直到最后一个活人死去为止，直到最后一把刀断裂、一支箭耗尽、指甲磨断、牙齿咬碎为止，只有死神能阻止这支军队，然而死亡已是对他们最大的恩赐。

疏勒城内还有二十六人。第二天，雪停了，耿恭率残部同救兵一道返回。北匈奴派兵追击，汉军边战边走。耿恭部从疏勒城出发时还有二十六人，沿途不断死亡，到三月抵达玉门时，只剩下十三人。这十三人衣衫褴褛，鞋履洞穿，面容憔悴，形销骨立。

中郎将郑众亲自为耿恭及其部下安排洗浴，更换衣帽，并且上书朝廷："耿恭以微弱的兵力固守孤城，抵抗匈奴数万大军，经年累月，耗尽全部心力，凿山打井，煮食弓弩，先后杀伤敌人数以千计，忠勇俱全，没有使汉朝蒙羞。应当赐给他荣耀的官爵，以激励将帅。"消息传到京师洛阳，所有人都沸腾了，元狩年间武帝的雄才大略，封狼居胥的丰功伟绩，卫青和霍去病的不世功业，此刻全部复苏了。人们惊讶地发现，这些热血依然留存于世，未曾断绝，并没有被遗忘，就在他们的身上流淌着。

耿恭到达洛阳，鲍昱上奏称耿恭的节操超过苏武，应当封爵受赏。汉章帝任命耿恭为骑都尉，任命耿恭的司马石修为洛阳市丞，张封为雍营司马，军吏范羌为共县丞，剩下九人都授予羽林之职。耿恭母亲此前已去世，耿恭回来补行丧礼，汉章帝下诏派五官中郎将馈赠牛和酒解除丧服。

耿恭率数百士兵坚守疏勒城，鏖战数万匈奴铁骑，最终十三人生还玉门关，在这场保卫战中可以看出，舍生取义、坚守气节的基因就潜藏于民族的血脉之中，生生不息。

第十七章 班超的经营

平鄯善、于阗、疏勒

窦固统率大军攻入西域，大破北匈奴并进驻伊吾，派遣班超和从事郭恂一起出使西域南路，招抚诸国。谁也没有想到，班超竟以一己之力，在云谲波诡、纷乱复杂的形势下，降服了西域五十余国，创造了千古绝唱的丰功伟业。

班超，扶风郡平陵县（今陕西咸阳东北）人，班彪的幼子，长兄班固、妹妹班昭也是史学家。

永平五年（62），班超的哥哥班固被召入京任校书郎，班超和母亲等一大家人一同迁居洛阳。班彪在世时没什么积蓄，班固的俸禄也无法养活一大家人，班超通过关系找了一个替官府抄写文书的活儿，以维持生计。

班超年少时即有远大志向，天天誊书抄字，简单乏味。一天，烦躁至极的班超把毛笔一扔，吼叫道："大丈夫无它志略，犹当效傅介子、张骞立功异域，以取封侯，安能久事笔研间乎？"（《后汉书·班超传》）原来，他向往的是如张骞、傅介子一样远走天涯，建功异域、万里封侯。同僚听到班超的话后都嘲笑他，班超很愤怒地说："小子安知壮士志哉？"（《后汉书·班超传》）

后来，班超去找相面的人看相，相面的人说："你的先辈虽是平民百姓，但你日后定当在万里之外封侯。"班超心头一震，故作镇定地问道："何出此言？"看相者装模作样地把班超面相仔细端详后说："生燕颔虎颈，飞而食肉，此万里侯相也。"（《后汉书·班超传》）估计班超身材魁伟，确有大将之风。班超听罢，热血沸腾。

回到府衙，等待班超的依旧是永远抄誊不完的公文案牍。日子在波澜不惊中一天天过去。

后来，班固带着一家老小迁回老家，决定在父亲续写《史记后传》的基础上，撰写《汉书》。这是一件非常伟大的事，竟然被人告发，罪名是私修国史。

▲ 班固像

班固被抓到京城下牢，书稿和资料也被搜走。当时，扶风城里有个叫苏朗的人，因私造图书谶纬被抓捕处死。班超连夜快马飞奔洛阳，奏请汉明帝为哥哥鸣冤。汉明帝亲自召见班超，又让人把班固写的书稿拿来审阅。汉明帝对班固的才华大加赞赏，命令赶紧放人，还将班固任命为兰台令史，让他专心写作《汉书》。

班固因祸得福，全家搬回洛阳，班超的勇敢也在汉明帝心中挂了号。

过了一阵，汉明帝闲聊时问起班固："卿弟安在？"班固恭恭敬敬回道："为官写书，受直以养老母。"（《后汉书·班超传》）班超是个编外文书，抄写公文，挣点儿小钱赡养老母亲。于是，汉明帝也将班超任命为兰台令史。

可是，班超的梦想不在书牍笔砚中，对这个"金饭碗"不太感冒，也不珍惜，整日心不在焉，因犯错被除名。或许，班超在等待真正属于自己的机会。优雅宁静的兰台令所，属于父亲、哥哥、妹妹这样的儒雅文士。真正属于他的天地，在遥远的西域，在未知的远方。

是听从内心的召唤，还是熄灭火苗，甘于按部就班的日子？焦躁、痛苦的班超在苦苦等待一个可以离开的机会。机会终于来了，永平十六年（73），汉明帝派遣奉车都尉窦固从酒泉出击北匈奴。年过四十的班超，终于迈出了梦想的第一步，以假司马（代理司马）的职务随窦固大军出征。从此，中国文学词典里又诞生了一个成语——投笔从戎。

班超一到军旅中，就显示了与众不同的才能。他率兵进攻伊吾，在蒲类海与北匈奴交战，斩获甚多。汉军占领伊吾之后，窦固想派出一支小分队南下鄯善，宣抚西域南路诸国，以为探路。窦固赏识班超，派班超和从事郭恂一起出使西域南路。

经过准备，班超和郭恂率领窦固亲自挑选的三十六名勇士向西域南路进发，从此，这三十六人跟随班超在西域出生入死、叱咤风云，书写了西域历史上的传奇。

汉朝使团首先到达鄯善国。在鄯善国都城扜泥城内，鄯善王广早就得到汉匈在西域北路交战的消息，而且这次是汉军主动出击。鄯善王广不理解，也很担忧。很快，更让鄯善王广震惊的消息出现了——一小队汉朝使者来到了鄯善。鄯善王诚惶诚恐。

在金殿之上，鄯善王广热情地接待了汉朝的使者。使者人数不多，三十多人，领头的是两个儒雅之人，一看就是读书人。宾主落座，相谈甚欢。汉使主要介绍这次汉军出击匈奴的基本情况，表达汉朝对匈奴压迫西域人民的愤慨，强调汉朝与鄯善关系的重要性，希望与鄯善团结起来共抗强敌云云。

自从都护李崇兵败，西域与汉帝国隔绝了半个世纪，匈奴重新控制了西域，西域各国兵戈相见。鄯善王不得不用审慎的目光看待汉使所说的一切。

晚宴之后，汉使就住下了。鄯善王广每天都热情招待汉使。没几天，匈奴使节来了，共有一百五十多人。鄯善王广不得不加倍小心应酬，还得防备两个使团碰面。

嗅觉敏锐、头脑机警的班超召集部下商议："你们难道没觉察鄯善王的态度变得淡漠了吗？这一定是北匈奴有使者来到这里，让他犹豫不决，不知道该服从谁好。头脑清醒的人能够预见到还未发生的事情，何况现在已明摆着的。一定要把这个苗头消灭。"

班超便把接待他们的鄯善侍者找来，出其不意地问他："我知道北匈奴的使者来了好些天，他们现在住在哪里？"侍者说出了实话。果真是匈奴人来了。

班超把侍者关押起来，以防泄露消息。然后，班超召集手下喝酒，开始激将："兄弟们啊，你们和我现在身处绝域，不就是想立下功名求得荣华富贵吗？现在匈奴派人到鄯善游说，国王广突然冷落我们，是想把咱们抓起来送给匈奴。一旦这样，没命不说，尸骸都要抛于野外被豺狼噬食。大伙说说，我们现在该怎么办？"

手下早就按捺不住："今在危亡之地，死生从司马。"（《后汉书·班超传》）

见大家都愿意听从自己调遣，班超心里有底了，说出了名言"不入虎穴，不得虎子"（《后汉书·班超传》）。

班超说出计策："当今之计，独有因夜以火攻虏，使彼不知我多少，必大震怖，可殄尽也。灭此虏，则鄯善破胆，功成事立矣。"（《后汉书·班超传》）我们势单力薄，只能在夜里放火突袭匈奴使团，使其不知我们到底有多少人，心里肯定害怕，我们可以一举歼灭他们。这样，鄯善王势必胆寒，我们就大功告成。

手下提醒班超和团长郭恂商议。班超连连摆手。

入夜之后，班超率领三十六名勇士悄悄前往匈奴使团驻地。时夜黑风高，班超安排十人持鼓埋伏在匈奴人驻地后面，约定见火光起就击鼓高呼，自己则带领二十六人分别埋伏在驻地两侧。

夜幕沉沉，匈奴人已进入梦乡，营地内传来若有若无的呼噜声。班超部署好后，让人在上风口放火，风借火势，迅速燃至匈奴人的驻地，顿时一片火海。后面鼓声大作，梦中惊醒的匈奴人乱作一团，动作快的穿着睡衣，浑身是火地冲出来，聪明的打开后窗就往外跳，早有人在等待。火光之中，班超带领手下手提钢刀，高挽衣袖，往来冲突。惊慌失措的匈奴人来不及招架就成了刀下之鬼。大火越烧越旺，匈奴使团三十多人被斩杀，其余一百多人葬身火海。汉军无一伤亡。这是一场完美的经典特种作战案例。

翌日一早，班超将此事向郭恂汇报。郭恂一听，脸色大变。班超急忙说道："您老人家虽然没有亲临现场，但这功劳也有您的份，班某岂敢独占此功？"郭恂这才转怒为喜。

班超紧急召见鄯善王广，一言不发，将匈奴使者的脑袋掷了出来。广一看，吓得四肢打战，赶紧趴在地上请罪。班超把广扶起，晓以大义，抚慰一番，将广的儿子作为质子带上，起程回伊吾复命。

班超在鄯善这一把火，让酒泉大帐里的窦固吃了一惊。当班超领着鄯善质子进入大帐的时候，窦固除了意外还是意外。不过这一棒子给窦固开了窍，进军西域不一定需要武力，像班超这样的外交小分队也许作用更大。在西域北路车师方向以武力打击为主，南路以外交手段为辅，也许可以收到事半功倍的效果。

窦固上书汉明帝，为班超请功，也希望汉明帝派出有经验的外交人才出使西域南路。

汉明帝知道窦固的心思，他也很欣赏班超智勇双全，就给窦固下了诏令："吏如班超，何故不遣而更选乎？今以超为军司马，令遂前功。"（《后汉书·班超传》）既然有班超这样能干的人才，还用重新选人？任班超为军司马，继续前行。

接到旨意的班超，于永平十六年（73）夏，带领三十六位兄弟起程，直奔西域南路。

临行前，窦固想给班超增加人马，班超拒绝了："愿将本所从三十余人足矣。如有不虞，多益为累。"（《后汉书·班超传》）率领三十六骑就敢深入战火纷乱、险象环生的西域，这是一幅多么令人心驰神往的英雄画卷啊！

一行人在朝霞晨晖之中，西出玉门，不由自主地回头看了看在阳光掩映下的关城，有谁能料到，当班超再有机会仰望玉门的时候，已经是几十年以后的事。传奇史诗的序幕徐徐揭开，西域，正式进入班超的时代。

班超等人向西域南路进发，越过鄯善，到达于阗。当时，于阗王广德攻破莎车，准备在西域南路称雄，又被北匈奴打败，匈奴派使者驻于阗，对外说是监护，实际是掌握于阗大权。

当时，从汉境进入西域门户鄯善之后，分为南北两路。北路自鄯善经尉犁、龟兹、姑墨至疏勒国；南路自鄯善经且末、精绝（今新疆民丰北尼雅河入沙碛处）、于阗、莎车，至疏勒。班超的策略是先南后北，打通南路之后，再逐渐北上打通北路，进而控制整个西域。在班超的这盘棋中，疏勒很关键，可作为根据地和大本营，能够南北兼顾。

从地图上可以看出，西域南路各国，均为环塔里木盆地的绿洲城邦国家，横亘中间的就是世界第二大沙漠——塔克拉玛干沙漠。一支三十六人的小分队要想在这片辽阔浩瀚、环境恶劣且语言、习俗陌生的土地上征战平乱，其难度远远超出想象。

班超一行缓缓向于阗行进，于阗王广德也在研究当前形势。现在汉军出兵伊吾，形势发生了变化，班超在鄯善的表现在于阗传得神乎其神。广德不得不考虑今后的路怎么走。在南麓称霸的日子是不错，臣服匈奴是因为没有选择，但也是有代价的。现在汉朝回归，于阗的选择就是很自然的事。唯一不确定的就是汉朝的诚意有多大、决心有多大、实力有多强。

班超使团到达于阗。广德虽然很佩服班超，但还是刻意地表现出傲慢，班超一行人被简单地送进驿馆。

匈奴使者知道班超到来，借用巫师的手挑拨广德与班超的关系，逼广德抗

▲ 班超像

汉。于阗人笃信神鬼巫术，广德也对巫师言听计从。巫师对于阗王说："天神发怒了，你们为什么想去归顺汉朝？汉使有一匹嘴黑毛黄的好马，你们赶快把它弄来，给我祭祀天神！"

第二天，于阗宰相私来比来到驿馆求见班超，带来于阗王的不情之请，希望班超忍痛割爱，将坐骑献出，用来祭祀天神。

班超微微一笑，说："没问题。不过我这匹马比较倔，没有法术的人降不住，你们这儿也只有巫师有这个本事，能不能让巫师亲自来？"

宰相私来比向广德汇报后，广德很惊讶："就这么答应啦？"

巫师冷冷一笑："大王且放宽心，待老夫走一趟。"

巫师来到班超驻地，刚进营帐，劈头就是一刀砍来，立刻身首分家。班超又逮捕了宰相私来比，痛打数百皮鞭，然后令人将巫师首级装进匣子，送给广德，说明利害，以道义责备他。于阗王急忙召集士卒，将监国的匈奴使团全部诛杀，向班超谢罪，表示坚决归顺汉朝。随后于阗王广德摆开酒宴，隆重招待班超一行。班超拿出礼物代表皇帝进行赏赐。

于阗是个好地方，但军事位置比较偏，既不能完全控制南路，对北路的影响力也非常有限。要想完成使命，震慑西域诸国，将匈奴势力逐出西域，必须另寻一能安家的根据地。班超将目光投向了疏勒国。疏勒，就是今喀什，是西域南北两路的门闩，也是一个巨大的物资集散地，每年的税收很多。控制疏勒，对内可以完全控制南北两路，对外可以抵御其他西部国家对南北两路的骚扰。疏勒地点非常理想，人口众多，硬件设施也不错。

此时疏勒已面目全非，匈奴人扶立的龟兹国王在天山道肆无忌惮，派兵攻破疏勒国，杀死国王，另立龟兹人兜题为疏勒王，疏勒国实际掌握在龟兹人手中。班超以三十多人想进攻疏勒，成功的可能性不大。逢强智取、遇弱活擒，聪明的统帅是尚智不尚力。疏勒已被龟兹人统治，肯定人心不稳，班超要兵不血刃地拿下疏勒。

第二年春天，大雪消融，班超一行避开大路，向北穿越拘弥国，进入塔克拉玛干沙漠，沿着一条小路直奔疏勒。三十多人攻城拔寨是不可能的，只能是擒贼先擒王，这次的目标很直接，就是龟兹人立的疏勒王。

很快，班超一行来到盘叶城外九十里的地方。先礼后兵，班超向手下田虑交代道："疏勒王兜题并非疏勒人，而是龟兹人，疏勒百姓肯定心里有怨气，不会死心塌地为他卖命。你先去对兜题招降，如果不愿意，找机会把他控制住。"

田虑领命之后，飞身上马，带上几个人直奔盘叶城。

汉使突然而至，兜题满腹狐疑地接见田虑。

没等田虑把话说完，兜题傲慢地把手一挥："投降你们？没门！"

兜题正准备送客，田虑一个箭步冲上前，从袖中掏出匕首，直抵兜题的喉咙。侍从吓得四散而逃。田虑把兜题绑成了一只粽子后，让其他人迅速出城通知班超。班超率队飞驰进入盘叶城，召集城中军民晓谕来意，痛斥兜题为虎作伥。一时间，疏勒国人心大快，纷纷表态愿意支持班超。见疏勒人心思归，班超当场废黜兜题，立被龟兹杀害的老国王的儿子忠为疏勒王。

疏勒人要求杀死兜题，班超没有同意，而是下令把兜题遣送回国。兜题势力尚未肃清，杀了兜题，就给了龟兹兴兵报复的借口。

班超驻扎下来，以盘叶城为大本营，整顿疏勒军队。

至此，班超凭借智勇，使鄯善、于阗、疏勒三个王国恢复了与汉朝的友好关系。

孤旅战西域

永平十八年（75），汉明帝驾崩，焉耆国乘汉朝大丧，攻杀西域都护陈睦。此前匈奴出兵进攻驻防金蒲城的戊校尉耿恭、驻防柳中的己校尉关宠。龟兹、姑墨等国也趁机发兵进攻疏勒国。班超与疏勒王忠互为犄角，首尾呼应，在盘叶城据守，坚持了一年多。

建初元年（76），汉章帝继位不久，河西羌人起事。安夷县（今青海乐都）有个小官强抢西羌女子为妻，被女子的丈夫杀死。安夷县长宗延追赶女子的丈夫，将他赶到塞外。愤怒的羌民杀死了安夷县长，联合勒姐、吾良等部羌人起事。于是，更多的羌人部落加入进来，击败了金城郡太守郝崇。

河西局势恶化，朝廷已无力派出军队到西域，汉章帝刘炟下令撤回戊己校尉，不再派西域都护。汉章帝担心班超独处边陲，难以支持，下诏命班超回国。随后，朝廷又停止伊吾屯田，撤军回国。这就是东汉与西域"三绝三通"之"二绝"西域。

接到回朝诏令的时候，班超正率领疏勒人与龟兹联军苦战。联军成分已发生了变化，不再有匈奴人的身影，起主导作用的是龟兹。不知不觉间，匈奴人也淡出了西域北路。

此时召回班超，是釜底抽薪。疏勒举国忧恐，心情就像失群的大雁。都尉黎弇说："汉使如果离开我们，我们必定会再次被龟兹灭亡。我实在不忍心看到汉使离去。"说罢，他拔刀自刎。

班超也不想走，但他不能抗旨不遵。

班超一行返回时，路过于阗。于阗国王和百姓放声大哭："我们依靠汉使，就好比孩子依靠父母一样，你们千万不能回去。"不少人还抱住班超的马腿苦苦挽留。于阗人还是比疏勒人更聪明一些，抱住班超的马腿，走吧，先从我身上踏过去。

都尉黎弇自刎的那一幕和眼前于阗人的哭声，深深地刺痛了班超的内心。班超豪气顿生，大喝一声："不走了！"他勒转马头，率领手下重返疏勒。

此时，班超率领的小部队成了名副其实的孤旅。耿恭能在疏勒城坚持到最后，除了有坚定的信念，相信援兵会到来，更重要的是有城可以守。现在班超既无孤城可守，又无援兵可待。

疏勒国见龟兹、姑墨大军压境，班超又率部离开，有两城望风而降。龟兹属国尉头国（今新疆阿合奇）是西域北路最西端的国家，是一个游牧部落。尉头国也趁机作乱。龟兹拿下疏勒两城，将两城与尉头组成一个联盟，意图造成更大的混乱。

班超回来，立即召集抵抗者诛杀叛军，攻打尉头，杀敌六百，迅速扭转局面。疏勒转危为安。

建初三年（78），班超征调疏勒、于阗、拘弥等国兵力，整编成一万余人马的联军，出击姑墨，要拔掉横在疏勒与乌孙之间的钉子——姑墨石城。这是班超第一次在西域主动出兵，与之前的小分队行动大相径庭。联军大破姑墨石城，斩杀七百多人，孤立龟兹。

建初五年（80），班超向皇帝上交了一份西域工作计划书，分析西域各国形势及自身处境，提出趁机平定西域各国的主张，这是一份在西域经营史上很著名的文件，充分展现了班超治理西域的思想。

班超说："臣曾看到先帝想打通西域，因而往北进击匈奴，向西域派出使者，鄯善国和于阗国当即归附大汉。现在拘弥、莎车、疏勒、月氏、乌孙、康居等国又愿意归顺汉朝，共同出力，攻灭龟兹，开辟通往汉朝的道路。如果我们攻下龟兹，西域尚未归服的国家就屈指可数。臣心中独自思量，臣原来虽只是军中小吏，但想像谷吉那样在远方为国效命，像张骞那样在旷野捐躯。从前魏绛只是一个小国大夫，还能与诸戎订立和盟，何况臣今仰承大汉声威，难道不能竭尽铅刀一割的作用吗？前汉议论西域形势的人都说只要联合三十六个国家，就称得上断匈奴右臂。现在，西域各国，哪怕是极边远的小国，没有不愿意归附汉朝的。大小国家都十分高兴，自愿进贡的络绎不绝，只有焉耆、龟兹二国不服从。臣先前曾和三十六个部下奉命出使西域，历尽艰难危困，自从孤守疏勒，至今已五年，对于西域的情况较为熟悉。问过大小城郭的人，他们都认为依靠大汉像依靠天一样可靠。由此看来，葱岭的道路是可以打通的。葱岭一通，就可以征服龟兹。现在我们应该封龟兹国的侍子白霸为龟兹国王，派几百名步骑兵护送他回来，与其他各国军队联合作战。要不了多久，就可以擒获现在的龟兹王。用夷狄来攻夷狄，这是最好的计策啊！臣看到莎车、疏勒两国田地肥广，草茂畜繁，不同于敦煌、鄯善两地。在那里驻军，粮食可以自给自足，不须耗费国家的财力物力。而且，姑墨、温宿二国的国王又全是龟兹国册立的，不是那两国的人，会进一步相互对立和厌弃，这种情况必定会导致反叛和出降，如果这两国归降我们，龟兹自然可以攻破。臣希望朝廷发下臣的奏章，看能否参照办理，万一获得成功，臣死了也没有遗憾。臣下区区之身，承蒙上天保佑，暗中希望不至于马上就死，能够亲眼看到西域平定，陛下举起预祝万寿无疆的酒杯，向祖庙报功，向天下宣布喜讯的日子。"

这份西域经营计划书，充分展示了班超绝非一介武夫，而是一名深谋远虑、能够独当一面的统帅之才。

接到班超的西域经营计划书，汉章帝对西域的形势又有了全新的认识。这是来自前线的第一手材料，回答了汉章帝心里的所有问题。鄯善、于阗杀死匈奴使者之后，匈奴没有报复举措，免除了整个西域南路的贡品。不久，匈奴又被从龟兹联军里踢出，匈奴的物资来源整个被切断。从这些地方可以看出，班超在西域的行动，正是于无声处听惊雷，看似与北匈奴毫无关系，可是招招见血，剑剑封喉。

终平西域

汉章帝决定给班超派出援军，以便班超早日实现计划。此时班超在西域孤军作战已有五年，事迹早已在中原传播开来，拥有一大批拥趸，扶风老乡徐幹就是其中之一。听说朝廷准备给远在西域的班超增派支援，徐幹毛遂自荐，向汉章帝请缨出征，希望前往西域与班超并肩战斗。汉章帝很高兴，正式任命徐幹为假司马，率军出发。班超第一次出使西域时担任的官职就是假司马。

这支队伍很特别，由解除刑罚的在押犯和班超的拥趸组成，合计一千多人，浩浩荡荡发往西域。

班超正在西域苦苦支撑。莎车国认为汉朝不会增兵西域，便投降了龟兹。从地理位置上看，莎车在疏勒国南面，龟兹在疏勒国北边，疏勒国处于南北夹击之势。局面对班超非常不利。龟兹还在疏勒内部发展反汉势力，致使疏勒都尉番辰宣布倒戈，反叛班超。徐幹统领的援军在这种情况下来到疏勒。番辰没有把这一千来人放在眼里，与汉军进行野战。结果自然是番辰的队伍被全歼，疏勒内部反汉势力被暂时压制。

现在，班超必须重新审视自己面临的形势。最恐怖的就是没有一个真正的战略后方。东北是龟兹联军，东面是臣服龟兹的莎车。西面是非敌非友的大宛、康居、大月氏。最重要的还是班超现在这个根据地——疏勒。番辰叛变事件出现之后,班超不得不提高警惕。

于阗是南路最可靠的,但中间隔着莎车,打通莎车就变成了所有未来行动的基础。打莎车要面对龟兹的援兵,班超的眼光又落到龟兹最大的邻居乌孙身上。班超再次致信汉章帝,希望朝廷派出使节,加强与乌孙的友好关系,使乌孙在未来汉朝与龟兹的大战中成为可以运用的力量。

一来一往又是三年。汉章帝真正理解了班超的处境。建初八年（83）,汉章帝任命班超为将兵长吏,徐幹为军司马,按班超要求派遣卫侯李邑护送乌孙使节返回,当然还携带了大批加强双方关系的礼物。

李邑走到于阗,听说龟兹联军正在进攻兵力单薄的班超,吓得不敢再向前行。为了掩饰自己的怯懦,李邑上书给朝廷,说平定西域劳而无功,又说班超拥抱爱妻,怀抱幼子,没有心思考虑国内的事情,已是乐不思蜀。

汉章帝下诏严厉责备李邑:"如果班超真的拥抱爱妻,怀抱幼子,不思报国,那么思念家乡的一千多士卒,怎能都跟班超同心同德?"汉章帝命李邑接受班超的调度,让班超酌情处理。

班超得知李邑的诬陷言论,感慨地说:"身非曾参而有三至之谗,恐见疑于当时矣。"(《后汉书·班超传》)我原本就不具备孔子高徒曾参的贤德,如今又多次遭到谗言诋毁,恐怕要被世人怀疑。于是,班超毅然让妻子离开自己,回到她的部族。

班超让李邑带着乌孙侍子回京。徐幹劝班超:"李邑之前毁谤你,企图让你平定西域的功业失败,现在为什么不遵循陛下的旨意把他留下来,另派人护送侍子呢?"

班超说:"正因为李邑毁谤我,所以我现在才派遣他回国。我问心无愧,还怕别人讲什么呢?为了泄私愤而图快意把他留下来,这就不算忠臣。"

元和元年（84）,朝廷又派和恭为代理司马,率兵八百增援班超。现在班超已有徐幹、和恭所率领的汉军士兵约两千人。班超打算以这两千人为主力,再调集疏勒、于阗的兵马组成联军,以讨伐莎车。

得到消息的莎车,用金钱收买疏勒王忠,疏勒王忠投降了莎车。要知道,忠的父亲是疏勒老国王，就是被龟兹破国之后杀死的。龟兹人兜题主政时，疏勒国人整日提心吊胆，班超率部赶走了兜题，将疏勒人解救，并立忠为新的疏勒王。班超想不到疏勒王会自行倒戈。

现在平叛成了首要任务。班超立一向对汉朝忠心耿耿的疏勒府丞成大为新一届疏勒王。

忠率领叛军退到疏勒西部乌即城（今新疆乌恰）自保。

班超整顿兵马，准备讨伐乌即城叛军，在出兵前派出两批使节前往于阗和乌孙，授命他们出兵骚扰莎车和龟兹，使莎车和龟兹无力援助忠，为班超攻克乌即城赢得时间。

忠负隅顽抗，班超的攻城大军历时半年也没有拿下乌即城。

忠的援兵来了。既不是龟兹兵，也不是莎车兵，而是远道而来的康居部队。作为西域西部的大国，康居、大月氏对疏勒这块宝地垂涎三尺，控制疏勒就是控制丝绸之路，进一步控制整个西域。现在汉朝和匈奴在西域的势力大减，康居王暗中鼓动疏勒王造反，希望借龟兹、莎车之手将班超赶出西域，康居再乘虚而入。

康居兵突然出现在乌即城外，班超大吃一惊。班超面临腹背受敌的危险，形势非常不利。

不过，班超深谙西域诸国错综复杂的关系，正如他之前给汉章帝的上书中说过："胡夷情数，臣颇识之。"（《后汉书·班超传》）看着属下焦灼的表情，班超毫不担心："弟兄们，别怕，我会让康居自动退兵。"

班超先设法稳定眼前战局，派人携带礼物前往大月氏国。班超了解到康居与大月氏刚刚结为姻亲。大月氏已是西域数一数二的大国，与康居、大宛等大国互相制衡，形成了动态平衡。大月氏和康居结成姻亲，既加强了相互联系，又是在互争雄长。康居控制疏勒，对周边大国都没有好处，尤其是对大月氏没有好处。康居派兵进入疏勒，也就打破了各方的默契。其实，康居也不敢在疏勒有大的动作，只是把一只脚伸到疏勒试试水温。康居兵进入疏勒却并没有进攻班超部，就能说明一切。

经过班超的外交运作，在大月氏的施压下，康居王率兵回国，还将忠一起带去了康居国，乌即城随后被班超收复。

经历两次叛乱，班超决定先把疏勒治理好，再进行下一步工作。以后三年里，班超没有轻举妄动，他担心被康居带走的前疏勒王忠。忠在疏勒仍有一定的势力，这是一种潜在的不安定因素。

果然，三年后，忠哄得康居王借给他一支部队重返疏勒。回到疏勒的忠，很快攻克疏勒西部的小城损中，有了立足之地。然后，忠秘密与龟兹取得联系，商定忠复国之后，唯龟兹马首是瞻。

接到忠派人送来的投降请罪书，班超一眼就看出了这是忠的小把戏，决定将计就计，答应他投降。接到回信后，忠大喜，轻装简从来见班超。班超为他举行了盛大的欢迎酒宴。酒酣耳热之际，班超摔杯为号，宴席上涌出一群刀斧手，忠束手就擒，随后被推出门外斩杀。

元和四年（87），班超征调于阗军队，连同手下汉军和疏勒军队，一共二万余人，再度出击莎车，真正的较量开始了。

莎车的盟国龟兹立即派遣左大将调集温宿、姑墨、尉头三国约计五万人马，出兵救援莎车。

龟兹王率兵援救莎车，实际上有多种救法可以选择。班超此次调集于阗、疏勒的军队，造成两国兵力空虚。龟兹联军可以攻击两国中的任意一国，无论进攻哪一国都会瓦解班超联军的士气，一举打乱班超的阵脚，这是出其不意的围魏救赵之法。也可以兵分两路，一路围攻一国，另一路埋伏在班超联军回援的路上，等待机会伏击回援的班超联军。无论哪一种打法，都会使班超手忙脚乱，顾此失彼。可惜龟兹国王没有学过"孙子兵法"，采取了最简单直接的战法，率领联军直扑莎车，准备在莎车决战。

现在，莎车地面上有三支军队——莎车军、班超联军、龟兹联军。如果龟兹联军直扑城下，立即与莎车会合，班超将很难有取胜的机会。可惜龟兹、莎车两军没有立即会合，给班超留下了一个各个击破的机会。

面对兵力超过自己数倍的强敌，班超决定运用调虎离山之计。他召集将校和于阗国王，商议军情。班超对众将官说："我方兵力不及敌军，只能用计。我们佯装畏战撤军，于阗王率军往东撤，我率军往西走，夜里听到我的鼓声立即出发。敌军知道后，肯定会倾巢追来。等到天亮鸡鸣之时，各部直扑莎车大营，杀敌人一个回马枪。"

会后，班超命令放松对俘虏的看管，故意把班超军畏敌、准备撤退的消息传得沸沸扬扬。入夜之后，班超大营人吼马嘶，一片嘈杂，两队人马东西各去。听到被俘士兵逃回来报告的消息，龟兹王大喜，觉得班超不过如此，自己率领一万人马往西边去拦截班超，并命令温宿王率八千骑兵往东去拦截于阗王。得知敌军两路人马已经出发，班超命令各部掉转方向，直扑莎车大营，杀敌五千，缴获大量马匹、物资，俘虏莎车王。莎车国投降。龟兹各路人马也被班超伏军一一击退，仓皇逃回各国。

经此一役，班超彻底打通了西域南路，威震西域。

大战贵霜帝国

班超厉兵秣马，整军经武，准备进行下一步的行动。就在这时，大月氏国派使者带着珍宝、狮子进贡汉朝，想与汉朝和亲。使者来到疏勒国，向班超说明意图，被班超拒绝。大月氏王从此怨恨班超。当年康居出兵援救疏勒王忠时，班超曾派人求助于大月氏王，让其劝亲家康居王退兵，解了班超之困。可以说大月氏王帮过班超。

大月氏和汉朝来往关系历史悠久，早在汉武帝元朔元年（前128），汉使张骞出使，就是为联合大月氏出击匈奴，才发现了西域。以后双方往来密切。大月氏分为休密、双靡、贵霜、肸顿、都密五翕侯。翕侯是大月氏部族中的一种贵族头衔，意即"首领"。公元45年前后，贵霜部首领丘就却征服其他部族，统一大月氏，建立了贵霜帝国（汉朝人不知，还一直称为大月氏）。丘就却又南下攻击喀布尔河流域和今克什米尔地区，后定都附（今阿富汗喀布尔），初步奠定了贵霜帝国的基础。公元1世纪60年代，贵霜王朝已统治了索格狄亚那、巴克特里亚、喀布尔、呾叉始罗、犍陀罗、罽宾等地区。公元80年，阎膏珍即位，向西扩展至赫拉特，控制了整个河中地区，并笼络控制了康居和大宛。

贵霜与汉朝、罗马、安息并列为当时的欧亚四大强国。贵霜帝国时代，佛教在贵霜王朝极其兴盛，大乘佛教在贵霜得到了广泛的信仰。永平十年（67），东汉明帝派出使者前往西天取经，途经贵霜帝国，邀请两位大乘佛教高僧来到洛阳，这就是有名的"白马驮经"。

贵霜帝国因帮助班超进攻莎车，自认有功。此时，贵霜帝国已称雄中亚，在印度平原和波斯高原上所向披靡，贵霜国王的要求被班超拒绝，恼羞成怒，决心报复。贵霜国王厉兵秣马，准备了三年，于永元二年（90）派遣副王谢（贵霜国二号人物）率领七万人马，悍然越过葱岭，侵入西域，气势汹汹地向班超驻地攻击。

班超兵力较少，从人数上处于劣势。面对气焰嚣张的贵霜大军，军士惊恐，人心惶惶。班超异常镇定，鼓舞军士说："月氏（班超一直以月氏称呼贵霜）兵虽然多，可是跋涉数千里，翻越葱岭来犯，交通运输极为不便，其后勤保障堪忧，我们有什么可忧虑的呢？只应当收藏好粮食，坚守不出，敌人便会因饥饿而投降。不过几十天便会击败敌人的。"于是，班超下令坚壁清野，坚守城池。

贵霜部队仗着人多势众，疯狂进攻班超所部。汉军在班超的指挥下，沉着应战。贵霜兵强攻几日，汉军岿然不动。贵霜部队见无取胜的机会，粮草又告急，于是在周围大肆掠夺抢劫，结果一无所获。班超洞察一切，看到贵霜部队疲惫不堪，料定敌人粮草已尽，必定会向一直与东汉为敌的龟兹国求救，于是派遣军队数百人于深夜潜出军营，在东路埋伏拦截。果然，贵霜部队派遣骑兵带着金银珠玉去贿赂龟兹国王，以求援助。贵霜部队没走多远，就进入了班超预设的口袋阵。英勇善战的汉军突然从四面杀出，围歼贵霜部队。贵霜部队被突如其来的袭击搞得惊慌失措，晕头转向，个个抱头鼠窜。汉军英勇顽强，奋力追杀，彻底将这支骑兵杀光。

贵霜副王谢闻之，大惊失色。此时，班超又派人持贵霜帝国使者的首级送给副王谢。谢立即派遣使者拜见班超，请罪乞降，只求能让他们活着回去。班超从长远考量，放了贵霜副王谢。班超没有惊动东汉朝廷，仅以西域之兵力，便将贵霜帝国倾国而来的大军打得溃不成军，使贵霜王受到极大震动，见识了汉军的作战能力和素质，意识到了汉王朝的强大力量。从此，贵霜帝国再不敢有非分之想。班超、任尚、段禧三任都护经营西域的十七年间，贵霜不敢再越过葱岭进犯西域都护府。

这场战争，自然巩固了汉朝中央政府对于西域的主权，使丝绸之路形成了一条天然的分界线——葱岭。中国对葱岭以东的地区的主权，从那时一直延续到今天。

当时汉朝人对贵霜帝国知之甚少，依惯例称其国王为月氏王。班超并不知道，他面对的对手是贵霜王阎膏珍，这是在贵霜历史上被称为"伟大的救世主"的君主。这场公元1世纪的东西方两大强国之间的火星碰撞，在汉朝眼中只是边境冲突。

但是，这场战争左右了贵霜帝国之后上百年的国策，东进受阻，贵霜人意识到汉王朝的强大力量，对汉朝转为睦邻通好的政策，将军事扩张政策调整为"西进"与"南下"。贵霜人向南征服印度西北部，建立贵霜王朝，向西打败波斯帝国，势力抵达咸海一带。贵霜人终于建立起了自己的庞大帝国，这个以佛教为国教的国家，从此保持与中国的友好关系。佛教文化在和平交往中不断输入中原内地，并不断与中国文化融合。

总之，这场汉朝历史里的小冲突，却是一场对世界历史影响深远的战争。

在这之前，大将军窦宪在阿尔泰山大破北匈奴，基本解除了北匈奴对西域的威胁。现在，在西域能控制整个局面的，就只有班超所代表的东汉势力。

永元三年（91），龟兹、姑墨、温宿主动投降班超。消息传到洛阳，汉和帝心花怒放，立即任命班超为西域都护，徐幹为西域长史。

同时，按班超的设计，汉和帝派司马姚光将一直在洛阳为质的龟兹王子白霸送回国。班超和姚光废掉龟兹国王尤里多，扶立白霸为龟兹新国王，开创与中原帝国一直保持友好关系的龟兹白氏王朝。唐朝诗人白居易就是白霸的后裔。姚光返回时，把尤里多带回京师洛阳。

随后，班超遵照旨意，离开戍守多年的疏勒盘橐城，把都护府治所移到龟兹它乾城（今新疆新和县玉奇喀特乡，一说在今库车县牙哈乡塔汗其）。它乾城是一个小城，距离龟兹国都延城应该不远。把治所放在龟兹，主要目的是监视、镇辅龟兹，用都护府的影响力给白霸撑腰。

班超驻扎龟兹这一年，汉朝在西域恢复戊己校尉，派军进驻高昌壁，重新打通汉朝与西域的交通线，这就是东汉的"二通"西域。

甘英出使大秦

除了焉耆、危须、尉犁三国因攻杀西域都护陈睦，没有归降，西域诸国都已团结在大汉王朝的大旗之下。永元六年（94），班超征调龟兹、鄯善等八个国家七万多人，宣布征讨焉耆。

大军进入尉犁地界，班超下令安营扎寨，派人先去晓谕三国首领："都护来者，欲镇抚三国。即欲改过向善，宜遣大人来迎，当赏赐王侯已下，事毕即还。今赐王彩五百匹。"（《后汉书·班超传》）如果能改恶从善，亲自来迎接大军，那就既往不咎，还赏赐国王每人五百匹锦帛。焉耆王广接到通告后，忐忑不安，派左将军北鞬支赶着牛羊、带着美酒去迎接班超，打探虚实。

班超见焉耆王广没有亲自来，勃然大怒，呵斥北鞬支："你虽然是匈奴派在焉耆的质子，但手握监国大权。我作为都护亲自赶来，广作为一国之君居然不出面。都是你们的错啊！"

手下让班超把北鞬支杀了。班超不同意："你们想得太简单。此人背后有匈奴撑腰，在焉耆的权力比国王广还要大。现在我们还未进入焉耆地盘就把北鞬支杀掉，肯定会让广占据要隘之地死守。到时，我们恐怕连焉耆城都到不了。"班超还是给北鞬支简单赏赐，打发回去了。

第二天，广带领手下官吏，赶往尉犁郑重迎接班超，献上各式珍宝，以表诚心。班超对广抚慰一番后，让其回去准备归降事宜。

广回去路上又反悔了，下令拆毁博斯腾湖上的桥梁，不想让班超进入焉耆国。班超见广出尔反尔，下令抄小路急速进军焉耆。七月底，大军进抵焉耆城下，将大营立在距城二十里的博斯腾湖畔。广没有想到班超联军倏忽而至，想带人跑入天山躲避。在洛阳当过人质的焉耆王子元孟听到广的打算，觉得与大汉为敌只有死路一条，于是秘密派人将消息送给班超。

班超见到来人，故意装出不相信的样子，将来人斩首示众，对外宣扬自己将与几个国王会见商谈，还要重金厚赏。广觉得班超真想与自己交朋友，与尉犁王、北鞬支等三十多名王侯官员来见班超。不过，国相腹久觉得此去凶多吉少，带领十七人逃亡到博斯腾湖藏匿。危须王也不敢来。

众人进入班超营帐坐定，班超对广呵斥道："危须王为何不来？腹久等人为何逃匿？"不等广解释，班超命令将焉耆王、尉犁王等捆绑后押往当年西域都护陈睦被害之地，开刀问斩，以祭奠逝去的西域都护陈睦。之后，又割下他们的脑袋，传首京师。

班超将元孟立为新焉耆王，监护焉耆半年之后，班超返回龟兹。至此，西域五十余国，全部臣服大汉帝国。班超终于实现了立功异域的理想。永元七年（95），朝廷表彰班超的功勋，下诏封班超为定远侯，食邑千户。后人称班超为"班定远"。

汉和帝永元九年（97），其时西域已定，生来便具有探险精神的班超，非常想看看世界的更西边是什么样子。他听人说过，世界最西边有个强国名叫大秦（罗马），至于大秦在哪里，大秦是何模样，无人知晓。可惜班超已经六十六岁。于是，班超派部将甘英带队向西探查。

甘英奉命率领使团一行从龟兹出发，西行至疏勒，越葱岭，经大宛、大月氏至安息都城和椟城，后历阿蛮、斯宾、于罗，抵达条支（今伊拉克境内）。

甘英到达安息西界的西海（今波斯湾）沿岸，想渡过西海，继续寻找大秦。安息人不安起来，想办法阻止甘英前往罗马。安息人热情地给甘英当向导，带他来到波斯湾的岸边。安息派来的船员却对甘英说，这片海非常大，波涛极其凶险，要渡海，有顺风时三个月可到，不顺风还要等上两年。所以出海要备足三个月的粮食。"海中有思慕之物，往者莫不悲怀。若汉使不恋父母妻子者，可入"（《晋书》），安息人还将希腊神话中的"塞壬海妖"故事当作现实讲给甘英听。其实，从安息去罗马，根本不用跨海，直接往西走到叙利亚，就是罗马和安息的缓冲区。就算要跨海，波斯湾风浪也不大。

甘英受骗，没有继续前行。汉朝和罗马两个大帝国之间的直接对话没有发生。

但是，甘英是史书记载的第一个到达波斯湾的中国人，甘英出使大秦，也是古代中国人最远的一次西行探险。甘英的这一行程，丰富了当时汉朝对中亚的认识，是中西方交流历史中具有重要意义的一页。

甘英返回时，转北而东，行六十余日抵安息，取道木鹿和吐火罗东还。

此时，安息国是汉朝与罗马交易的中转点。安息将汉朝的丝织品带往大秦进行交易，从中获取垄断的暴利，快速恢复国力。而且，罗马历朝历代和安息之间的战争从未停息。罗马王朝对安息的战争中，除了稍后的图拉真皇帝取得局部性胜利，大多数以失败告终。汉朝出使罗马时期，是安息最衰弱、最危险的时刻，安息对岸的罗马也进入"五贤帝"时期。所以，安息极力阻止罗马与汉朝发生直接关系。果然，甘英回去不久，图拉真就对安息发动战争。

纵览班超的创业之路，鄯善、于阗、疏勒、莎车、龟兹、姑墨、温宿、尉头、焉耆、危须、尉犁……这一个个国家，无疑是班超一路走来的一个个脚印，凝结着班超与团队出生入死的磨砺与艰辛。

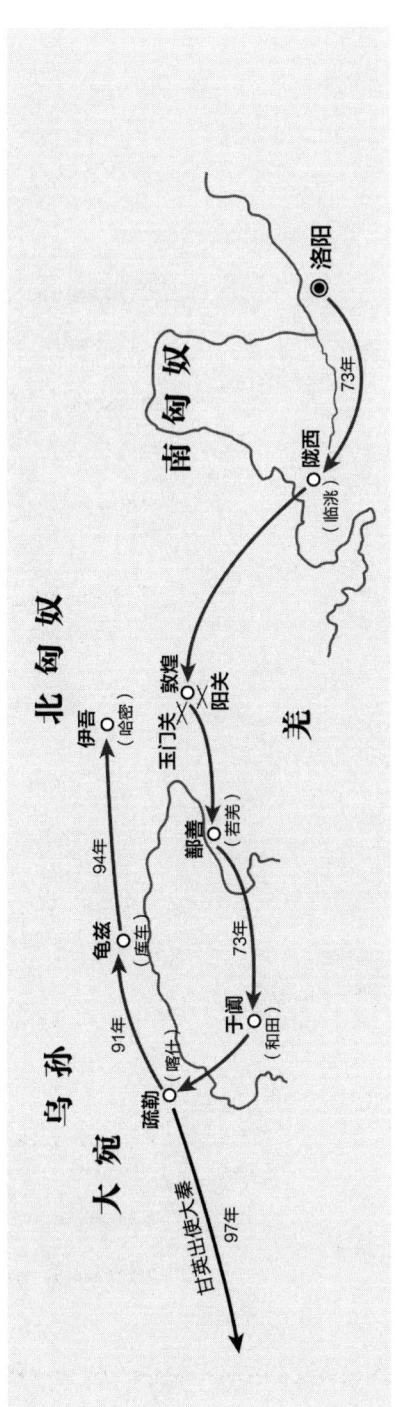

▲ 班超出使西域路线图

第十七章 班超的经营 279

第十八章 窦宪燕然勒石

窦氏家门

窦宪是以外戚的身份登上历史舞台的。

光武帝刘秀统一天下之时，窦融以河西五郡献上，并协助刘秀灭掉隗嚣、公孙述，得到刘秀感激和器重，所得官职和爵位超过一直跟随刘秀打天下的老部下。窦融位高权重，家人也备享殊荣。窦融被封为安丰侯，先后当过大司空、卫尉。弟弟窦友被封为显亲侯，任奉车都尉、城门校尉。堂兄儿子窦林被任命为护羌校尉。窦融长子窦穆娶了内黄公主，做过城门校尉。窦穆儿子窦勋娶了东海恭王刘疆的女儿沘阳公主。窦友儿子窦固娶了光武帝女儿涅阳公主。

"窦氏一公、两侯、三公主、四二千石，相与并时。自祖及孙，官府邸第相望京邑，奴婢以千数，于亲戚、功臣中莫与为比。"（《后汉书·窦融传》）窦融做过大司空，位列三公；家族中有两人的爵位可以世袭；有三个人娶了公主；四人食俸在两千石，显赫一时。从爷爷窦融到儿子窦穆、孙子窦勋等的府邸，在京城成片相连，奴婢上千人。这种规格就连皇帝的亲属和功臣都比不上。

窦融为人仗义，崛起于乱世，深谙官场之道，谨小慎微，深得皇帝和同僚的尊敬，民间口碑也不错。但他没能以一个好的家风传承后世。子孙之中，除了侄子窦固"性谦俭，爱人好施"（《后汉书·窦固传》）以外，大多骄奢蛮横、劣迹斑斑，"年老，子孙纵诞，多不法"（《后汉书·窦融传》）。

汉明帝不喜外戚飞扬跋扈。永平二年（59），窦林因罪被处死。汉明帝多次下诏谴责窦融，要他以西汉窦婴、田蚡二人为戒。窦融十分惶恐，上书请求退休，汉明帝当即批准。

窦融儿子窦穆仗着家族声望横行无忌，干预封国郡县政务，想通过联姻掌控六安。他假冒阴太后诏书，责令六安侯刘盱休妻，另娶窦氏女子。阴太后阴丽华是刘秀的皇后、汉明帝的母亲。刘盱也是刘氏皇族，被休的刘盱妻子的娘家人一直上告。过了五年，这事终于被汉明帝知道。汉明帝勃然大怒，把窦穆等人全部免职，除了窦融留在洛阳，全部赶去封国。不过，窦穆等人到了函谷关，又被命令返回。

窦融死后，汉明帝命令谒者将窦穆禁锢在家反省，窦固也被牵连，闭门思过。谒者上奏汉明帝，称窦穆父子口出怨言。汉明帝大怒，除了窦勋因沘阳公主的关系留在洛阳，将其余窦家人全部撵回封地。窦穆到了封地，因贿赂官员被举报后逮捕入狱，不久就与儿子窦宣死在平陵监狱。窦勋也死在了洛阳监狱。

窦氏家族再次跃上东汉巅峰，是因为窦勋的女儿、窦宪的妹妹被汉章帝立为皇后。

汉明帝刘庄即位后，立马援孙女为皇后。马皇后仁厚贤德，可惜没有生育能力，汉明帝将贾贵人生的儿子交给马皇后抚养，这就是刘炟。马皇后对刘炟尽心尽力，当作自己亲生的孩子。永平三年（60），刘炟被立为皇太子。永平十八年（75），刘炟即位，是为汉章帝。

建初二年（77），窦皇后与妹妹一起被选入宫。窦皇后六岁时就能提笔书写，容貌出众、聪慧敏捷。第二年，窦氏被刘炟立为皇后，妹妹也被立为贵人。但是，窦皇后一直怀不上孩子。建初四年（79），宋贵人儿子刘庆被册立为太子。梁贵人也生下儿子刘肇，就是后来的汉和帝。窦皇后想尽办法让汉章帝同意将刘肇交给她抚养。

此时刘庆已是太子，窦皇后与母亲沘阳公主一起合谋陷害宋贵人。在外，令窦氏兄弟找宋家的碴儿；在内，安排太监暗中监视宋贵人姐妹，随时找把柄。一次，宋贵人给家里去信，说自己生病，让娘家人找菟丝子给自己做药。窦皇后截到这封信，如获至宝，立即诬陷宋贵人姐妹行巫蛊之术，图谋不轨。汉章帝听信了诬告。建初七年（82），汉章帝废黜刘庆太子之位，贬为清河王，另立刘肇为皇太子。

窦皇后命令亲信，当时还是小黄门的蔡伦，给宋贵人姐妹制造各种麻烦。终于，两姐妹不堪折磨，服毒自尽。从太子之位贬为清河王的刘庆，对宫闱黑幕很熟悉，知道避嫌畏祸，从来不敢提及生母宋贵人的遭遇。汉章帝命令窦皇后照顾刘庆，衣食待遇与刘肇一样。刘肇和刘庆关系很好，入则同室，出则同车，形影不离。刘庆提心吊胆地活了下来。

梁贵人的爷爷梁统，做过武威太守，是窦融在河西时的死党，窦、梁两家渊源很深。听到刘肇被立为太子，梁氏家人私下里庆贺了一番，惹来灭顶之灾。窦太后得知梁家庆贺之事，立刻敏感起来。建初八年（83），梁贵人被谮杀，梁贵人的父亲梁竦被诬陷死于狱中，族人被发配九真（今越南清化）。

成功灭掉梁氏、宋氏两大外戚，窦皇后坐稳六宫之位，窦氏家族一家独大，风头甚至超过祖爷爷窦融在世之日。

窦皇后忙着宫斗，也没忘记给自家兄弟带来高官厚禄。建初三年（78），窦皇后立为皇后之时，就让汉章帝给窦氏兄弟加官晋爵。哥哥窦宪先是做了郎官，接着升为侍中、虎贲中郎将。弟弟窦笃为黄门侍郎。兄弟俩执掌禁军，广交宾客，很是威风。

皇帝和皇后赏赐不断，窦家兄弟的风头一时无人可比。显赫一时的阴氏（光武帝刘秀的皇后）家族、马氏（汉明帝的皇后）家族，以及当今王侯、公主都要让着窦家三分。

一些忠心耿耿的朝臣，如马严等人，纷纷上书要求限制窦氏势力的发展。司空第五伦刚烈耿直，请求皇帝命令窦宪等人闭门自守，不得随便交结士大夫，以防其萌发骄志，让窦宪永保福禄，君臣尽欢。但汉章帝没有采纳第五伦等人的意见。

窦宪更加骄纵张狂，飞扬跋扈。一次，窦宪看中汉章帝姐姐沁水公主的一个园子，派人强取豪夺，以极低价格把这个园子"买"了回去。沁水公主居然没敢声张。汉章帝一次驾车外出，刚好路过这个园子，问窦宪这是谁家的。窦宪支支吾吾搪塞过去。汉章帝后来得知真相，勃然大怒，把窦宪找来一顿臭骂："你强夺公主园子的罪过，比赵高指鹿为马还要有过之而无不及，细细想来，让人惊惧恐怖。"用赵高比喻窦宪，可见汉章帝的愤怒。

汉章帝只是撂了一句狠话："国家弃宪如孤雏腐鼠耳。"（《后汉书·窦宪传》）朕要想弄死你，比收拾一只小鸡烂鼠还要简单。窦宪吓得赶紧把园子还给沁水公主。窦皇后听说后，换上粗布衣裙向汉章帝请罪。过了好久，汉章帝才原谅了窦皇后。

章和二年（88）二月，汉章帝驾崩。十岁的刘肇即位，是为汉和帝。此时距东汉开国已六十余年，经过光武帝、明帝、章帝三代，汉帝国各方面走上正轨，出现了盛世局面。

刘肇以幼龄登位，窦太后临朝掌政。窦宪以侍中身份参与帝国政务，内掌机密，出宣政令，窦氏兄弟并居要津，已是名副其实的权臣。

窦宪为了把朝政握在手上，先进行人事调整，选择了德高望重的前太尉邓彪，邓彪因为仁厚顺从而被尊为太傅，位高而无权，属于明哲保身类。窦宪有什么想法，就让邓彪上奏，但实际上自己早已和窦太后商量好。有了邓彪牵头提议，窦宪的要求稳稳获得通过。胆小怕事的经学家桓荣的儿子、屯骑校尉桓郁，累世为帝师，性情谦和，窦宪对于这样的人最是放心。他积极推荐桓郁，让他充任汉和帝的老师，居于禁中。

一天，朝堂上宣读了一份据说是汉章帝的遗诏，任命窦笃为虎贲中郎将，窦笃的弟弟窦景、窦瑰为中常侍。这下，兄弟四人齐齐把握帝国中枢。

窦宪是个急性子，脾气暴躁，而且心眼小，"性果急，睚眦之怨莫不报复"（《后汉书·窦宪传》）。他排除异己，打击直言之士，权力欲与报复欲同样强烈。当年谒者韩纡负责审理窦勋，窦勋最终死于狱中。窦宪现在手握重权，哪能放过仇家？韩纡已去世，窦宪便安排刺客杀了韩纡的儿子，把首级放到窦勋的坟头祭奠。

汉章帝时，窦宪推荐真定县令张林为尚书。汉章帝征询陈宠的意见，陈宠回答："张林虽有才能，但是品行贪浊。"窦宪因此怀恨在心。汉章帝驾崩之时，窦宪让陈宠主持国丧。国丧礼仪庄严、繁杂，陈宠并不熟悉，出了差错，窦宪便加以陷害。黄门侍郎鲍德向窦宪的兄弟窦瑰求情，陈宠才得以外放为泰山太守。

郑弘在汉章帝时做过太尉，直言上奏说尚书张林阿附侍中窦宪，贪污受贿，洛阳县令杨光（窦宪门生）贪婪残忍，不宜居官。奏表上呈，有关官员与杨光有旧，消息很快被窦宪知道。窦宪倒打一耙，诬奏郑弘身为大臣，泄露机密。汉章帝切责郑弘，收还印绶，但郑弘坚贞不屈，不久便含恨病死。

汉章帝驾崩，齐殇王的儿子都乡侯刘畅赶到京城吊祭。刘畅素来奸邪好淫，与步兵校尉邓叠的亲属过从甚密，刘畅通过邓叠母亲得以出入太后居住的长乐宫。这次来京，太后又召他到上东门。窦宪害怕刘畅分自己的权力，派出刺客杀了刘畅，嫁祸于刘畅弟弟利侯刘刚，并安排狱吏将刘刚逮捕下狱，严刑拷打，逼刘刚认罪。官员畏惧窦宪，大多按他的口径说话。窦宪又装模作样地派御史与青州刺史前去查问刘刚。

尚书令韩棱忍无可忍，挺身而出，上书直言：凶手就在京师，舍近问远，恐怕要为奸臣所笑。窦太后深居内宫，哪里知道实情，将韩棱训斥了一顿。韩棱却坚执其说。终于东窗事发，证据确凿，韩棱所说确实不虚。窦太后将窦宪抓来，关在宫中，实际上是保护起来。可是，该如何处置这位兄长，向朝臣和世人交代？窦太后陷入窘境。

杀皇族宗亲，本来就是死罪。如果众大臣再把自己以往的劣迹搬出来，就怕到时候妹妹也救不了自己。恰好这时南匈奴请求出击北匈奴，为了躲过"刺杀门"危机，窦宪提出去攻打匈奴，以求赎罪。

汉匈最后的战争

匈奴再次分裂后，南匈奴归附汉室，在汉帝国的保护下逐渐兵强马壮，有了吞并北匈奴，统一北方大草原的想法。

北匈奴处境困难，不仅要防备汉军、南匈奴、乌桓及鲜卑的进攻，还得忍受天灾的袭击，真是内外交困，苦不堪言。旱灾、蝗灾、饥荒，一系列天灾使北匈奴人连吃饭都成了问题。北匈奴求得汉朝同意，得到一次双方进行贸易的机会。元和元年（84），匈奴大且渠伊莫訾王等人赶着一万多头牛、马，过来与汉朝交易。南匈奴得到消息，半道将牛马抢走，使北匈奴经济损失惨重。

北匈奴大人车利、涿兵等纷纷降汉，仅元和二年（85）一年，北匈奴内附者就有七十三批。众叛亲离的结果，致使北匈奴的势力愈加衰落。章和元年（87），东边崛起的鲜卑后来者居上，趁火打劫，攻其左地，杀优留单于，单于的胸皮被鲜卑人割去当作战利品。

北匈奴大乱，屈兰等五十八部二十多万人南下降汉。章和二年（88），北匈奴骨都侯等立优留单于同父异母兄右贤王为单于（不知其名）。其兄弟为争单于之位，内部发生分裂，加以饥蝗成灾，部众南下附汉者络绎不绝。

同年七月，南匈奴休兰尸逐侯鞮单于见北匈奴已山穷水尽，遂上书刚刚临朝的窦太后，提出"宜及北虏分争，出兵讨伐，破北成南，并为一国，令汉家长无北念"（《后汉书·南匈奴列传》），趁北匈奴内部现在发生内乱，出兵征讨，把北匈奴和我们重新并为一国，让汉帝国从此没有来自北方的忧患。

南单于积极性很高，甚至设计了作战方案：左谷蠡王、左呼衍日逐王率领万骑出朔方；左贤王、右大且渠王率领万骑出居延；自己坐镇五原、朔方塞作为预备队。考虑兵力不足，请汉朝派执金吾耿秉、度辽将军邓鸿和西河、云中、五原、朔方、上郡等地兵力北上协同作战。

接到南单于的作战计划，窦太后令群臣研究。窦宪就在这个当口提出打仗赎罪。

朝中大臣的意见分为两派。

军方将领耿秉主张打："武帝时就想把匈奴消灭，但不占天时，没能完成；宣帝时，呼韩邪单于来降，停息兵戈，百姓过了六十年的安稳日子。王莽篡汉，非要改单于封号，逼得匈奴侵扰汉地。光武帝以怀柔政策，使被战火毁坏的边郡得以恢复。现在，乌桓、鲜卑都归附我们，而匈奴遭遇天灾，内部又在争权夺利，机会难得。干脆答应南单于的请求，以夷制夷，彻底消除北匈奴这个麻烦。"

文臣不主张攻打北匈奴。由司徒袁安、司空任隗领衔的三公九卿一致上书反对。三国时期的袁绍、袁术，就是袁安的后人。任隗的父亲任光，跟随刘秀打天下，位列云台二十八将之一。袁安认为，北匈奴势力衰微，也没有侵扰汉地，犯不着去征讨。师出无名不说，还耗费国库。

相较而言，尚书宋意看得比袁安、任隗等人要远。宋意认为，现在的心腹之患并不是日渐式微的北匈奴，而是正在崛起壮大的鲜卑。鲜卑现在对攻打北匈奴积极，是因为可以从汉帝国拿到赏金。一旦南匈奴吞并北匈奴，鲜卑人失去可以抢掠的对象，一定会对汉地边境进行侵扰。所以，最好的办法是以夷制夷，保留北匈奴，既给鲜卑保留一个强劲的对手，又能防止南匈奴坐大，尾大不掉。宋意的思考，确实具有战略前瞻性，意义深远。

窦宪的考虑则是将功赎罪，用出击匈奴的赫赫战功换取自己的一条小命。只要一出兵，无论战争的结果如何，窦宪都立于不败之地。

无论众人如何争论，汉朝出兵进击北匈奴，是眼前的现实需要。击败北匈奴，立即可以换来北部边疆的安定，收复西域，开通丝绸之路。窦太后决心支持出兵。至此，北匈奴注定将成为窦宪的救命稻草，窦宪也注定载入史册。

永元元年（89）十月，窦太后任命窦宪为车骑将军，金印紫绶，并以司空的规格设置官属；执金吾耿秉为征西将军作为副手，耿秉久习边事，英勇善战。同时发北军五校和黎阳、雍营、缘边等十二郡骑士及羌人兵士，兵出塞外。精兵良将倾朝而出，窦宪赖以成功的条件实在优越。

对于这次北伐用兵，窦宪对南单于的建议做了调整：窦宪与耿秉各率四千骑兵，联合南匈奴左谷蠡王师子率领的万余骑兵出朔方鸡鹿塞（今内蒙古杭锦后旗西）；南单于屯屠何率万余骑兵出满夷谷（今内蒙古固阳境内）；度辽将军邓鸿率边防、羌人部队约八千骑，与南匈奴左贤王万余骑出稠阳塞（今内蒙古包头）。会师目标直指涿邪山（今蒙古国阿尔泰山东脉），由窦宪统一指挥。

这是一次混成部队的混合作战，南匈奴兵力最多，积极性最高。耿秉为将门之后，名将耿恭的堂弟，久经沙场，德高望重。让这样一位经验丰富的老将辅佐哥哥挂帅，可见窦太后花了一番心思。

在这支浩浩荡荡的大军队伍中，还有一位文士随同出征。他就是班超的哥哥班固。五十八岁的班固，因编撰《汉书》已成为蜚声天下的大学者，但职位还是兰台令史。这一年，班固因母亲病逝，辞官在家守孝。班氏家族有与边疆事务打交道的经验，受弟弟投笔从戎的激励，班固放下撰写史书的笔，以"中护军"身份，一身戎装地出现在队伍中。

一场决定北匈奴命运的宏阔战争，就这样拉开帷幕。

三路大军顺利会师涿邪山。窦宪将各部辎重留下，分别派遣副校尉阎盘、司马耿夔、中郎将耿谭率领南匈奴左谷蠡王师子、右呼衍王须訾等部，分成左右两路轻装北进，在稽落山（今蒙古国额布根山）附近完成对北匈奴单于的合围。

汉匈争霸，让匈奴这个曾经雄踞东亚北方大陆的草原帝国，四分五裂、千疮百孔。窦宪大军突然而至，给了这个摇摇欲坠的巨人致命一击。血战不可避免，胜负早已注定。

汉军进至稽落山地区，与北单于统率的主力展开激战，大败北匈奴军。北匈奴溃不成军，单于也仓皇逃走。窦宪下令乘胜追击，一直追到私渠比鞮海（今蒙古国乌布苏诺尔湖）。此役，共斩杀名王以下将士一万三千多人，俘获马、牛、羊、驼百余万头，来降者八十一部，前后二十多万人。

汉军出塞三千里，风硬沙砾，天高地阔。想当年西汉名将卫青、霍去病征战塞外，名垂青史，而今自己不输古人，窦宪不觉豪情满怀。稍后，窦宪与耿秉一起登上距离边境三千里的燕然山（今蒙古国杭爱山），眺望这片匈奴人生息繁衍、一次次发动南下侵扰汉地的辽阔草原，不禁意气风发、踌躇满志。

窦宪随即让班固撰写一篇铭文，刻在一块石碑上，记录这次战役和自己的功绩。班固在《封燕然山铭》中，赞扬窦宪与耿秉率"鹰扬之校，螭虎之士"，千里奔袭，"陵高阙，下鸡鹿，经碛卤，绝大漠"，取得了显赫战绩，"蹑冒顿之区落，焚老上之龙庭"。宣称这次远征北匈奴，既可以雪"高、文之宿愤，光祖宗之玄灵"，又可以"安固后嗣，恢拓境宇，振大汉之天声"。显然，窦宪等人认识到此役是最终战胜匈奴的关键一战，所以班固声称此役之后"一劳而永逸，暂费而永宁"。这就是"燕然勒石"的由来。这一幕，让人不由得想起当年霍去病登临瀚海，封狼居胥的风采，时光已经走过了两百多年。

窦宪在班师途中，遣军司马吴汜、梁讽携带金帛西行，准备招降北单于。这时北单于已经逃到西海（今巴尔喀什湖）之上，北匈奴内部乱作一团，吴汜、梁讽沿途招降一万多人，至西海后宣扬汉廷声威，劝慰北单于仿效呼韩邪单于，东归降汉，保国安民。北单于非常喜悦，立即率残部随汉使返回。北单于归至私渠比鞮海时，听说汉军已经入塞，心存疑虑，不敢亲自入汉，遣其弟右温禺辊王去汉朝廷进贡，商议归降之事，借以探听虚实。

此时窦宪因击北匈奴有功，拜为大将军，封为武阳侯，威震朝廷。窦宪见北单于不亲自入朝，颇感不快，将北单于的弟弟赶了回去。北匈奴第一次请和未成。

窦宪准备夺取伊吾。现在匈奴还控制着伊吾，控制着车师前国、后国，西域北路被封锁。夺取伊吾之后，北匈奴与农耕社会的最后一个窗口也被关上了，这就等于将了北单于一军。

永元二年（90）五月，窦宪派副校尉阎盘率领二千骑兵，出击在伊吾驻扎的北匈奴士兵，收复伊吾。车师国受到震动，前王和后王都派人到汉朝为质，内附汉朝。

七月，窦宪率领军队驻扎在凉州，耿秉代替桓虞担任光禄勋，征西将军一职改由邓叠出任，摆出一副即将大举出兵的态势。

北单于请求亲自入京朝见。窦宪派遣班固为代理中郎将，与司马梁讽前去迎接北单于。

班固等人起程之后，事态又发生了变化，南单于不愿北匈奴与汉媾和，以本部兵马发动了第二阶段战役。南匈奴左谷蠡王师子等率领左右两部八千骑兵出鸡鹿塞，轻兵疾进。左部兵从北面越过西海，进至河云（今蒙古国乌布苏诺尔省沃勒吉附近）地区；右部兵从匈奴河（今蒙古国拜达里格河）以西，绕过杭爱山东脉，南渡甘微河（今蒙古国扎布汗河）。两军会合，乘夜包围北单于本部。

北单于根本不知道危险降临。入夜之后，南匈奴发动进攻，北单于率精兵千余人与南匈奴军激战。北单于负伤落马，又慌忙爬上马，仅率轻骑数十人逃走，连玉玺也来不及携带。八千多人被杀戮，单于阏氏与儿女五人、部众一千多人成为俘虏。等汉使班固、梁讽赶到私渠比鞮海，北单于早已逃得不知去向，唯有残破的帐庭与满地的死尸，默默地陈列在大漠之上。

永元三年（91）二月，窦宪决心彻底消灭北匈奴。从这个决策来看，窦宪只是一名成功的军事将领，还跨不到军事家的这个层次。一名卓越的军事家，不仅要有把握战机的敏锐、灵活机动的指挥艺术和善出奇谋的韬略，还要有纵览全局的战略眼光和高瞻远瞩的政治智慧。

在南匈奴不断壮大，鲜卑快速崛起，野心开始显现的背景下，彻底消灭互为对手的北匈奴，实际上不仅改变了原本均衡的博弈格局，也给后世中原政权埋下了隐患。

永元三年（91）二月，窦宪派遣右校尉耿夔、司马任尚、赵博等率军，再次出征追击北匈奴。东汉军从居延塞出击，千里追踪。说是千里追踪，其实不止千里。从居延塞出兵，即使是到达吉尔吉斯湖附近，也远远超出千里。二月的塞外，雪还未融，真就是一路向西北，沿着雪印往前找。这一切，都注定这一战无论成败都是创纪录之旅，是艰险之旅，也注定了是培养英雄之旅。

耿夔、任尚率领八百精骑，先是直扑北单于庭，然后沿金微山（今阿尔泰山）北麓一路向西。史载，汉军出塞五千余里，在金微山找到了北单于。五千多里，估计都到了阿尔泰山西麓，这是汉军出塞的最远纪录。短短几个月，北单于又聚集了几万人马。这一战，耿夔以八百精骑突入北单于营寨，斩杀阏氏、名王以下五千余人，单于仅以身免。

稽落山之战和金微山之战，是汉匈长达三百年的战争中的战略大决战。其后，匈奴一些部族融入鲜卑，或于公元四五世纪为柔然人吞并，此后虽仍有少量匈奴人在边境作乱，但对中原政权已无法构成威胁。自先秦以来一直困扰中原王朝，驰骋大漠的匈奴，逐渐成为历史。窦宪因缘际会，获得了重大成功。

北匈奴经过这次沉重的打击，主力部队损失殆尽，在漠北的统治实际崩溃，其后被迫离开匈奴人纵横几百年的大漠，开始了坎坷的西迁历程。公元4世纪中期，匈奴人进入欧洲，占领了从顿河到喀尔巴阡山脉的全部里海北岸。原来居住在这里的日耳曼部落哥特人，于公元3世纪分裂为东西两支。东哥特人归服了匈奴人，西哥特人越过多瑙河避难，受尽罗马官吏欺压。公元376年，西哥特人掀起反对罗马统治的起义，奴隶、隶农和矿工都加入了起义的队伍。罗马皇帝瓦伦斯战死，促成了公元395年罗马帝国的分裂。匈奴人还在匈牙利平原上建立了强大的国家，积极向外扩张，席卷欧洲大部，对欧洲古典奴隶制的瓦解和西罗马帝国的灭亡在客观上起了催化作用。公元453年，号称"上帝之鞭"的匈奴首领阿提拉病死，其后匈奴势力才逐渐衰落。

窦宪自然不会想到：他的乘虚一击，会使中国历史和世界历史紧紧地衔接起来，并影响如此深远。他只知道自己功成名就，有了傲视天下的资本。

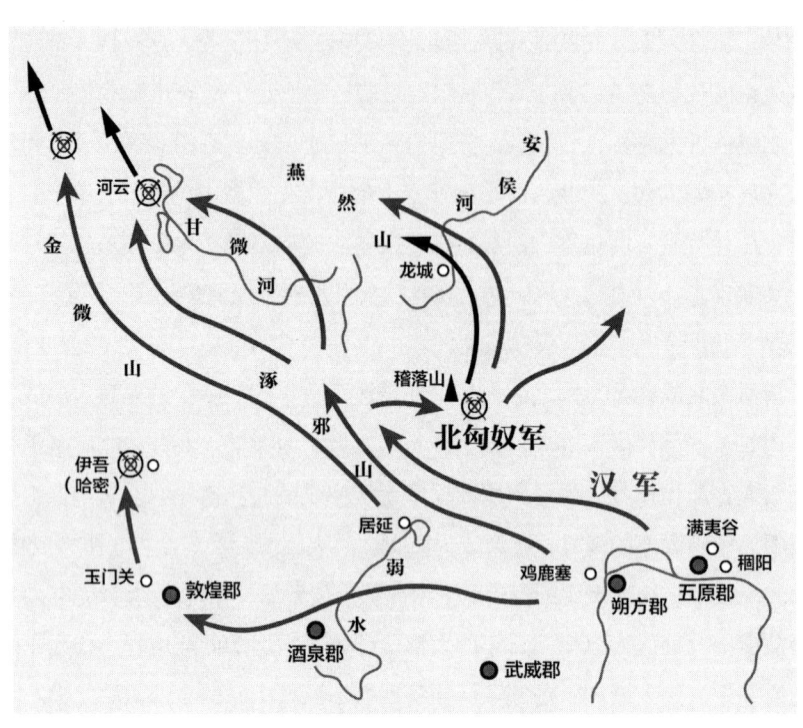

▲ 窦宪破北匈奴示意图

皇权与臣权

窦宪重创北匈奴，燕然勒石的捷报传到京城洛阳，窦太后心花怒放。南单于还在漠北时就给窦宪送了一只容量有五斗的古鼎，是西周宣王时大臣仲山甫之鼎，鼎有铭文："仲山甫鼎，其万年子子孙孙永保用。"（《后汉书·窦宪传》）窦宪没敢擅自留下，派人送给汉和帝。

威震边疆，恩结戎狄，窦宪的地位已非昔日可比。永元元年（89），朝廷派出一名中郎将赶赴五原军营，宣布任命窦宪为大将军，封为武阳侯，食邑二万户。窦宪故作谦让，辞去封赏，只受大将军印绶。

按以往官职规定，大将军一职在三公之下，属于太尉管辖。但现在今非昔比，妹妹是临朝听政的窦太后，哥哥是手握重兵的大将军。果然，马上有人上奏，窦大将军功高盖世，应在三公之上。窦太后心里高兴，允准。于是，因战事获得政治资本的窦宪，大将军之位仅低于太傅，就是皇帝的老师，排在三公之上。

一次，汉和帝下诏令窦宪到长安会面。窦宪到达时，尚书下面的官员中有人提出要向窦宪叩拜，伏身口称"万岁"。一直盯着窦宪的尚书韩棱骂道："同上面的人交往，不可谄媚；同下面的人交往，不可轻慢。在礼仪上，没有对人臣称'万岁'的制度！"这件事被韩棱制止，暂时没闹出多大风波，但刘肇心里很生气。

当时，窦宪弟弟窦笃为卫尉，另两个弟弟窦景、窦瑰皆为侍中，分别担任奉车都尉、驸马都尉。兄弟四人竞相修建豪宅，极尽奢靡。第二年，朝廷又给窦宪下了一道封赏，理由是大将军功劳很大，还推辞了上次加封的武阳侯，这次加封为冠军侯，食邑二万户。同时封窦笃为郾侯，窦景为汝阳侯，窦瑰为夏阳侯，食邑均为六千户。

官职大将军，爵位冠军侯——在窦太后心中，哥哥窦宪就是卫青与霍去病

第十八章　窦宪燕然勒石　293

的合体。窦宪对"冠军侯"这个爵位，坚辞不受，率军驻扎凉州。耿夔率军取得金微山之战的胜利，窦宪"威名大盛"，形成了一个以自己为核心的集团，成员有耿夔、任尚、邓叠、郭璜、班固、傅毅。

耿夔是耿氏家族的后起之秀。任尚后来接替班超出任西域都护，因管理严苛，引起西域各国叛乱。邓叠是征西将军，封为穰侯。郭璜是汉光武帝刘秀的女婿，窦宪的亲家，儿子郭举娶了窦宪的女儿。班固是《汉书》的作者，班超的哥哥。傅毅是大文学家，是班固的同事。

窦宪的这个班底囊括当时的一流人才，文武俱备。《后汉书》的形容是："以耿夔、任尚等为爪牙，邓叠、郭璜为心腹。班固、傅毅之徒，皆置幕府，以典文章。"窦氏集团如日中天，趋炎附势之徒络绎不绝，"刺史、守令多出其门"，"朝臣震慑，望风承旨"。

窦氏家族成员依傍窦宪这棵大树，鸡犬升天。窦笃加位特进，获得举荐官员的权力，礼仪依三公；窦景升为执金吾，窦瑰升为光禄勋；窦宪叔父窦霸被任命为城门校尉，窦霸弟弟窦褒被任命为将作大匠，另一个弟弟窦嘉被任命为少府，其他担任侍中、将、大夫、郎吏的有十余人。

"城门校尉"是掌管洛阳十二座城门的官员，加上前边窦宪提拔邓磊为步兵校尉、女婿郭举为射声校尉，都"掌宿卫兵"，统辖皇帝卫队禁军的五个校尉中，就有三个被窦宪亲信占据。

窦氏父子兄弟并居列位，朝中实权部门基本被窦氏成员占据。名声最坏、最为嚣张的当数窦景，"奴客缇骑依倚形势，侵陵小人，强夺财货，篡取罪人，妻略妇女。商贾闭塞，如避寇仇"（《后汉书·窦融传》）。就是欺男霸女，欺行霸市，无恶不作。司法机构畏惧窦氏权势，根本不敢过问。窦景越发肆无忌惮，公然指使手下恶奴抢夺财物，掠人妻女，使得京城里商贾关门歇业，如避寇仇。窦氏家族的所为，搅得京城的政治和社会秩序一塌糊涂，官员也不敢举报。窦太后听说后，免去窦景的官职，但不久又赐他特进之位。最为恶劣和严重的是，窦景擅自征发边疆各郡骑兵部队的精锐，为己所用。司徒袁安弹劾窦景："擅自征发边疆人民，惊扰欺骗官吏百姓，边郡太守不等待调兵的符信，却即刻奉行窦景的檄书，应当处死示众。"

唯一自律的是窦瑰，自幼好读经书，注重修养，后来改任颍川太守。

后世有人将窦宪的嚣张跋扈总结为："奏免三公，刺杀宗侯，仗钺出征，诛两仆射，逐一尚书，爪牙心腹，各有其人。"（《读史管见》）"奏免三公"，指在汉章帝时，窦宪曾奏免太尉郑弘，将其陷害，遂致病死。"刺杀宗侯"，指窦宪谋害齐殇王子都乡侯刘畅。"诛两仆射"，指对匈奴作战期间，窦宪打击迫害两任尚书仆射郅寿、乐恢。两人均因上书指斥窦氏而获罪，被逼自杀。"逐一尚书"，是指尚书何敞多次指斥窦宪，窦宪将其逐出京师。

窦宪回京后，开始对上书批评自己的人大加报复。

司徒袁安弹劾窦景及与窦宪争论的奏表，全由周荣草就。窦氏宾客，时为太尉府属的徐龆来，恐吓周荣："你为袁公心腹，排挤窦氏，窦门刺客遍布城中，你出出入入可要小心！"周荣没有被他吓倒，早已把生死置之度外，他告诫妻子：万一自己遭到不测，不要收殓尸体，以此警醒朝廷。不过周荣侥幸没有被杀，窦宪败亡后，他因此而声名大噪。

但大多数反对窦氏集团的人结局悲惨。郅寿是当时著名的廉吏，汉和帝时征为尚书仆射，窦宪的门生曾受命致书郅寿，有所请托，郅寿将此人送进监狱。郅寿还多次上书，指责窦宪骄横，以王莽篡汉为例，要汉和帝多加小心。窦宪出征匈奴，免不了要耗费国用，加之兄弟并起宅第，横行霸道，郅寿在朝会上讥讽窦宪等人，语气激昂。窦宪大怒，罗织罪名，陷害郅寿，置其死罪。御史何敞上书相救，郅寿免死，全家徙往合浦。后来，郅寿悲愤万状，饮恨自杀，其家属被放归乡里。

另一位尚书仆射乐恢，廉明耿直，上书反对窦宪专权。河南尹王调、洛阳县令李阜攀附窦氏，乐恢上书弹劾。夏阳侯窦瑰想与乐恢联络感情，乐恢拒而不见。乐恢的妻子劝说乐恢："昔人保身避害，你又何必以言招怨？"乐恢一声长叹："我位立朝班，哪能尸位素餐？"后来，乐恢心灰意懒，辞官归乡，窦宪示意州郡长官加以迫害，乐恢走投无路自尽。汉和帝亲政以后，任命乐恢之子为郎，以示抚恤和正名。

幕僚、劝谏者也遭到贬斥。主簿崔骃数谏窦宪抑权，窦宪渐渐疏远冷落，崔骃辞官离去。梁讽曾为窦宪的司马，曾去北匈奴招降纳叛，后来因为许意，被窦宪处以髡刑（剃光头发），武威太守又秉承窦宪旨意杀了梁讽。

权倾朝野的窦氏集团，竟然将手伸向了汉和帝。一场皇帝与外戚之间的宫廷战争不可避免。

永元四年（92），窦太后将窦宪的心腹邓叠封为穰侯，担任卫尉。邓叠与其弟步兵校尉邓磊，母亲邓夫人，窦宪女婿、射声校尉郭举，郭举父亲、长乐少府郭璜等人，相互结交。邓夫人与郭举经常出入宫中拜谒窦太后。对郭举这个外甥女婿，窦太后很喜欢。这为他们密谋发动政变，杀害汉和帝提供了一定的安全保障。当时，窦宪正率军驻扎在凉州。史书没有点明窦宪是否清楚这个小圈子的谋划，但作为窦氏集团的核心，窦宪的态度可能是默许。《后汉书》用了"潜图试逆"一词。

汉和帝刘肇只有十四岁，年纪尚小，但脑子聪明，性格沉稳，富有心计。对母族一家的惨死，他已有所闻，久怀复仇之心。对窦太后参政后的所作所为，他更是看在眼里，记在心中。他知道，他们对自己已有戒备之心，并且逐渐产生图谋不轨之念。对此，汉和帝表面不动声色，每日只顾出猎玩乐，从不过问朝政大事。一次，窦宪试探汉和帝："陛下如此玩物丧志，何时才能亲政？"汉和帝听后，笑着说："有母后和母舅代我理政，如同我自己亲政一样。何况现在万事俱兴，天下太平，我何必亲政呢？"

了解到邓夫人等人的密谋，汉和帝决定杀死他们。但窦宪领兵在外，汉和帝暂时韬光养晦。汉和帝暗中物色能帮助自己度过这一劫的人。内有窦太后把持朝政，外有窦氏集团成员身居要职，宫内到处密布窦氏耳目，汉和帝只能选择忠于自己的太监郑众。

郑众当时的官职为钩盾令，也就是皇家花园管理员，官不大，但是个老资格。郑众最早侍奉太子刘炟，刘炟即位之后，被封为小黄门，后升任中常侍。汉和帝刘肇即位后，郑众为钩盾令。郑众为人谨慎机敏，有心计。皇宫内外纷纷投靠依附窦氏集团，郑众依然对刘氏汉室忠心耿耿。

一场惊心动魄的宫廷战争开始了暗中的筹划，一方是把持朝政，手握重兵的窦氏外戚集团，另一方是十四岁的实为傀儡的小皇帝。

刘肇和郑众密谋，认为擒贼先擒王，只要拿下窦宪，其他就好办。但窦宪一直驻扎在凉州，唯一的办法是，引而不发，等窦宪回来。

刘肇是个有耐心的年轻人，在等待中做着准备的同时，又把一个人拉了进来。这个人就是废太子刘庆，现在的清河王。前文说过，被废之后的刘庆和刘肇关系很好，整日玩在一起，形影不离。刘肇即位之后，对刘庆的优待超过其他亲王，两人经常在一起商量一些私事。刘肇到儒学教育场所白虎观办讲座时，让刘庆留宿陪自己。刘庆身体不好，多病。只要刘庆不舒适，刘肇朝夕问询，安排膳药。

刘庆自被废黜太子之位，知道皇权政治的残酷，过得提心吊胆，小心谨慎。碰到皇家祭祀，刘庆夜里就不敢睡，一直衣冠严整地坐着等，还严令自己府中官属，不得与其他王公的车骑跑到一起。每到祭礼时节，他就关起门来偷偷悼念惨死的母亲和姨母。对取代自己登上大位的刘肇，刘庆并不嫉恨。听到好兄弟要除掉害死自己生母的窦氏集团，刘庆义无反顾地加入。

刘肇想看看《汉书》中的《外戚传》，不敢安排太监去找，怕窦氏成员嗅出蛛丝马迹，就让刘庆去找另一宗王千乘王借。刘肇拿到手之后，偷偷在夜里阅读，还让刘庆悄悄传话给郑众，把一些宫闱争斗故事转述给自己听，增加斗争经验。

宫外还形成了一个以袁安、任隗为首的"拥君派"，成员有太常丁鸿、侍御史鲁恭、尚书令韩棱、尚书陈宠、司徒掾周荣、司隶校尉宋意、冀州刺史应顺、张掖太守李郃等人，包括被迫自杀的尚书仆射郅寿、乐恢和被赶走的尚书何敞。特别是丁鸿，后来被汉和帝委以"太尉兼卫尉，屯南北宫"的重任，直接指挥禁军，为后来擒拿窦宪埋下了伏笔。

永元四年（92）四月，窦宪、邓叠班师还京，汉和帝刘肇派大鸿胪持节符前去迎接慰问，犒劳将士，以安定军心。窦宪见小皇帝如此厚待自己，心里飘飘然。

六月初，发生日食，丁鸿借此上书汉和帝，痛斥窦氏一门的不法行为和滔天罪恶。但奏疏中没有涉及窦宪，还为其评功摆好，以此麻痹窦宪。二十三日，刘肇临幸北宫，下诏命令丁鸿率执金吾和北军五校尉领兵备战，驻守南宫和北宫，同时关闭城门，逮捕郭举、郭璜、邓夫人、邓叠、邓磊，全部下狱处死。

对窦氏兄弟，刘肇没有即刻痛下杀手，派谒者收缴窦宪大将军印绶，封为冠军侯，连同窦笃、窦景、窦瑰三人，押往各自的封国羁押看管。刘肇虽然年轻，但处事老辣。窦宪、窦笃、窦景一到各自封国，就被迫自杀。窦瑰因为平素为人自律，没有参与谋逆活动而暂时逃过一劫，第二年改爵位为罗侯，不许配备属官。但刘肇的几个舅舅，就是当初被窦太后发配到越南的梁氏族人，在平反回京，路过长沙时，逼迫窦瑰自杀。其他窦氏族人和依附窦宪获得官职的宾客，全部送回各自郡县。

曾经荡平北匈奴，权倾朝野的强权人物窦宪，栽在了少年皇帝之手。窦太后失势，被软禁在宫中，不得参与政事，于永元九年（97）死去。

至此，汉和帝刘肇大获全胜，不仅铲除了窦氏集团，而且亲自掌握了朝政。之后，汉和帝为生母一族平反昭雪，追封生母梁贵人为皇太后，追封梁贵人的父亲梁竦为褒亲愍侯。

后世评论窦宪是东汉外戚专权的祸首。其实，客观地分析窦宪的一生，他对东汉王朝乃至整个中国历史发展的贡献是应该肯定的。窦宪统率汉朝大军，大破北匈奴于稽落山和金微山，登燕然山，"刻石勒功"，逐北单于，迫其西迁，威名震撼大漠南北，窦宪奠定的中国北疆新格局，既是东汉光武、明、章三代的夙愿，是中国边疆统一和中华民族融合进程中的一个重要环节，也是渴望和平的各族人民的共同愿望。窦宪的历史功绩是不应抹杀的。

从军事史角度看，窦宪作为汉军统帅，成功组织实施稽落山之战和金微山之战等重大战役，在中国军事史上有一定的影响。窦宪用兵，善于针对敌军弱点，及时掌握和准确判断敌军的动向，采取主动出击的战略方针，调遣优势兵力与敌主力决战。窦宪在作战中注意扬长避短，根据汉军准备充分、装备精良、兵力集中，但深入大漠、远离后方、不宜久战的优弱点，以及北匈奴虽行动飘忽、反应快速，但力量薄弱，惧怕决战的实际情况，采用长距离奔袭、迂回包抄等战术，轻装疾进，速战速决。同时，一旦逮住战机，便不轻易放弃，每次击溃敌军后，均穷追猛打，不让敌人有喘息机会，尽量在追击中歼灭敌人。可以说，窦宪是一个优秀的将领，是一个成熟的战术家，但不是一个合格的战略家。

第十九章 班勇三通西域

最后的南匈奴

窦宪集团被一网打尽，远在蒲类海的匈奴北单于立即陷入尴尬境地。北单于不是西逃了吗？怎么又冒出一个北单于？原来，在窦宪派遣耿夔率八百精骑奔袭金微山后，金微山一带归顺汉朝的匈奴人和大量散落该处的匈奴人，被组织起来，本有威望的原北单于弟弟右谷蠡王於除鞬自立为单于，担负起管理的责任。於除鞬单于手下共有八部，两万余人。局面仍是一团糟，单于决定南下归汉。单于把人带到蒲类海，派人入塞请求解决生活问题。

窦宪上表朝廷，请求立已降服的右谷蠡王於除鞬为北单于，置中郎将领护，一如南单于。按照惯例需进行朝议。太尉宋由、太常丁鸿、光禄勋耿秉等十人认为可行，司徒袁安与任隗坚决反对："光武帝招降南匈奴只是权宜之计，现在朔漠平定，应让南单于返归北庭，无故又立右谷蠡王於除鞬，徒增国费。"宗正刘方、大司农尹睦支持袁安，众说纷纭，莫衷一是。

袁安担心窦宪一意孤行，单独上奏："南匈奴单于举众归汉，四十余年，南北匈奴分立的格局不宜打破；况且这次出兵，南单于首倡大谋，实为有功，如果再立北单于，同样对待，有失恩信；乌桓、鲜卑刚刚杀掉北单于，汉朝再立单于之弟，乌桓、鲜卑必定怨恨汉朝；再者，中央每年供给南单于的费用高达一亿零九十余万钱，供给西域的费用每年是七千四百八十万钱，若在北庭又立北单于，照样供给，路程更远，所费过倍，耗费国家财力，实在不是安邦之策。"

窦宪固执己见，最终扶立右谷蠡王於除鞬为北单于。将於除鞬部安置在蒲类海附近，由任尚出任护北匈奴中郎将。

现在窦宪自杀了，会不会牵连於除鞬部？於除鞬决定率部返回匈奴传统的游牧地漠北。没有收到诏令就擅自北返，在汉朝看来就是叛变。很快，任尚就由护北匈奴中郎将，变成剿北匈奴中郎将，同将兵长史王辅共同追讨於除鞬。

这一战，是汉朝对北匈奴的最后一战。此战过后，北匈奴作为一支力量不复存在。两千年后在伊吾出土的任尚碑就记录了这一战。

《后汉书·南匈奴列传》记载："帝遣将兵长史王辅以千余骑与任尚共追，诱将还斩之，破灭其众。"任、王二将率领千余骑兵追击於除鞬两万余众，也算是轻身赴险，一个"诱"字体现了无奈、也体现了智慧。

朝廷认可的北匈奴被彻底地消灭，剩下的只是一个历史名词。北匈奴人被一分为三：一部分投降南匈奴，使南匈奴由四五万人激增到二十三万多人，上马能战者有五万多人；一部分加入向西迁徙的队伍，有多少人不知道，多年以后才会有消息；还有十余万人，加入随后占领漠北的鲜卑，形成鲜卑宇文部。匈奴人被汉朝击败之后，鲜卑人放心西进，成为广博大草原的新主人，一个新生的势力。

永元五年（93），向朝廷建议讨伐北匈奴的南单于屯屠何去世。前单于弟弟安国成为新单于。

安国在做左贤王的时候，声誉平平。单于适的弟弟左谷蠡王师子勇猛果敢，足智多谋，很受伊屠於闾鞮单于宣和屯屠何喜爱。他多次受两位单于派遣，率兵出击北匈奴，屡建奇功，就连东汉皇帝都对他另眼看待。因此，南匈奴人都很敬重师子。安国做了单于，师子升迁为左贤王，成为单于继承人。安国如芒刺在身，要除掉师子。

此时南匈奴分成两派，一派是原来的南匈奴人，另一派是投降过来的北匈奴人，这部分人占了绝大多数。在讨伐北匈奴的战争中，北匈奴人都受过左贤王师子的驱赶抄掠，因此对左贤王师子有敌对情绪。安国有意接近这些归顺的部族首领，密谋除掉左贤王师子。当然，单于安国的动作也逃不过师子的眼睛。他率众移居五原郡边境，就连安国召集的龙庭聚会，也借口有病推掉。

此时，定襄太守皇甫棱兼任度辽将军，杜崇任护匈奴中郎将，度辽将军、护匈奴中郎将都是朝廷留驻南匈奴，用以监督南匈奴军政事务的汉朝官员。皇甫棱和杜崇也十分看重左贤王师子，为他搪塞安国，引起安国怀恨。

永元六年（94）正月，度辽将军皇甫棱被朝廷免职，执金吾朱徽代理度辽将军职务。单于安国向朝廷告杜崇的状。杜崇得知，暗示西河太守截留单于安国的奏章。为了报复安国，杜崇与朱徽一同上书朝廷，诬告安国："南匈奴单于安国，疏远旧部，亲近新降，欲杀左贤王师子和左台且渠刘利等。再者，匈奴右部降虏正谋划共同胁迫安国起兵反叛。请西河、上郡、安定三郡为此警戒备战。"

汉和帝览奏，让公卿进行讨论。大臣讨论的结果就是："匈奴反复无常，尽管难以预料，但由于汉朝有重兵集结，必定不敢有大的举动。如今应派遣有谋略的使者前往单于王庭，与杜崇、朱徽及西河太守合作，观其动静。如无他变，可命令杜崇等就安国处召会左右大臣，责罚其横行凶暴侵害边疆的部众，共同评议，论罪诛杀。倘若安国不听从命令，则授权使者采取权宜之计，等事情结束之后，再酌情进行赏赐，以向百蛮显示国威。"

汉和帝下诏命朱徽、杜崇率军向匈奴王庭进发。安国夜里听到汉军抵达的消息，知道事情有变，急忙撤离单于庭，率军向五原边境进发，要诛杀师子。这一夜就是一个分水岭，从此南匈奴陷入动荡之中，四十年的相互同化就此破功。

师子事先得到消息，率部众进入曼柏城（今内蒙古达拉特旗东南）坚守。安国兵临曼柏城下，师子紧闭城门不出。双方相持不下。朱徽派官员进行调停。单于安国不肯接受，就势驻扎五原。杜崇、朱徽调发各郡骑兵急速追击安国。安国的舅父、骨都侯喜为等担心兵败被诛，将安国斩杀，拥立左贤王师子为新单于，是为亭独尸逐侯鞮单于。

单于师子刚即位，五六百名北归匈奴刺客，乘夜偷袭单于师子的营帐，被卫士发觉。中郎将属官安集掾王恬率单于卫士（自汉朝带来的减刑囚徒）与刺杀者激烈交战，终于镇压。这次军事政变引起了一连串连锁反应。北归匈奴害怕单于师子秋后算账，十五个部落近二十万人同时反叛，胁迫前任单于屯屠何之子奥鞮日逐王逢侯为新的单于，公开与单于师子分庭抗礼。然后，一路杀烧抢掠，屠杀沿途的官吏与百姓，烧毁邮亭、庐帐，向朔方郡方向进发，企图撤离到漠北地区。

南匈奴举国叛乱，朝廷十分震惊，急命车骑将军邓鸿、越骑校尉冯柱、度辽将军朱徽率领左右羽林军、北军五校、各郡国的侦察部队、边境驻军，护乌桓校尉任尚率乌桓、鲜卑部队，共四万多人，紧急开赴边地，攻打叛军。

此时，单于师子与中郎将杜崇正驻守牧师城（今内蒙古鄂尔多斯东胜），等待朝廷大军到来，合力平叛。忽听士卒报告，说逢侯叛军已将牧师城包围。杜崇与师子忙登楼查看，果然是逢侯的骑兵，有一万多人，把牧师城围得铁桶般密不透风。

逢侯本不想蹚这趟浑水，但被胁迫了。他知道汉军到来还要等些时日，干脆就在出塞前解决掉师子，去除后顾之忧，于是就率一万精骑来攻牧师城。师子和杜崇知道叛军势大，无法解围，也就紧闭城门不出。

匈奴士兵在攻城方面是弱项。逢侯攻不下，索性围而困之，期待对手不攻而破。这一围就是三个多月，单于师子与杜崇艰难地守卫着牧师城。

十一月，邓鸿等率大军抵达美稷。逢侯见攻城无望，汉军即将来援，便率军向满夷谷（乌不浪口，位于乌中旗海流图镇正南二十八公里处，是中原地区连接塞外草原的重要通道之一）方向撤退。

邓鸿命令分兵追击。第一路是邓鸿统率的左右羽林军与师子单于的儿子率领的一万骑兵，还有中郎将杜崇的四千骑兵，一路追击，在大城塞（东胜东南）遭遇逢侯叛军，汉军斩敌三千多人，俘虏一万多人。冯柱又分兵追击逢侯的其他部落，斩杀四千多人。

第二路由任尚和乌桓首领勿柯、鲜卑大都护苏拔廆率八千骑兵，抢先一步抵达满夷谷，拦截欲从此出逃塞外的逢侯叛军。叛军又一次遭到重创。此役逢侯叛军被歼灭一万七千多人。余众在逢侯的带领下，仓皇逃出塞外，进入北匈奴的漠南故地。

然而邓鸿一回朝就被下了狱。他被指控率军逗留，贻误战机，致使军事行动失利，后被处死。更令汉和帝刘肇愤怒的是，南单于安国的叛乱，竟是由于单于安国与杜崇、朱徽不和，并扣留了单于的上书而引起的。汉和帝龙颜大怒，急召二人进京，下狱处死，才算出了这口恶气。之后任命雁门太守庞奋兼任度辽将军。

逢侯率叛军来至塞外，把族众分成两部，自己统领右部，盘踞在涿邪山一带。左部聚集在朔方郡西北，两部相距一百多里。

永元八年（96），南匈奴单于师子秋后算账。第一笔账就算到右温禺犊王乌居战的头上。乌居战曾与先单于安国来往过密，师子怀疑乌居战参与谋杀师子的计划，让手下召乌居战拷问。乌居战急切间率数千人叛乱出塞，流窜在塞外山谷间，为害吏民。

这年秋，汉和帝命度辽将军庞奋、越骑将军冯柱率诸郡兵士攻打乌居战。乌居战无力迎战，只好投降。庞奋把乌居战及其部族两万余人迁到安定、北地两郡定居。

冬天，逢侯叛军左部内讧，万余人在部落首领率领下来到朔方边塞投降。度辽将军庞奋闻讯，开门迎降，把他们安置在北边诸郡。盘踞在涿邪山的逢侯叛军，难以筹到足够的粮食，又被鲜卑攻击，处境艰难，逃窜入塞者络绎不绝。

永元十年（98），单于师子去世，单于长之子檀继位，是为万氏尸逐鞮单于。南单于檀即位后，积极配合庞奋出击逢侯叛军，多有虏获，接纳降众数以千计。

对逢侯叛军打击最大的是鲜卑人。鲜卑人自从占据北匈奴故地后，实力大增，称雄塞北，不时入塞骚扰，并向西打击匈奴逢侯部众。在东汉、南匈奴及鲜卑三方的打击下，逢侯叛军日益窘迫。汉安帝元初四年（117），逢侯被鲜卑击破，部众分散，一部分归附鲜卑，另一部分西迁西域北部，继续袭扰西域。逢侯带领小部分部队流窜了一段时间，走投无路，于翌年春天带着百余名骑兵逃回朔方郡投降。此时的度辽将军，是邓太后之弟邓遵。邓遵征得朝廷同意，把逢侯部众迁到颍川郡。

班勇初现

永元八年（96），车师前国、后国发生动荡，车师后王涿鞮攻杀车师前王尉卑大，抢走其妻儿。汉明帝年间，车师前王就是车师后王的儿子，两国关系想来很近。现在怎么突然兵戎相见？史书记载含糊，一上来就是戊己校尉索頵废黜车师后王涿鞮，改立破虏侯细致为王。涿鞮得到这个消息，恼于车师前王尉卑大的出卖，双方发生军事冲突。

车师后王涿鞮似乎并不愿意服从戊己校尉的领导。戊己校尉驻节高昌壁，距离车师前国交河城很近。涿鞮等于当着戊己校尉的面杀了车师前王尉卑大。

涿鞮如此作为，背后谁在给他撑腰？原来是从南匈奴反叛出塞的原北匈奴逢侯部。在汉朝、鲜卑、乌桓的联合打击下，这部分匈奴人无法在祖先驻牧地大漠存身，只好西窜至熟悉的西域。逢侯希望以车师后国为突破口，重回西域。

车师一乱，西域北路以及伊吾路就有被切断的危险。

第二年三月，西域长吏王林率领凉州六郡骑兵以及羌人骑兵共计两万余人，前往讨伐涿鞮。汉军与车师的战斗没有任何悬念，匈奴人也逃了。涿鞮在逃亡路上被抓获。随后，汉军立涿鞮的弟弟农奇为王，车师又恢复了平静。此时，班超还没有离开西域。

永元十二年（100），一身伤病的班超上书要求退休回家，并让在西域出生的小儿子班勇随进献贡品的队伍回洛阳，想让班勇亲眼看一看中原故乡的风土人情。

班超有三个儿子，老大叫班雄，老二没留下名字，老三叫班勇。老大和老二，是班超投笔从戎之前，与中原原配妻子生的。老三班勇，是班超与西域一个女子生的。

前文讲过，建初八年（83），李邑被派往西域，走到于阗时不敢继续前行，造谣说班超不好好工作，整日贪图享受。班超当时确实在西域娶妻生子，这个儿子就是班勇。从时间上看，班勇当时年幼，不超过十岁。母亲估计是疏勒王室之女，血统高贵。班超娶班勇之母，可能也有政治考量。

班超在西域近三十年，没享受过安稳日子，整日刀光剑影，戎马征战。班勇跟随父亲在军营中长大，耳濡目染，自幼养成处乱不惊、杀伐决断的心性。

西域民风彪悍，崇尚强者，过的是大块吃肉、大碗喝酒的生活，再加上雄阔高远、蛮荒原始的地理环境，让少年班勇的成长充满野性的力量。在这种模式中长大的班勇，远非中原儒生书院培养出来的孩子可比。

永元十三年（101），班勇随安息使团来到汉帝国的首都——洛阳。繁华富庶的洛阳城中，巍峨高耸的宫阙城楼、熙攘热闹的街市让西域青年班勇眼花缭乱、目不暇接。

班氏一门，出类拔萃，个个都是人中翘楚。班勇见到了父亲一直牵挂的妹妹，他的姑姑，汉帝国首席才女——班昭。哥哥班固继承父亲遗志编撰《汉书》，快收尾时，受窦宪案牵连死于狱中。班昭擦干眼泪，为哥哥续写《汉书》，《百官公卿表》和《天文志》就是班昭所写。

班昭自幼博览群书，加之家学渊源，名气很大，被汉和帝刘肇召入宫中，教皇后和嫔妃诵读经书，被尊为"大家（音姑）"。班昭嫁给了同郡的曹世叔为妻，故被称"曹大家"。

从此，班勇跟着姑姑读书学习，逐渐通晓中原文化，为日后进入朝堂打下了很好的底子。来到京城的班勇，深深被充溢四周的进取、豪迈之气感染。作为帝国的精英家族成员，一种传承不息的家国情怀在年轻的班勇心中油然而生。

第二年八月，班超回到阔别三十一年的京城，一家人终于团聚。然而，一个真正的战士，属于他的归宿是瀚海阑干、铁马冰河的西域。多年的征战让班超伤痕累累，油尽灯枯，永元十四年（102）九月，班超回到洛阳仅仅一个月，就溘然长逝。

一代名将就此离去，传奇却在继续。使命，在等待班勇破茧而出。

三绝西域

汉和帝选择戊己校尉任尚接替即将卸任回京的班超，走马上任西域都护。任尚是当时汉军主要将领之一，打起仗来勇猛顽强，曾跟随左校尉耿夔纵横大漠五千里，冒雪追踪北单于，也曾同将兵长史王辅共同追讨末代北单于於除鞬。

班超回中原之前，任尚恭恭敬敬地对班超说："您老人家在西域干了三十一年，熟悉情况，经验丰富。我刚刚到任，压力大，还望老都护不吝赐教，给我传授一些治疆经验。"

班超沉吟了一会儿，语重心长地说道："年老失智，任君数当大位，岂班超

▲ 班昭像

所能及哉！必不得已，愿进愚言。塞外吏士本非孝子顺孙，皆以罪过徙补边屯。而蛮夷怀鸟兽之心，难养易败。今君性严急，水清无大鱼，察政不得下和。宜荡佚简易，宽小过，总大纲而已。"（《后汉书·班超传》）我现在年老糊涂，而任君刚刚履新，前途无量，非班某所能比。你一定要我说说，那我就谈点愚见。这些驻守西域的官吏士卒，本来就不是什么好人，都是因为犯有过失而被迁来塞外守边。至于西域各国，不讲礼义廉耻，心如鸟兽，不好驾驭，容易反叛。你性格严厉，脾气急，一定要注意，水至清则无鱼，人至察则无徒，应当采取简单易行的方法，一般小过宽容一些，总揽大纲就行了。

这是班超管理西域的切身体会，不能把中原法度照搬过来，一定要考虑当地的文化背景，给以一定的空间。可惜，任尚没把班超的这番告诫当回事。班超走后，任尚对手下不以为然地说道："我以班君当有奇策，今所言平平耳。"（《后汉书·班超传》）踌躇满志的任尚脸上浮现出一丝轻蔑。

五年之后，任尚注定要为当初的轻视付出惨重代价。大权在握的任尚弃用班超铁腕加怀柔的政策，照搬中原管理之法，苛刻严酷，很快激起西域各国的反叛。

元兴元年（105）底，汉和帝刘肇驾崩，终年二十七岁，只留有长子刘胜和刚出生一百多天的小儿子刘隆。皇后邓绥嫌刘胜体弱多病，选择襁褓之中的刘隆为帝，是为汉殇帝。邓绥临朝听政，尊为邓太后。然而，刘隆当了八个月的皇帝就夭折，东汉皇室立时陷入后继无人的窘境。为了继续把持朝政，邓太后看上了十三岁的刘祜。刘祜从小就是个听话之人，看起来毫无长处。其父清河王刘庆是前废太子，是汉和帝刘肇同父异母的哥哥，贵为王爷，但安分守己。刘祜这种背景，正中邓太后下怀。延平元年（106），刘祜被立为帝，是为汉安帝。

汉帝国内部不稳，西域一些别有他图者趁机作乱，让大汉西域都护府雪上加霜。延平元年（106）九月，西域各国围攻疏勒，任尚紧急上书朝廷求救。恰逢朝廷任命的西域副校尉梁慬到达河西，朝廷便命令梁慬率领河西四郡的羌人骑兵五千人急速前往救援任尚。梁慬带着从河西临时征调的各族骑兵兼程赶到时，攻城者已解围而去。任尚驻防的它乾城是一座小城，城防不会很坚固，但是数次被围攻，居然安然无恙，也是一个奇迹。

班超呕心沥血开创的局面，仅仅几年就让任尚经营得一团糟。任尚被罢免召回，由骑都尉段禧接任西域都护之职。段禧和西域长史赵博率军进驻它乾城。它乾城规模狭小，很难抵御叛军进攻。西域都护副校尉梁慬相中龟兹王白霸的地方，也就是龟兹都城延城。

延城是个大城，城高池深。梁慬同白霸详谈了一次，希望率兵进驻延城，助白霸守城。白霸无奈同意。梁慬自以为得计，领兵入城，随后西域都护段禧、西域长史赵博也带着各自的人马进驻延城。八千多人一同进驻。

龟兹贵族不甘大权旁落，煽动吏民闹事，联合温宿、姑墨聚集数万人马围攻龟兹。梁慬率军出城迎战，大破联军。这仗一打就是几个月，联军兵败退走。梁慬乘胜追击，共斩杀一万余人，生擒数千人，骆驼畜产数万头，龟兹局势才告平定。军事上的胜利掩盖不了政治上的失败。伤的人越多，结的仇越深，尤其是这种不占理的战斗，胜利没有什么意义。

永初元年（107），段禧等人保住了龟兹，但通往中原的道路已被堵塞，命令、文件无法传递，龟兹成了一座孤岛。朝廷内开始讨论汉军去留：西域阻碍重重而距离遥远，又屡次反叛；官兵在那里屯戍垦田，经费消耗没有止境。一句话，经营西域的成本太大了，在西域花的钱太多了，不值得。

东汉王朝的财务状况确实出了问题，连邓太后都张罗节省宫内的开支。同时，散居在河西的大量羌人，时降时叛，没有停歇，牵制了汉帝国大量的人力、物力，消耗了帝国大量的物资和决策者的精力。

永初元年（107），汉军从西域彻底撤出，在伊吾、柳中屯田的军卒也一并撤回，关闭玉门关。朝廷内很多人早就懒得再管西域之事。这就是东汉时期西域"三绝三通"的"三绝"。

西域地位下降，意味着东汉帝国开始走下坡路。班勇以军司马身份，与哥哥班雄出兵敦煌，迎接西域官兵撤回中原。这是史书记载中班勇第一次参与军事行动。

看到父亲三十年苦心经营的大好局面被毁于一旦，班氏兄弟心中充满了愤懑与无奈。在西域辽阔山河中出生成长的班勇，对西域有着无尽的牵挂和思念，望着士气低落的西域官兵在如血残阳中疲惫不堪的身影，一个信念在他的心中如野草般疯长：西域，我一定会回来！

这一刻，将在十六年的等待与煎熬之后，如激流一般喷薄而出。

舌战群儒

撤销西域都护府的后果很严重，觊觎西域的各种势力又开始蠢蠢欲动。十几年后，西域形势发生翻天覆地的变化。除了传统的捣乱破坏势力，又增添了一股新的力量。那就是大月氏，十几年前越过帕米尔高原，东征西域，被班超打得大败而回的贵霜帝国。此时，贵霜王阎膏珍应该已去世。之后的历史学者说法不一，姑且仍称之大月氏。

史书记述，疏勒王安国的舅舅臣磐有罪，被流放到大月氏。事情发生在元初三年（116）左右。大月氏属于偏远地区，在葱岭西面，不是疏勒辖区，大月氏凭什么做疏勒的流放地？疏勒王有什么权力把臣磐流放到大月氏？事实可能是臣磐真的有罪，逃亡到大月氏，寻求避难。

臣磐在大月氏一住就是几年，一直到疏勒王安国去世。疏勒王安国没有儿子，由安国母亲做主，选择了安国另一个舅舅的儿子遗腹为新的疏勒王。

臣磐得知消息，请求月氏王派兵辅立自己为疏勒王。对于臣磐这个请求，任谁都不会拒绝，况且汉朝已经关闭玉门关。

月氏大军又浩浩荡荡越过葱岭。没有了班超的疏勒，只能俯首帖耳。疏勒人主动废黜遗腹，迎接臣磐回来做国王。

臣磐有了月氏人的支持，开始野蛮征战。此时西域北路已被匈奴人控制，还有强国龟兹，臣磐退而求其次，要控制南路。当时南路霸主是于阗，于阗控制着中间的莎车。双方就在莎车进行了数场大战，莎车摇摆不定，最终是疏勒胜出。西域国家就形成疏勒、于阗、龟兹三强对峙的局面。

匈奴人占据了西域北路，对西域收取高额赋税，还不断驱使西域各国侵袭东汉西北边境，造成西域各国，尤其是车师、鄯善等怨声载道，纷纷怀念西域都护府管理时的好日子。

元初六年（119），时任敦煌太守曹宗向朝廷上奏，要求领兵出塞。得到朝廷许可，曹宗派遣代理长史索班率一千余人驻屯伊吾，尝试恢复与西域的关系。

伊吾就是现在的哈密。从昆仑塞出关，穿过中间的沙漠，就到了伊吾。从伊吾再向西，就是高昌壁、交河城，向西北则是金满城。这就是伊吾路。

伊吾这个地方，自然条件十分优越，物产比较丰富，哈密瓜就是这里的特产。汉明帝时，汉军北击匈奴也是出伊吾，赶走在此地屯田的北匈奴人，然后屯田于此。

曹宗派兵出屯伊吾没有错，也是双方此消彼长的战略所需。但是，曹宗动作比较大，不仅在伊吾屯田，还派出车师后部司马屯驻车师后国。出兵之后的效果很明显。很快，车师前国、鄯善前来归降。这再一次说明匈奴人在这个地方不得人心。但是曹宗忽略了一个情况，就是此一时彼一时也。现在汉军刚刚平定长达十几年的羌人暴乱，实力受损严重，财政捉襟见肘，派兵出塞之后没有后续手段。

车师后王军就与母亲一起反叛，杀死后部司马。在匈奴、车师后国联军的围攻之下，索班所部全军覆没。车师前王也被赶跑了，连鄯善的安全也受到严重威胁。西域北路再一次被匈奴人控制。

曹宗请求朝廷出兵五千，彻底解决匈奴，以洗索班之耻，复取西域。此时汉安帝刘祜才十二岁，帝国朝政大权实际掌握在邓太后手中。这个请求使邓太后十分为难，满朝文武也议论纷纷。河西羌人大范围叛乱，使汉帝国的整个西部处于动乱之中长达十几年，民生凋敝，一片破败。同时，不断发生蝗灾、旱灾。朝廷有点钱还得准备灾后重建，这个时候出兵时机不成熟。朝廷上下也不知道该怎么办，众人对西域事务一片茫然，全无主见。

班超离世已有十七年之久，整个朝廷对西域事务熟悉的人太少了。众人想起，老都护班超不在了，可他的三个儿子还在。班勇是真正的西域人，生在西域，长在西域，二十多岁才回到中原，对西域再熟悉不过。

永宁元年（120）春，班勇第一次登上政治舞台。邓太后要亲自问一问班勇的看法，众臣也有许多不明白的事要问个究竟。

班勇奉诏匆匆忙忙赶到御前，会议还在继续。"关闭玉门关，彻底放弃西域"的主张占了上风。听了一会儿，邓太后示意班勇发言。此时的班勇已经不是当初刚从西域回来的毛头小伙，而是系统接受汉文化教育，又在军中淬炼的后起之秀，已经开始在宏观层面思考国家大事。

班勇先对西域在国家格局中的地位阐明观点：经营西域，是自武帝时期就定下的"断匈奴右臂"国策，是几代人付出无数将士生命打下来的地盘，事关国家安全，岂能随便放弃？车师、鄯善等国不堪匈奴重税盘剥，人心思汉。至于西域各国反复无常，不时发生叛乱，也有我们的责任，有的官员管理不当，倨傲严苛，激化民族矛盾，任尚不就是前车之鉴吗？

对于曹宗的出兵要求，班勇也不客气：曹宗的想法过于草率，只想着向匈奴报仇雪恨，既没有认真研究以前的战史，也没有权衡考虑仓促出兵的利弊。西域路途遥远，又没有建立根据地和后勤保障，劳师远征，取胜的可能性很小。况且现在国库不充裕，大军缺乏后备力量，贸然出征，是自曝其短。我认为，不能批准曹宗的报告。

分析之后，班勇提出建议：现在虽然不能大举讨伐西域叛乱，但也绝不能坐视不管。首先，把敦煌驻军恢复，对进占西域的匈奴余部形成威慑；其次，重新恢复西域副校尉，暂时驻扎敦煌，等待时机；最后，派遣西域长史率五百人进驻鄯善屯田，蓄积力量，准备粮草。于此，向西可以控制通往焉耆、龟兹的交通线；向南可以增强鄯善、于阗的信心；向北，可以防御匈奴，令其不敢随便与汉军开火；向东，接近敦煌，可以彼此支援。

这就是一个自保的阵势，既不与匈奴正面冲突，又可以让西域国家感受到汉军的力量，感受到汉朝关怀的温暖。这是一个有无边想象力的阵势，结果如何，关键看如何运作；这是班勇给自己量身定做的一个阵势。班勇自信，即使只有五百人，也能发挥很大的作用。兵不在多而在精，将不在勇而在谋。

尚书问班勇："你这个建议的利弊有哪些？"

班勇回答道："永平年间后期，我们刚刚恢复与西域的交通，第一次派遣中郎将驻守敦煌，后来又在车师设置西域副校尉，既指挥胡人，调解冲突，又防止汉人随意侵犯胡人，很有效果。西域诸国都归心大汉，匈奴人也很忌惮，不敢轻易进犯西域。现在，鄯善国国王尤还，是汉朝的外孙，匈奴继续坐大，尤还必死无疑。如果我们在楼兰（鄯善）有屯垦驻军，必定会增加他们的信心，让他们看到希望。"

长乐卫尉镡显、廷尉綦毋参、司隶校尉崔据持反对意见，主张放弃西域，理由还是老调重弹：国库花销太大，经营成本高。他们要班勇打包票："现在车师已经臣服匈奴，鄯善也靠不住，一旦局势有变，班将军你能担保匈奴不会侵扰边境吗？"

班勇不客气地反驳道："现在朝廷在各郡设置州牧，是为了防治奸人盗匪。如果州牧敢保证盗匪不干坏事，那我愿以腰斩之罪，保证匈奴不侵犯边境。"

见三人没有吱声，班勇诚恳地说："现在若是开通西域，匈奴的势力肯定会被削弱；匈奴人被削弱，对西域的为害自然减轻。设置西域副校尉，是为了安抚西域诸国；设置楼兰长史，同样是为了怀柔各国。如果我们就此放弃西域，西域臣民对大汉只有绝望。绝望之下，他们只能彻底投降匈奴。真到那个时候，匈奴刀锋将直指西部边郡，整个河西走廊将会重现白日闭关、狼烟四起的局面。现在就因为吝啬屯边费用，既没有彰显大汉恩德，又助长匈奴气焰，长此以往，难道会是确保边疆长治久安之策吗？"

太尉属毛轸诘难班勇："如今一旦设置校尉，重开丝路，恐怕西域各国就会争先恐后地派使节来，索求赏赐援助，没完没了！都满足他们的胃口，支出太大，难以为继。不答应吧，又会失掉归顺之心。而且，一旦被匈奴侵犯，他们肯定要向我们求救。到时候，还得出兵，花的钱会更多。"

班勇耐着性子应道："那好，我们这样来假设，现在把西域交给匈奴人，让匈奴人从此对大汉感恩戴德，再也不会骚扰我们。要是真能这样，就这样办，西域不要了。如果反过来，匈奴占有西域，利用西域丰富的物产和众多的兵马，掉过头来攻打河西边境，那怎么办？这是养虎为患，拱手给对手送去财富，增加其实力啊！现在若是拒绝西域各国，坐视不管，他们只能投入匈奴人的怀抱。一旦匈奴人元气恢复过来，纠集西域军队组成联军，一起进犯并州、凉州等边郡，恐怕到那个时候不得不花出去的银两，就远远不止十亿。"

邓太后终于发话：按班勇的意见筹划。

几天之后，朝廷诏书发下，对班勇的建议打了对折，恢复敦煌营兵，设置西域副校尉，但对设置西域长史，到楼兰屯田打前哨的建议没有采纳。这是一个妥协的结果，汉帝国的决策层在西域问题上依然是顾虑重重，患得患失。

三通西域

看到汉帝国仅仅在敦煌恢复营兵，设置一名西域副校尉，并没有深入西域的动作，匈奴人仿佛窥到对手内心的犹豫和虚弱，开始纠集车师进攻河西边郡。边关狼烟再起，河西边郡告急。

延光二年（123），忧心忡忡的敦煌太守张珰见京城迟迟没有回音，上书提出上、中、下三个建议。张珰说："我在洛阳时，也主张放弃西域，直到我亲自踏上这块地方，才知道当初眼光狭隘。如果放弃西域，整个河西地区将不可能独自存在。我现在向皇上献上、中、下三计，请皇上快快定夺。上策：匈奴呼衍王经常辗转来往于蒲类海和秦海之间，控制西域地区，带领西域各国一同侵扰汉朝。现在可以派酒泉的部队二千余人集合到昆仑塞，先去攻打呼衍王，除掉祸根，随即征调鄯善国军队五千人威胁车师后国。中策：如果不能出兵，可以设置军司马，领兵五百人，由河西四郡武威、酒泉、张掖、敦煌供给犁、牛、粮食，出塞进据柳中。下策：如果还不行，就应放弃交河城，召集鄯善等友好国家的人民全部进入玉门关。"

从中可以看出张珰心急如焚。邓太后和汉安帝接到报告，照例交付群臣研究。

尚书仆射陈忠阅后，也很着急，上奏道："匈奴现在已经打败车师，下一步肯定南下进攻鄯善。再不去救援，鄯善等国绝望之下只有投降。一旦匈奴占据西域全境，兵强马壮，缓过神来，再与羌人联络，河西四郡腹背受敌，就非常危险了。现在敦煌连续告急，再不出兵，对内无法安抚边郡军民，对外让虎视眈眈的异族激起野心。我的建议是，采用中策，增加河西四郡的驻军，做好战争动员准备，镇抚各国。"

匈奴人一旦叩边入关，从河西走廊长驱直入，将直接威胁关中。见形势恶化，汉安帝不敢再怠慢，采纳陈中建议，正式任命班勇为西域长史，率兵五百，驻扎柳中。

柳中，以柳色掩映而闻名，有"绿柳城郭"之称，在今新疆吐鲁番鄯善城西四十五公里的鲁克沁镇，是吐鲁番十二木卡姆艺术的发源地。永平年间，戊己校尉关宠坚守柳中城，力拒匈奴进犯，病逝于此。柳中从此成为汉军屯垦戍边的一座军事要隘。

长史一职，行使都护的职责，是此时汉帝国驻西域的最高行政长官。班勇接到任命，日夜兼程，马不停蹄地赶赴敦煌。从永元十三年（101）离开西域，时间过去了二十二年，当年是懵懂无知的毛头小子，如今已是临危受命，担负起拯救动荡西域重任的帝国将军。

兵出玉门关，踏上这片熟悉的土地，呼吸着西域干爽、清冽的空气，眺望荒芜苍茫的原野、险峻连绵的天山，班勇的心中涌起一股激动而又复杂的柔情——西域，我回来了！

延光三年（124）正月，班勇领兵来到楼兰，没有按皇帝旨意屯兵柳中。直接屯田柳中，就班勇手上这五百人，那是慷慨赴死，重蹈索班的老路。班勇要走一条最适合自己的路，只要最终实现皇帝的意图——西屯柳中，具体过程可以忽略不计。

班勇这个动作也是当年金殿对策的延续。控制楼兰，就站在了西域大门口，向西控制通往焉耆、龟兹的大道，向南又可以威胁于阗，向北就是车师前王国。正是班勇要首先占领的战略节点。

西域地域辽阔，各国各有小算盘，仅靠班勇这五百人马就出征讨伐，无异于以卵击石。只有在获取大量情报，掌握各国实际情况后，左右逢源，纵横捭阖，才能取得把握全局的主动权。父亲班超当年以三十六骑平定西域，威震四方，凭的不就是镇抚并举吗？

班勇大军一到楼兰城，鄯善王就前来归降。鄯善国王名叫尤还，母亲是汉朝赐予的一名宫女，所以尤还算是汉朝外孙。汉军再次出塞，领军的又是英雄班超的后代班勇。当年，班超第一次进入西域，选择的就是鄯善，上演了"不入虎穴，不得虎子"的一幕。

鄯善王归降，班勇的心里踏实多了，随后采取了一个更大胆的举动，派出使者召龟兹王共商抵御匈奴大计。

说起来，龟兹与班家有些渊源。白氏王朝第一任国王白霸就是班超当年力排众议扶上王位的，现任国王是白霸之子白英。接到班勇的征召令，白英又兴奋又害怕。

就在白英犹豫观望的时候，班勇派人送来了一封书信。信中，班勇情真意切地回顾了父辈的友谊，又对当前形势做了分析，最重要的是释放出既往不咎的信号，这让白英心中一直惴惴不安的石头终于落地。第二天一早，白英让人把自己反绑起来，率领姑墨、温宿两个国王，来到班勇营地归降。见白英态度诚挚，班勇赶紧上前亲手解开绳索，把白英扶了起来。

兵不血刃，班勇迅速收复、平定了鄯善、龟兹、姑墨、温宿等国，天山南道再次插上汉帝国的旗帜。有了盟友，等于有了一支军队。班勇信心大增，增调龟兹、姑墨、温宿、鄯善等国军马，组成一支一万多人的步骑混编部队后，掉头北上，征伐车师前国。

班勇的大军从楼兰城向北，越过库鲁克塔格山脉，直扑交河城下，随后与匈奴伊蠡王在伊和谷进行决战。伊和谷，应该是在车师前国和后国之间的博格多山脉里。匈奴伊蠡王也没有想到汉军会突然出现，稍一接触就仓皇向北撤退。

此战之后，班勇彻底控制车师前国，收拢人马五千余人，实力大增。这一幕，与父亲班超以三十六骑号令诸国，组建联军讨伐反叛者的景象是多么相似，英雄的血脉在西域大地传承、沸腾、燃烧。

随后，班勇打发龟兹、鄯善等联军部队回家，率领自己的五百名免刑犯人前往柳中屯田。这个时间，正好赶在延光三年（124）下种之前。否则，没有粮草储备，战事很难支撑。班勇准备打持久战。经过一年多的耕耘，柳中驻军大获丰收。

班勇领兵屯田柳中，看似是索班故事的重演，可是这两次出兵，情势、意义大不相同。

首先，在屯田柳中之前，班勇降鄯善、招龟兹、战车师前国，一气呵成，挟余勇而屯田柳中。整个造势过程持续了两个月。在柳中的不再是班勇率领的五百人，而是整个西域的正义力量。

其次，班勇屯田之地是柳中，而不是索班的伊吾。柳中距离交河城数十里，与车师前国可以遥相呼应。两股力量团结一起，一有缓急，车师前国五千人马可以很快驰援。而伊吾距离交河城、昆仑塞、车师后国的奇台都有数百里之遥，索班与在车师后国的后部司马是两个分离的点，才被各个击破。

延光四年（125）七月，班勇的准备工作告一段落。经过一年多的努力，班勇的影响力延伸到西域大西部，天山脚下、大漠深处。

同年，班勇征调鄯善、龟兹、疏勒、车师前国等部队组成联军。联军中有一支队伍引人注意，就是疏勒军。疏勒不是已投到大月氏麾下了吗？原来，班勇回到西域，经过努力，使疏勒又回到了汉帝国的怀抱。班勇还从酒泉、敦煌、张掖等郡调集了六千骑兵。一切准备就绪，大军直奔车师后国。这一战，斩首、俘虏车师后国八千余人，抓获车师后王军就和匈奴使者。

班勇命人将生擒的军就和匈奴使者，押到当年索班被害之地斩首，以祭奠亡灵，然后将二人首级传送洛阳。班勇展现了不输其父的铁腕。

平定车师后国，班勇立前任国王的儿子加特奴为王。

为了清除天山北麓的隐患，班勇命令部将率领一支部队西进，征伐跟着匈奴人打秋风的东且弥国。东且弥是个小国，全国骑兵不足千人，蜷缩在今乌鲁木齐山谷之中。后来，西域都护府撤销，东且弥就跟着车师后国给匈奴人当炮灰，如今骑兵扩充至两千。

与士气正旺的汉军一接战，东且弥军便现了原形，国王当场被斩杀。汉军另立其族人为王。自此，占据天山北麓的车师等六国全部归顺汉帝国。

永建元年（126），班勇再次征发西域诸国军队，主动攻击匈奴呼衍王。《后汉书·班勇传》的记载很简练："呼衍王亡走，其众二万余人皆降。"呼衍王逃至一个叫枯梧河的地方，余部二万多人投降。汉军俘虏北单于堂兄，班勇让车师后国新任国王加特奴亲手斩杀。加特奴从此与匈奴人势不两立。

听闻堂兄被杀，北单于率一万多骑，气势汹汹杀向车师后国，抵达金且谷

第十九章　班勇三通西域　　317

（今天山博格达峰一带），班勇命假司马曹俊率军前往救援。北单于没敢应战，下令后撤。曹俊指挥部队追击，斩杀匈奴贵人骨都侯。从此，车师境内再无匈奴人的足迹。

班勇战无不胜的消息，像潮水一般在天山南北迅速传播开来，除了焉耆国，西域大地上分裂、反叛的火焰渐渐熄灭。班勇平定车师六国之后，汉帝国重新打通与西域的联系，使节商旅重现于丝绸之路。

这就是后世史书称为东汉与西域"三绝三通"之"三通"。

《西域记》

延光四年（125），汉安帝于南巡途中发病驾崩，宦官集团在剪除邓氏外戚家族的争斗中，重掌权柄。汉帝国不可挽回地从强盛走向衰落，班勇在帝国决策层犹豫、观望之时，没有退缩，选择了与父亲班超一脉相承的信念——西域不可弃。西域得以继续保留在汉帝国版图中，班氏父子功莫大焉。

此刻，汉帝国的旗幡还没有插上去的国家，只剩下焉耆。

今新疆维吾尔自治区巴音郭楞蒙古自治州焉耆县，就是昔日焉耆国所在。两千多年过去，焉耆之名，沿用至今。开车从乌鲁木齐去南疆，焉耆是必经之地。这里北靠天山，东临古称西海的博斯腾湖，西有开都河注入，南依一夫当关、万夫莫开的遮留谷和铁门关，扼守丝绸之路的咽喉，战略地位非同一般。

汉代，焉耆盆地有焉耆、尉犁、危须、山国四国，以焉耆实力最强。匈奴人统治西域时，选择在焉耆设立僮仆都尉，向西域各国征收赋税。这个官职直到神爵二年（前60），日逐王先贤掸率众降汉，郑吉担任首任西域都护之后才消失。

王莽掌权时期，焉耆率先攻杀西域都护但钦，设伏大败王骏讨伐大军，致使李崇兵败退守龟兹。

东汉建立后，窦固发动天山之战，将北匈奴逐出西域，重设西域都护。但没过多久，焉耆又联合他国攻杀新任西域都护陈睦，仅剩班超在南疆苦苦支撑。直到永元六年（94），班超在稳定龟兹后，亲率西域联军七万余人讨伐焉耆，扶立元孟为新焉耆王。孰料，继任都护任尚管理严苛，激起各国反叛。元孟再次成为反叛者头领，致使西域四分五裂，狼烟再起。

平定车师六国之后，班勇与父亲班超当年一样，征发联军，剑指焉耆。这一年为永建二年（127），班勇向朝廷提交征讨焉耆的作战计划。皇帝很快准奏。敦煌太守张朗率河西四郡驻军三千人从北路包抄，班超率四万西域联军从南路主攻，双方约定，到达爵离关完成对焉耆的合围，一起发起进攻。

计划完美，拿下焉耆已是板上钉钉，班勇将在平定西域的最后一战重现父亲的伟业。然而，人性的自私与卑劣，让班勇永远无法攀上荣耀的巅峰。史书说敦煌太守张朗"先有罪"，率军提前抵达爵离关，也就是现在的铁门关，见班勇未到，想独揽大功赎罪。

张朗号令所部军马即刻进攻，命令军司马率军打头阵。困兽犹斗的焉耆士气低落，听到班勇降龟兹、平车师、逐匈奴的神勇，更是心无斗志。在汉军冲杀下，焉耆军队一接战就有两千多人投降。元孟在城头看见焉耆军队不堪一击，心中惊惧，决定投降。元孟派手下向张朗乞降。张朗趾高气扬地率军进入焉耆城，接受焉耆军队投降。

张朗大功在手，生怕班勇赶到后质问自己为何不守约定，独自发动进攻，急忙率领河西军队返回敦煌。班勇率西域联军浩浩荡荡赶到爵离关，不见张朗所部一兵一卒。前哨匆匆回报，张朗已在攻陷焉耆城后返回敦煌。班勇只能扼腕长叹。

西域战事平息，班勇回京述职。一场牢狱之灾正等待着他。元孟投降时不愿自缚认罪，只派儿子随汉军到洛阳进献贡物。张朗默许。汉顺帝在一群宦官的鼓噪下，勃然大怒，认为张朗此举有损帝国威仪，下狱待斩；班勇则"以后期"，同样下狱。

汉代军法严苛，军队出征约期未至，按律将领当斩。执行时略有宽松，也要夺职被贬，当年公孙敖、李广、张骞正是如此。李广参与漠北大战时再次迷路，不愿受辱而自杀。

后来，张朗被免除死罪。班勇也被赦免，罢黜官职，回家赋闲。

父亲班超功德圆满，自己虎头蛇尾，班勇醉里挑灯看剑，只见西域山河扑面而来，心中充满无限的愤懑与悲凉：昔日边关狼烟告急，满朝噤声，自己挺身而出，舌战群儒，率五百甲士力挽狂澜，拯救汉家城阙，剪灭西域烽火，如今英雄已无用武之地。

金戈铁马的战场渐行渐远，挂在墙上的剑鞘落满了灰尘，抚平心中伤痕的，只有祖辈留下来的笔。长天瀚海、苍茫大地……一幅幅熟悉的画面在班勇心中不断闪现，化作青灯长卷下的笔走龙蛇，一部名为"西域记"的著作横空出世，囊括了自光武帝建武元年（25）至安帝延光四年（125）整整一百年的西域诸国概况，涉及诸国地理方位、山川形胜、人口物产、风土民情、宗教信仰、人物事件、王位更迭、争战讨伐、历史沿革等。

两百多年后，南朝宋史学家范晔编撰《后汉书》，班勇当年撰写的《西域记》成为范晔重要的史料来源。时光可以冲刷一切，同样可以浇铸出英雄的伟大。因人生最后一战而郁郁终生的班勇，注定无法像父亲班超那样光芒万丈，只能如流星一样在历史的浩渺星河中倏忽划过，但永远不会让人忽视那一刻的璀璨。

尾　声

班勇郁闷、落寞的身影，映照出帝国正走向衰亡。焉耆平复之后，疏勒、于阗、莎车等纷纷遣使洛阳，表示服从，塔里木盆地诸国又一次统一于东汉帝国。只是天山以北的乌孙、葱岭以西的大宛等国，不再成为汉帝国的属国。

东汉帝国，处于风雨飘摇的前夜，王侯贵族骄奢淫逸，对即将到来的大厦倾覆浑然不觉。班氏父子以生命和热血打出来的西域，维持着暂时的和平。永建六年（131），汉顺帝在伊吾设立司马一名，下令重开屯田。从汉安帝延光二年（123）至汉顺帝永建末，由于班勇力排众议，铁血征伐，东汉帝国迎来经营西域的短暂高峰期。

匈奴自身也穷途末路。汉顺帝阳嘉三年（134），车师后国司马率后王加特奴在阊吾陆谷袭击北匈奴，获得胜利。次年春，北匈奴呼衍王入侵车师后国报复，汉顺帝命令敦煌太守征发西域联军和玉门关侯、伊吾司马两处兵马，共六千三百骑救援，但没有获胜。僵持到秋天，呼衍王攻破车师后国。永和二年（137）八月，敦煌太守裴岑率部出征，斩杀呼衍王，重新夺回车师后国。东汉帝国勉强维持着与西域日渐脆弱的联系。

汉桓帝元嘉元年（151），又一个呼衍王率军入侵伊吾。伊吾司马派遣五百屯田士兵与呼衍王于蒲类海东交战，汉军全军覆没。同年夏，敦煌太守马达率敦煌、酒泉、张掖四千士兵前往救援，进至蒲类海。呼衍王没敢接战，引兵撤退。

内附汉帝国的南匈奴，内讧不断，在东汉末沦为豪强军阀的雇佣军，参与混战，到处劫掠。蔡文姬就是在这个时期被掳，后被曹操救了回来。

南匈奴末代单于呼厨泉，于建安二十一年（216）晋谒曹操，留了下来。曹操将呼厨泉单于部众分为五部，首领调入政府任职，部众或生产，或当兵，

▲ 蔡文姬像

不让聚众生事,"胡狄在界,张雄跋扈"(《三国志》)的局面为之一改。曾经在东亚北方大陆搅动风暴的草原狼族,逐渐融入中原。

汉帝国在西域的影响力日渐消弭,三次突发事件证明了这一点。

其一,西域长史王敬被杀事件。

汉桓帝元嘉元年(151),西域长史赵评在于阗暴毙。次年,汉帝国派遣王敬继任西域长史。王敬赴任,途经拘弥国。与于阗王建有仇的拘弥王成国,悄悄告诉王敬:"赵评是被于阗王毒死的。你要是杀死建,于阗国肯定听你的。"王敬贪立功名,到达于阗后设计杀死建。于阗国将领输僰不服,杀了王敬,准备自立为王。于阗国人又杀了输僰,立建的儿子安国为王。

敦煌太守马达得知,准备率军讨伐于阗国。汉桓帝接到报告,想息事宁人,没有同意马达的建议,派宋亮代马达任敦煌太守。宋亮到任,对王敬被杀一事并不追究。于阗国由此更加放纵。

其二,车师争位事件。

王敬被杀一年后,车师后王阿罗多因与戊部候严皓闹矛盾而反叛,攻打在此屯田的汉军,杀伤不少官兵。事后,部众反叛阿罗多降汉,阿罗多带着妻儿逃往北匈奴。敦煌太守宋亮上书汉桓帝,立已故后王军就在洛阳为质的儿子卑君。卑君坐上王位没多久,阿罗多回来争王位。戊己校尉阎祥担心阿罗多招来北匈奴,把卑君赶下王位,夺取赐给的印绶,把王位重新交给阿罗多。

反叛帝国,攻杀汉军的叛乱者毫发未伤,重登王位,亲近汉帝国的卑君却被弃。

其三,臣磐事件。

班勇讨伐焉耆那一年,疏勒王臣磐就已归顺汉帝国,被赐封汉大都尉。臣磐为表忠心,连续派儿子到洛阳为质和进贡。过了三十多年,汉灵帝时期,臣磐在与叔父和得打猎时,被和得射杀。和得自立为疏勒王。疏勒王臣磐是汉帝国任命的大都尉官员,和得此举,实为谋杀帝国官员,而且篡位自立,犯了死罪。凉州刺史孟佗派从事任涉率敦煌五百士兵,会同戊部司马曹宽、西域长史张晏,征调焉耆、龟兹、车师合计三万多人讨伐疏勒,攻打了四十多天不下,最终引兵撤退。"其后疏勒王连相杀害,朝廷亦不能禁"(《后汉书·西域传》),

疏勒王室自相残杀，战火不断，宗主国无力制止。

东汉帝国的权威性、统治力在西域一落千丈，无法保护西域属国，政策措施如同儿戏，出尔反尔，国家信用严重透支，人才凋敝，军事实力严重下降。曾经强大的东汉帝国，如今已是一个虚弱的巨人。"自阳嘉以后，朝威稍损，诸国骄放，转相陵伐。"（《后汉书·西域传》）自从汉顺帝以来，国家威信逐渐减弱贬损，西域各国开始骄纵放肆，互相侵犯攻杀，弱肉强食。

东汉帝国腐朽了，朝廷开始由外戚和宦官轮流坐庄，执掌朝政。外戚，就是皇帝的母族、妻族，是太后、皇后的娘家人。东汉的皇帝，除开国皇帝光武帝刘秀活到六十三岁，儿子汉明帝刘庄活到四十一岁，再无活过四十岁的：章帝三十一岁，和帝二十六岁，殇帝一岁，安帝三十一岁，顺帝三十一岁，冲帝两岁，质帝八岁，桓帝三十五岁，灵帝三十二岁。其中殇帝、冲帝是婴儿夭折，质帝是被毒死。

皇帝寿命短或年幼，不能理政，致使最高权力空虚，政权就由皇太后掌握，而皇太后又依赖其父兄，这就给了外戚专权的机会。从第四任皇帝汉和帝开始，太后临朝听政成了东汉政治的显著特色。汉和帝刘肇十岁即位，窦太后听政，窦氏家族权倾一时。汉安帝刘祜十三岁即位，邓太后听政，邓氏家族口碑算不错。汉桓帝刘志十五岁即位，梁太后听政，大将军梁冀祸乱朝政，专权二十多年。汉灵帝十二岁即位，窦太后听政，窦氏家族再度崛起。

外戚集团轮番掌权，权势一次大过一次，造成的危害也一次大过一次。外戚为了掌权，也倾向于立小皇帝，于是成了恶性循环。皇帝长大成人，不甘心大权旁落，唯一可依赖的只有宦官。汉和帝利用宦官剪除以窦宪为核心的窦氏外戚家族，开了宦官干政的先河。汉顺帝刘保靠宦官诛灭外戚阎氏之后即位。汉桓帝刘志依靠宦官集团剪除梁冀。铲除外戚后，皇帝必然重赏宦官，宦官就继承了外戚的势力。宦官的权力在皇帝早逝与幼帝继位中一步步崛起。

宦官集团的专横，与外戚相比，有过之而无不及，引发士大夫强烈不满，双方发生激烈冲突，继而引发宦官集团对士大夫阶层的普遍报复，这就是东汉有名的"党锢之祸"。

外戚专权和宦官干政，就像两颗毒瘤，侵蚀着帝国本已千疮百孔的肌体，

"党锢之祸"对文人官僚集团和知识分子阶层的大规模报复和虐杀，使汉帝国奄奄一息。

汉灵帝死后，宦官集团与外戚集团进行大对决，以"十常侍"为首的宦官集团消灭外戚何氏，又被袁绍等人斩尽杀绝。外戚集团与宦官集团同归于尽。

一个帝国走向黄昏，内忧外患不可避免。东汉一朝，羌人逐渐取代匈奴成为最具威胁的边患。羌汉战争贯穿东汉一朝，中后期尤甚。为了平定羌事，东汉帝国被拖入战争泥潭，花费巨额的军费，不得不迁就边将致其坐大。一个猛人由此崛起，他就是东汉帝国的掘墓人——董卓。天灾人祸接踵袭来，汉帝国的崩溃不可避免。光和七年（184），道教徒张角头裹黄巾，发动起义，中原大地由此烽火连绵，吹响了埋葬汉帝国的号角。

接下来的故事再熟悉不过，董卓进京，群雄并起，三分天下……波澜壮阔的三国时代揭开了中华历史上铁血酷烈、英雄辈出的史诗剧幕。

遥远的西域，远离中原兵戈刀锋，得以短暂喘息。回望张骞凿空、武帝开边、汉匈争霸……一幕幕传奇在这片广袤雄阔的大地上演，英雄挥斥方遒，气壮山河，连接起西域与中原再也割裂不了的血脉交融。这是华夏民族血性尚存、崇尚英雄的时代。

苏武，一介书生，以阶下囚身份面对匈奴单于的嘲笑，依然铁骨铮铮，慷慨刚烈："南越杀汉使者，屠为九郡；宛王杀汉使者，头县北阙；朝鲜杀汉使者，即时诛灭。独匈奴未耳！"（《汉书·苏武传》）文弱儒士、贩夫走卒，皆怀热血刚勇之心。

有汉一代，崇尚黑、红两色。黑色，代表铁甲戈锋，寒光凌厉。红色，代表赤胆忠心，喋血沙场。军锋所指，所向披靡。因为大汉，建立了一个国家前所未有的尊严；因为大汉，铸就了一个种群绵延千秋的魂魄；因为大汉，赋予了一个民族永恒的名字。

遥望西域，这里埋藏着我们的过去，同样催生着我们的未来。

天地苍黄，时光荏苒，当李氏大唐的滚滚铁骑重新踏上西域故地，一个崭新而伟大的时代将从历史的深处向我们扑面而来。